행복한
육아
014

100년 후에도 변하지 않는 소중한 육아 지혜

그림 • 선현경

서울에서 태어나 홍익대학교 도예과를 졸업하였습니다. 만화가 남편 이우일 씨와 함께 303일간
의 신혼여행기 《도날드 덕, 에펠탑에서 번지점프하다!》《도날드 덕, 피라미드에서 롤러블레이드
타다》를 펴냈으며, 어린이들을 위한 미술책 《세상에 단 하나뿐인 나만의 명화집》을 쓰고 그렸습
니다. 그림책 《이모의 결혼식》으로 2004년 제10회 황금도깨비상을 받았습니다.

《100년 후에도 변하지 않는 소중한 육아 지혜》는 1980년에 발간한 《젊은 엄마를 위하여》의 개정판입니다.

014

100년 후에도 변하지 않는 소중한 육아 지혜

1판 1쇄 발행 1980년 6월 25일
2판 1쇄 발행 1985년 5월 25일
3판 1쇄 발행 1998년 4월 17일
3판 16쇄 발행 2005년 11월 30일

4판 1쇄 발행 2006년 8월 15일
4판 9쇄 발행 2013년 11월 30일

글쓴이 | 이원영
그린이 | 선현경
펴낸이 | 김성구

인쇄 서진인쇄 | 제본 대흥제책 | 용지 월드페이퍼

펴낸곳 | (주)샘터사
등록 | 2001년 10월 15일 제1-2923호
주소 | 서울 종로구 동숭동 1-115(110-809)
전화 | 아동서팀 (02)763-8963 마케팅부 (02)763-8966
팩스 | (02)3672-1873
전자우편 | kidsbook@isamtoh.com

ⓒ 이원영, 1980

ISBN 978-89-464-1412-9 04370 ISBN 978-89-464-1400-6(세트)

이 도서의 국립중앙도서관 출판시도서목록(CIP)은 e-CIP 홈페이지(http://www.nl.go.kr/cip.php)에서
이용하실 수 있습니다. (CIP제어번호 : CIP2006001692)

행복한
육아
014

100년 후에도 변하지 않는 소중한 육아 지혜

이원영 글 | 선현경 그림

샘터

할머니가 된 지금도
꼭 필요한 이 책

　세 딸이 올망졸망했던 젊은 엄마 시절, 외국의 아동 발달 이론이나 연구 결과들이 턱턱 들어맞는 것을 경험하며 다른 젊은 엄마들에게도 알려 줘야겠다는 생각을 하게 되었다. 무척이나 신기해서, 다른 젊은 엄마들도 필요할 것 같아서, 밤낮을 가리지 않고 이 책을 썼었다.

　《젊은 엄마를 위하여》라는 제목으로 처음 출판된 것이 1980년이니 26년이 지났고 세상도 많이 바뀌었다. 대통령이 다섯 번 바뀌었고, 국민학교는 초등학교로 이름이 바뀌었으며, 정부의 만 5세아 무상교육비 지급으로 지금은 꽤 많은 아이들이 혜택을 받게 되었고, 저소득층의 만 3, 4세 유아는 무상교육비를 받을 수 있게 되었다. 개인적으로는 그 동안 세 딸이 모두 성장하여 출가해서 손주도 세 명이나 되었다. 이젠 큰딸의 맏이가 초등학생이 되었고, 유치원 다니는 아이며 걸음마를 하려는 아이까지 있어서, 내가 《젊은 엄마를 위하여》를 쓸 무렵의 세 딸들과 나이가 비슷하다.

　그 동안 아이들은 더 버릇없어져 젊은 부모들이 힘들어졌고, 예전과 달리 자식보다는 자신의 자아 계발을 더 중요시하는 엄마들이 많아졌으며, 아이들을 유아 교육 기관이나 학원에 맡기고 엄마들은 밖에서 바쁜 관계로 아이들의 느낌이나 생각을 모르는 부모가 늘어난 것은 예전과 꽤나 달라진 점이다. 이처럼 여러 가지 달라진 점이 있긴 하지만 《젊은 엄마를 위하여》에 수록되었던 많은 사례들이 손주들의 말과 행동에서 그대로 나타나는 것을 보며 웃음짓는 일이 많다. 또한 중요한 양육의 원칙은 3년이 지나든 100년이 지나든 상관없이 그대로 적용되어야 한다는 진리도 발견하였다.

식탁에서 그림을 그리던 만 세 살짜리 준기가 "못하겠어"라며 힘들어하자 26개월 먼저 태어난 다영이가 "괜찮아. 할머니는 야단 안 쳐. 네 마음대로 열심히 하면 돼"라고 격려하는 것을 지켜보며 '아이들의 자아존중감을 살려주면서도 해야 할 일과 하지 말아야 할 일을 구분할 수 있는 사람으로 키우는 일'이야말로 젊은 부모들이 해야 할 가장 중요한 일이며 거기에 이 책이 한몫을 담당할 수 있다는 판단을 하게 되었다. 특히 요즈음처럼 할머니 할아버지와 함께 살지 않는 사회에서 젊은 부모들은 양육과 관련한 어른들의 지혜를 배울 수 없어 이런저런 시행착오를 많이 겪으며 양육 문제를 해결할 수밖에 없다. 게다가 자아실현을 가장 우선순위로 생각하게 된 신세대 할머니들이 늘어나면서 젊은 부모들이 도움을 청할 곳도 없어졌기 때문에 양육서가 더욱 절실하게 필요한 것이 현실이다.

그래서 나는 이 《젊은 엄마를 위하여》를 다시 써보기로 했다. 책의 제목 또한 《100년 후에도 변하지 않는 소중한 육아 지혜》로 바꾸기로 했다.

감히 나는 우리나라의 모든 어른들이 영유아기 아이들을 키우는 데 온 힘을 기울이자고 말하고 싶다. 영유아기를 지나는 동안에는 할아버지 할머니, 엄마 아빠 모두 시간을 내어 양육에 힘을 쏟아야 아이들이 잘 자랄 수 있기 때문이다. 이렇게 말하면 젊은이들은 "시부모님과 함께 살라는 말이냐? 싫다!"고 할 테고, 할머니 할아버지들은 "자기 자식 자기가 키우지, 왜 내가?" 할 가능성이 많지만, 아이들은 누군가의 희생을 거름삼아 자란다. 희생하는 세대가 있어야 아이들은 잘 자랄 수 있다는 뜻이다.

여러 면에서 미성숙하게 태어나는 아이들은 걸을 수 있을 때까지 업어주고 안아주는 어른이 있어야 하고, 궁금한 것이 있을 때 질문하면 귀찮더라도 친절하게 가르쳐주는 어른이 있어야 하며, 다른 사람에게 폐가 되는 행동을 하는 그 순간에 "안 돼!" 하고 올바른 행동을 가르쳐주는 어른이 있어야 하며, 무엇보다도 슬프고 외로울 때 따뜻하게 품어주는, 사랑을 주는 어른이 있어야 한다.

이 힘든 영유아기를 지나는 동안 어른들의 허리는 휘고, 어깨는 아플 것이며, 바깥에 나가 친구들을 만나 수다떨 시간도 없어질 것이다. 그러나 보람은 있다. 아이들은 사랑으로 할머니 할아버지에게 보답할 것이고, 씩씩하고 따뜻한 어른으로 성장하는 아이를 보며 젊은 부모들은 보람을 느끼게 될 것이다.

아이들은 자라나는 동안 어른의 도움을 필요로 하기 때문에 온 정성과 노력을 기울여야 한다. 비록 다 자란 뒤 이 아이들이 고마워할 줄 모른다 해도 어른들은 아이들을 위해 시간과 사랑을 주어야 한다. 그래야 이 아이들이 자라서 내가 키운 내 자식의 마음을 아프게 하지 않을 것이고, 사회를 어지럽게 하지 않을 것이다. 아니, 그 아이들이 그렇게 자라야만 자신을 사랑하고 다른 사람을 사랑할 수 있는 사람이 될 것이기 때문이다.

대학에 입학했을 때 딸들이 "엄마, 친구들 중에 엄마를 미워하는 애들이 많아. 얼른 결혼하고 싶대. 엄마 아빠 미워서" "울 엄마는 얼마나 좋은데" "엄마, 고마워요. 엄마 딸로 태어난 게 좋아요"라고 말을 했을 때, 밤잠도 못 자고 허리가 아프도록 키웠던 날들을 다 잊을 수 있었다. 아니 그보다는 엄마는 보기도 싫다든지, 다른 집에 태어났으면 좋았을걸 하는 말을 듣지 않을 수 있었던 것이 다행이었다.

열심히 일한 끝에 나이가 들어 내 자식의 성장을 지켜보면서 '정말 내가 이 세상에 태어나 한 일 중에 가장 잘한 일은 아이들을 낳아 키운 일이구나.' 하는 생각을 한다. 남는 것은 이름 석 자가 아니라 아이들이다.

2006년 8월

이원영(중앙대학교 유아교육과 교수)

나의 경험을 젊은 엄마들에게

엄마 품에 안긴 평온한 아기의 모습, 잡지에 실린 '스위트 홈' 사진들, 아기의 재롱을 보는 부부의 모습, 진열장의 앙증스런 아기옷들은 어머니가 될 젊은 여인들의 꿈을 키우기에 충분하다. 그러나 첫아기를 낳을 때의 진통과 분만의 고통을 이겨내면서부터 분홍빛 꿈은 사라지기 시작한다.

그림에서처럼 방글방글 웃기만 하는 아기가 아니라, 이유도 없이 울어대는가 하면 잠이 모자랄 만큼 밤낮을 가리지 않고 깨어나는 '작은 폭군'인 것이다. 피곤함과 파도처럼 밀려오는 잠을 못 이겨 눈물이 날 것만 같은 때가 한두 번이 아니다. 조금 더 크면 괜찮겠지 하며 기다려도 완전한 평화는 그리 쉽게 찾아와주지 않는다.

아기를 키우는 것이 쉬운 일이 아님엔 틀림없다. 대학과 대학원에서 유아교육을 전공했고, 유치원 교사로 3년 동안 일한 뒤에 첫아기를 낳았건만 아기 키우는 일이 왜 그리도 힘들고 설었는지 모른다. 그저 아기 양육에 대한 여러 갈래의 이론들만 머리에서 맴돌았다.

세 아이를 키워내면서 그 많은 양육 이론들이 얼마나 황당하게 모든 것을 엄마들에게 요구했는지를 깨닫게 되었다. 엄마를 죄인으로 모는 대신 엄마와 함께 아픔을 느껴줄 사람이 필요했다. 누군가 아기를 키워본 사람이 이론과 실제를 쉽게 풀이해서 양육 방법을 써야 할 것이라는 생각이 들었다. 아련한 꿈이나 거창한 이론만으로는 나 자신과 아기를 행복하게 할 수 없었고, 아무리 훌륭한 이론이라도 아기와 함께하는 생활에 적용할 수 없으면 죽은 이론이나 마찬가지였다.

따라서 《젊은 엄마를 위하여》는 그 많은 양육에 관한 또다른 이론이라기보다는 한 엄마로서, 유아교육 전공자로서 이론들을 실제에 적용해보려던 경험에서 나온 것을 다른 젊은 어머니들과 함께 나누고자 하는 노력일 뿐이다. 이 책에 실린 일화들은 아이들을 키우는 동안 우리 가정에서, 그리고 주위에서 실제로 일어난 일들이다.

아기를 키우는 동안 늘 괴롭고 힘든 것은 아니었다. 태어난 아기들을 한 명 한 명 소중히 여기고, 기쁨·슬픔·불편함을 함께 나누는 가운데 인간에 대한 이해의 폭이 넓어졌으며, 한 인간으로 조금 더 성장할 수 있었다. 그러기에 결혼의 가치란 어른이 어린아이를 생산해내는 데 있는 것이 아니라, 아이들이 어른을 한 인간으로 성숙시키는 데 있는지도 모른다.

아이와 함께 성장하는 어른이 되자고 감히 이 책을 젊은 어머니들에게 드린다. 결실을 맺게 해주신 샘터사 여러분들께 감사를 드린다. 또 나 자신의 자아성찰을 가능케 해주었던 부모님과 남편 이현호 교수, 세 딸들에게 이 자리를 빌려 깊은 감사의 마음을 표하고 싶다.

1980년 6월
이원영(중앙대학교 유아교육과 교수)

삶을 통해 배우는 아이들

야단을 맞으며 자라는 아이는 남을 헐뜯는 것을 배운다.

미움을 받으며 자라는 아이는 싸우는 것을 배운다.

두려움 속에서 자라는 아이는 불안함을 배운다.

동정을 받으며 자라는 아이는 자기연민을 배운다.

놀림을 받으며 자라는 아이는 수치심을 배운다.

질투 속에서 자라는 아이는 시기심을 배운다.

부끄러움을 느끼며 자라는 아이는 죄책감을 배운다.

격려를 받으며 자라는 아이는 신뢰를 배운다.

관대한 분위기에서 자라는 아이는 인내심을 배운다.

칭찬을 받으며 자라는 아이는 감사하는 마음을 배운다.

수용하는 분위기에서 자라는 아이는 사랑을 배운다.

허락되는 분위기에서 자라는 아이는 자신을 사랑하는 법을 배운다.

인정을 받으며 자라는 아이는 목표를 갖는 게 좋은 일이라는 것을 배운다.

함께 나누며 자라는 아이는 너그러움을 배운다.

정직함 속에서 자라는 아이는 진실함을 배운다.

공정한 대우를 받으며 자라는 아이는 정의로움을 배운다.

친절과 배려 속에서 자라는 아이는 존중심을 배운다.

안정감을 느끼며 자라는 아이는 자신과 이웃에 대한 믿음을 배운다.

친밀함으로 키워진 아이는 이 세상이 살기 좋은 곳이라는 것을 배운다.

_도로시 로 놀테(Dorothy Law Nolte)

1장
아기의 탄생

이 세상에 태어난 뒤로 엄마의 손길이 가장 필요한 때는 출생한 바로 그 직후일 것이다. 시끄럽고 외로운 자궁 밖 세상에 아기가 쉽게 적응할 수 있으려면 태내에서 듣던 엄마의 심장 박동소리를 들을 수 있어야 하고 엄마의 품에서 엄마의 목소리를 들어야 한다. 첫 시작은 중요하다. 아기 때 안정감과 신뢰감을 느껴야 세상을 열심히 탐색할 것이기 때문이다. 이제, 태어나는 순간부터 바르게 도와주자.

폭력 없는 탄생, 인권 분만

수많은 아기들이 매일 이 세상에 태어난다. 그 과정에서 엄마들은 열 달 동안의 심한 입덧, 배를 쥐어짜는 진통에 진저리를 내곤 한다. 아기는 예쁘지만 출산의 진통은 지긋지긋한 것이다. 그러기에 엄마들은 아기에 대한 집착이 더 생기고, 또 아기를 위해 큰 희생을 했다고 무의식적으로 생각하게 마련이다.

이처럼 우리 엄마들은 각고의 노력 끝에 아기를 얻게 되는데, 마찬가지로 아기들도 대단한 고통을 겪으며 이 세상에 태어난다는 사실이 알려진 것은 최근의 일이다. 아기들은 세상에 태어나는 즉시 무섭게 울어대고 얼굴을 심하게 찡그리기도 한다. 그래서 수천 년 동안 어른들은 갓난아기는 으레 그렇게 눈을 감고 찡그릴 뿐 아니라 자지러지게 운다고 여겨왔다. 아기가 불편하고 불안해서 그런다고는 아무도 생각하지 못했었다.

태내에서도 들을 수 있고 느낄 수 있으며 볼 수 있는 아기들이 좁은 산도를 머리로 뚫고 나와야 할 때 얼마나 고통스러웠을 것이며, 늘 따뜻한 양수에 감싸여 있다가 갑자기 온도가 다른 바깥세상으로 나올 때 얼마나 아픔이 느껴졌을 것인가. 또 엄마 뱃속에서는 방음이 되어서 요란한 소리도 부드럽게 들렸지만, 바깥으로 나오자마자 의사와 간호사들의 와자지껄 떠드는 소리, 왈각거리는 소리들이 고막을 찢을 듯이 크게 들릴 것임에 틀림없다.

몸을 풀고 누워 있는 산모에게는 "수고했다"고 인사하지만 아기도 수

고했다고 생각하는 사람이 적은 것은 우리가 지금까지 '출생'을 어른 중심으로만 생각해왔다는 것을 알려주는 반증이다.

프랑스의 부인과 의사 르부아예는 '아기의 입장에서 분만을 도울 수 없을까'에 착안하여 분만실은 되도록 어둡게, 말소리나 기계 다루는 소리는 줄이고, 태어나자마자 탯줄을 곧 자르지 않은 채 엄마 가슴에서 심장의 박동소리를 듣게 하고, 또 탯줄을 자른 후에도 엄마 자궁 속의 양수와 같은 온도의 물에 담갔다 꺼냈다 하여 바깥 기온에 적응하도록 도와주었다. 또 태어난 직후 아기를 신생아실에 따로 놔두지 않고 엄마 곁에 두어 엄마의 숨소리와 심장 박동소리를 듣게 해주었다.

이 같은 배려를 받은 르부아예의 아기들은 편안한 얼굴이었고, 눈도 동그랗게 뜨고 세상을 탐색할 듯 바라보았다. 갓 태어난 아기들이 자지러지게 울어댄 것은 태내에서 방음·방한으로 잘 보호되다가 갑자기 시끄럽고 차가운 공기에 맞닥뜨리기 때문이며, 어른들이 너무 심하게 다루었기 때문이라는 사실을 알아낸 것이다. 아기들이 말로 표현할 수 없기 때문에 당한 폭력이었던 것이다. 우리나라도 1990년대 후반부터 르부아예의 방법으로 신생아를 돌보는 병원이 조금씩 늘고 있다.

1977년 독일의 마를로는 유산시킬 여인들의 태아를 태중 촬영하였다. 마를로는 잉태된 지 9주째 되는 태아가 팔을 굽혀 플래시의 빛을 피하려고 눈을 가리는 사진을 찍어냈다. 아기들은 빛과 소리에 적응할 수 있는 능력을 갖고 태어나지만, 환경이 바람직하지 않으면 심신을 도사리고 주위를 탐색하지 않는다는 사실이 발견된 것이다.

이 세상에 태어난 뒤로
엄마의 손길이 가장 필요한 때는
출생한 바로 그 직후일 것이다.

첫 시작은 중요하다. 아기 때 안정감과 신뢰감을 느껴야 세상을 열심히 탐색할 것이기 때문이다. 이제, 태어나는 순간부터 바르게 도와주자. 그동안 아기의 신체적·심리적인 필요를 모르고 행했던 난폭한 분만 방법을 그치고 '폭력 없는 탄생'이 이루어지도록 분만 방법을 바꾸자. 울면서 시작하는 그악스런 삶이 아니라, 긍정적인 삶이 될 수 있는 시작이 되도록 해주자. 그러면 심리학자들이 일컫는 '출생시의 비극'도 적어질 것이고 삶이 좀더 밝아질 것이다.

그러고 보면 예전 우리나라 어머니들이 집에서 출산한 뒤 아기를 옆에 놓고 불편을 덜어주었던 것은 아주 현명한 일이었다. 요즈음은 큰 종합병

원일수록 아기들을 신생아실에 두고 사흘 동안 엄마를 전혀 가까이하지 못하게 한다. 간호사들 여러 명이 아기 한 명 한 명을 잘 품어주는 것도 아니어서 갓 태어나 세상에 적응해야 하는 아기들은 힘들기만 하다. 병원에서 퇴원한 뒤에는 또 어떤가? 집에서 산후조리 하기가 번거롭다며 산후조리원에서 한 달을 보내고, 아기는 대부분의 시간을 신생아실에서 보낸다. 이유야 산모가 휴식을 취하게 하기 위해서라지만, 이것 역시 어른 중심의 생각이다.

어쩌면 이 세상에 태어난 뒤로 엄마의 손길이 가장 필요한 때는 출생한 바로 그 직후일 것이다. 시끄럽고 외로운 자궁 밖 세상에 아기가 쉽게 적응할 수 있으려면 태내에서 듣던 엄마의 심장 박동소리를 들을 수 있어야 하고 엄마의 품에서 엄마의 목소리를 들어야 한다.

너무 당연한 일인지 모르지만, 갓난아기가 울어댈 때 왼쪽 가슴에 얹고 토닥토닥 두드려주면 아기가 조용해지는 것을 필자도 경험했으며, 주위의 여러 사람에게서도 같은 말을 들었다.

뇌세포의 발달

인간을 사고하게 하고 기능하게 하는 총사령부인 뇌조직의 발달은 유아교육과 깊은 관련이 있는 듯이 보인다. 아직도 많은 연구를 해야 한다지만, 지금까지 발견된 바에 따르면 인간의 뇌세포는 태중에서부터 발달

한다고 한다. 뇌생리학자들은 임신 10주경이면 이미 태아의 몸에 어른이 되어 갖게 될 신경중추가 거의 다 생긴다고 한다. 그 다음 임신 18주부터는 뇌 발달상 중요한 두 가지 일이 일어난다. 하나는 뇌신경중추 끝에 수상돌기가 생기기 시작하는 것이고, 또 하나는 그 수상돌기가 연결되기 시작하는 것이다. 신경중추가 사람의 팔뚝이라면 수상돌기는 끝의 손가락처럼 여러 갈래로 갈라진 가늘고 뾰족하게 나온 부분이다. 사람의 머리가 똑똑하거나 그렇지 못하거나 하는 것은 수상돌기가 많이 있는지 또는 수상돌기들 사이가 많이 연결되어 있는지에 달려 있다.

일생을 통틀어서 볼 때 뇌세포의 발달 속도는 임신 18주부터 시작해 생후 2세경에 가장 빠르며, 생후 2세부터 만 4세까지가 그 다음으로 빠르고, 만 7세 이후에는 뇌세포 자체의 발달을 기대하기 어렵다고 한다.

뇌세포의 발달을 돕는 중요한 요인은 단백질 섭취와 바람직한 자극이라고 한다. 단백질이라면 쇠고기·돼지고기·닭고기·멸치·콩·두부·생선 등에 함유되어 있는 영양소를 말한다.

멕시코의 어느 촌락민들은 대대로 영양실조를 겪었고 전반적으로 바보스러웠다. 한 영양학자가 이들 중 임신한 여인들을 선택해서 두 집단으로 나눈 뒤 한쪽 집단은 섭생을 잘 시키고, 다른 집단은 종래대로 놔두었다. 그 결과 아기들이 태어났을 때 머리의 크기가 달랐다. 성장하는 과정에서도 태내에 있을 때 영양 섭취가 잘된 아기들이 그러지 못한 아기들보다 성장이 훨씬 빨랐으며, 또한 어휘의 양도 풍부하고 호기심도 많았으며 활동적이었다고 한다.

또 갓 태어난 쥐를 두 집단으로 나누어 한쪽 쥐들에는 영양소를 주기만 하고, 다른 편 쥐들에는 똑같은 영양소를 공급하되 미로迷路를 통해 나간 뒤에야 섭취하게 했다고 한다. 다시 말해서 한쪽은 가만히 앉아서 영양을 공급받는 수동적인 상태였고, 다른 한쪽은 문제를 해결한 끝에, 즉 능동적으로 자신의 머리를 쓴 다음에 영양을 공급받은 것이다. 일정 기간을 이런 식으로 사육한 다음 뇌를 해부했더니, 수동적으로 영양을 공급받은 쥐들의 뇌세포 수는 자기 머리를 사용했던 쥐들의 뇌세포 수에 비해 3분의 1밖에 되지 않았다는 것이다. 자기 나름대로 애쓰며 문제를 해결해보는 것이 어렵기는 하지만 머리를 자극하여 뇌세포 발달에 긍정적인 영향을 미쳤던 것이다.

뇌세포 발달이 활발하게 이루어지는 태내기와 영유아기에 영양분을 잘 섭취하도록 도와주고, 아기들이 주변을 열심히 탐색해보며 궁금증을 품게 할 뿐 아니라 문제를 열심히 해결해보는 기회를 갖게 하는 것이 아주 중요하다. 1970년대 이후 활발히 진행된 뇌생리학자들의 연구에 앞서, 1964년 아이들의 지능이 어떻게 발달하는지를 연구한 미국의 교육심리학자 블룸은 아주 중요한 결과를 발표한 바 있다. 어린 시절부터 17세에 이르기까지의 지능이 언제 얼마만큼 결정되며 어떤 상황에서 잘 발달하는가를 연구한 블룸은 한 인간이 17세에 갖게 되는 지적 능력을 100으로 할 때, 만 4세에 50%가, 만 8세까지는 30%가 더 형성되며, 만 8세에서 17세까지는 20%만이 형성된다고 하였다.

또 지적 능력이 잘 형성되려면 암기나 주입식의 지적인 훈련에 앞서 정서적인 안정감이 갖춰져야 한다고 하였다. 어떤 특정한 사물을 단순히 암기하는 것보다 주위에서 일어나는 일에 호기심을 갖고 주의 깊게 관찰하며 다른 사람의 이야기를 잘 듣는 등의 태도가 먼저 형성되어야 함을 강조하는 것이다.

블룸의 연구 결과는 분야도 다르고 시대도 다른 뇌생리학자들의 연구와 공통점이 있다. 교육심리학적인 측면에서 이루어진 블룸의 연구 결과 한 사람의 지적 능력은 만 4세에 50%가 형성된다는 것은 만 4세까지 인간의 뇌기능이 빠르게 발달한다고 한 뇌생리학자들의 결론과 통하는 점이 있다. 이를 종합해보면, 뇌세포가 빠르게 발달하고 기능이 활발하게 작용할 때를 놓치지 말고 바람직한 환경과 아이가 탐색할 수 있는 기회를 충분히 마련해주는 것이 퍽 중요하다는 것을 알 수 있다. 뇌생리학자들은 어린 시절에 발달해야 할 뇌세포가 영양실조나 바람직한 자극의 부족으로 발달하지 못하면 나중에도 발달하지 않는다고 비관적인 의견을 내고 있다.

가난하여 단백질을 섭취하지 못하는 임산부들에게 사회 단체와 정부가 적극적인 도움의 손길을 펴는 것은 장래 건강한 국민을 길러내는 지름길이다. 반면 영양 상태가 좋은 부유층의 어린아기들은 지나치게 과보호하여 탐색과 문제 해결의 기회를 놓치지 않도록 스스로 뭔가를 해보게 하는 것이 현명한 방법일 것이다.

가난하기에 못 먹고, 못 먹기에 뇌가 제대로 발달하지 못하고, 그래서 또 가난해지는 악순환을 막는 것은 유아교육을 시작하기 전에 풀어야 할 근본 문제다.

또 각 가정에서는 아이가 학교 가기 전까지 전세방을 면해야겠다는 등의 목표 때문에 어린 시절에 섭취해야 할 영양을 골고루 섭취시키지 못하는 것도 실은 조심해야 할 일이다. 돈을 저축하는 동안 아이들의 뇌세포는 영양이 좋건 나쁘건 자리를 잡을 것이기 때문이다.

아기들도 배운다

어떤 심리학책에 새끼오리들이 할아버지 뒤를 줄줄이 따라가는 사진이 실린 것을 본 적이 있다. 이 할아버지는 동물, 특히 조류가 갓 태어나서 경험하는 것은 성장한 뒤에까지 영향을 줄 정도로 뇌리에 박힌다는 이른바 각인刻印 개념을 연구한 로렌츠라는 학자다. 각인에 대한 실험은 아주 우연하게 이루어졌다. 본래 동물학자였던 로렌츠는 실험실에서 부화한 새끼오리들이 자신이 가는 곳마다 졸졸 따라다니는 것을 인식하게 되었다. 어미 품에서 깨어난 오리들은 로렌츠를 따라다니지 않는 데 비해 실험실에서 부화한 새끼오리들만 따라다니는 것이 이상해 유심히 관찰한 끝에, 부화한 직후 얼마 동안 새끼오리의 눈에 비치는 물체 중 움직이는 것은 새끼오리에게 깊은 인상을 준다는 사실을 알아냈다.

그뒤 로렌츠는 나무로 수컷 오리 모양을 조각하여 만든 다음 부화하는 새끼오리 주위를 빙빙 돌게 하고, 스피커를 통해서는 계속 수컷의 소리를 내보냈다. 얼마의 시간이 흐른 다음 새끼오리를 물가에 내놓았더니, 실험실에서 부화한 새끼오리들은 수컷 오리 뒤를 졸졸 따라다녔다고 한다.

또 로렌츠의 연구를 본받은 헤스는 한 여학생을 시켜 오리를 부화시킨 뒤 한동안 그 여학생만 보여주었고, 메추리를 부화시킬 때는 그 오리만 보여주었다고 한다. 그러자 그 여학생이 캠퍼스를 다닐 때면 뒤에는 새끼오리가, 또 그 뒤에는 메추리가 깡충깡충 뛰어왔다고 한다. 결정적인 시기에 오리는 여학생을, 메추리는 오리를 어미로 받아들이고 따르게 된 것이다.

각인을 실험한 학자들은 인생의 이른 시기에 경험하는 것은 뇌리에 깊이 새겨지고, 성장해가는 동안 영향을 준다고 하였다. 새나 강아지 같은 동물처럼 단순하지는 않지만, 인간에게도 어렸을 때 결정적인 시기가 있다고 보는 학자들이 있다. 하버드 대학의 화이트나 신생아를 연구한 보워는 인간은 영·유아기에 가장 많이 배운다고 하였다. 또 이때 뇌에 각인된 경험은 성장한 뒤에도 계속 큰 영향을 미친다고 하였다.

20시간 내내 잠만 자는 아기, 눈을 감고만 있는 것 같은 어린 아기가 무얼 깨달을 수 있을까 하는 생각이 지금 우리에게 지배적이고, 순한 아기일수록 기특하게 여겨왔던 것이 우리의 습관이다. 그러나 최근 영아들의 발달과정을 연구해본 학자들은 생각을 달리했다. 생후 18개월이라는 짧은 기간 동안 무능력하게 보였던 아기들이 실은 능력이 많다는 사실을 발견하게 된 것이다. 어른들만큼 숙달되고 분석적·종합적이지는 않지만 아기들의 능력은 우리 어른들이 생각하는 것보다 훨씬 많으며, 그들 나름대로 능력을 이용해서 살아가는 방법을 터득한다는 것이다.

하버드 대학의 화이트 박사는 정책 결정자와 사회 구성원들이 가장 중요한 인적 자원을 낭비하고 있다고 했는데, 여기서 중요한 자원이란 바로 아이들을 뜻하며, 아이들 중에서도 갓난아기 시절을 가리킨다. 화이트 박사는 선진국까지 포함한 각국 정부가 교육에 막대한 금액을 투자하면서도 바람직한 성과를 거두지 못하고 있다며, 만일 정부와 사회가 다 큰 사람을 교육하는 대신 6세 미만의 영·유아들을 기르는 데 시간과 노력과 자금을 투자한다면 훨씬 큰 효과를 볼 수 있을 것이라고 주장했다. 사람들에게는 능력의 기초가 다져지는 결정적인 시기가 있으며, 그 결정적인 시기는 바로 태어나는 순간부터 학교 가기 전이라는 것이다.

거의 20년 동안 어린아기들을 연구한 화이트 박사는 여섯 살과 세 살, 그리고 두 살 된 아이들을 각각 똑똑한 아이와 그렇지 않은 아이들 집단으로 나누었다. 그런 다음 여섯 살짜리 중에서 똑똑한 아이들과 세 살짜리 중에서 똑똑한 아이들의 똑똑한 정도를 비교한 결과 그 정도가 같다는 것을 발견했다. 다시 세 살 난 아이들 중 똑똑하다고 여겨지는 아이와 두 살 난 아이들 중 똑똑하다고 여겨지는 아이의 똑똑한 정도를 비교해본 결과 역시 같았다는 것이다. 이러한 결과에 놀란 화이트는 출생 직후부터 아기들의 자라는 모습을 관찰했는데, 생후 10개월이 되면서 점점 차이가 나기 시작하다가 1년 6개월이 되자 똑똑함이 거의 마무리되더라고 하였다. 결국 인간에게도 정서적인 안정감과 유능함의 기초가 결정되는 시기가 있다는 것을 믿게 된 것이다.

태어나자마자 걷기도 하고 먹이도 찾을 수 있는 동물의 새끼들과 비교해보면 사람의 아기들은 얼핏 무능력한 존재로 여겨질 수도 있겠지만, 그것은 우리 어른들이 어린아기의 학습능력을 예민하게 관찰할 수 없기 때문에 나온 생각이다. 또 아기의 수준을 이해하지 못하기 때문에 아기에게 놀이친구도 되어주지 못하고 대화할 줄도 모르게 된 것이다.

갓난아기 때부터 아기를 이해하는 눈을 갖게 된다면 우리는 아기의 인권도 존중할 수 있을 것이고, 봄에 씨 뿌려 뿌리내리는 작업을 도와주듯 아기의 성장을 더 잘 도울 수도 있을 것이다. 부모의 영향과 도움을 가장 필요로 하는 영아기를 잘 지낼 수 있도록 배려하는 것이 바른 성장으로 이끄는 길이다. 아기도 배운다. 사람은 일생 중에서 아기 때 가장 많이 배우는지도 모른다.

아기의 성장 중에서도 애착 형성, 정서적 안정감, 긍정적인 태도, 도덕성의 기초를 먼저 기르는 것이 중요하다. 아기를 영리하게 기르겠다는 일념 때문에 아기의 흥미나 발달단계는 생각하지 않고 지나치게 무리하면 오히려 아기를 무능력하게 만들 수 있다. 어른과 마찬가지로 아기들도 자기 힘에 겨운 것은 배우려들지 않고 포기해버린다.

아기들은 배운다. 그러나 안정감과 자신감을 갖고 스스로 배우려고 할 때 가장 잘 배운다.

듣는 능력

"아기 깰라. 조용히들 해라"는 말을 듣고 지내다 미국에 가니 난센스라고 했다. 아이를 셋이나 키운 엘렌은 아기는 처음엔 잘 들을 수 없기 때문에 그렇게 조용조용히 할 필요가 없다고 강력히 주장했다. 아기는 들을 수 있을까, 아니면 들을 수 없을까?

미국의 음악 감수성 계발 전문가인 고든 박사는 아기 때부터 음악 감수성을 기를 수 있다고 주장한다. 음악 감수성이란 영 · 유아의 수준에 맞는 음역 · 박자 · 리듬을 익힐 기회를 반복해서 주면 아이가 자기도 모르게 어떤 종류의 음악을 듣거나 그 소리를 듣고 이해할 수 있고 또 그 소리가 존재하지 않는 공간에서도 마음속으로 그 음악을 재생하거나 이해할 수 있는 능력이다. 이는 피아노 · 바이올린 등 구체적인 음악교육을 시작하기 전에 음악을 즐기고 좋아하는 마음의 바탕을 길러야 한다는 뜻으로 풀이될 수 있다.

우리나라 어머니들 사이에서 유행병처럼 퍼지고 있는 '특기를 위한 조기교육'도 생각해봐야 할 것 같다. 음악교육을 받을 수 있는 준비가 되어 있으면 특기교육이 효과가 있겠지만, 음악을 즐길 준비가 되어 있지 않은 아이에게 음악 특기교육을 시키면 두고두고 음악을 싫어하는 사람이 될 수도 있다.

초등학교 아이들을 대상으로 하는 피아노 콩쿠르에서 1등을 하게 하려고 여름방학 내내 매를 들고 연습시킨 어느 엄마가 있었다. 특상을 받는 것으로 목적은 달성했지만, 결국 "엄마, 제발 피아노만 치지 않게 해주세요"라는 딸의 애원에 손을 들고 만 예도 있다. 슬플 때나 기쁠 때나 여가가 날 때 피아노 · 바이올린 · 플루트 등을 만질 수 있는 여유를 주기 위해 음악교육의 기회를 준다고 생각한다면 아이들을 그렇게 지독히 닦달하지는 않을 것이다.

외교관으로 네덜란드에 파견됐던 어느 가정의 예를 들어보자. 귀국을 1년 남짓 남기고 다섯 살 난 딸을 그곳의 유명한 음악학원에 입학시켰다고 한다. 오직 피아노를 가르치겠다는 목적으로 말이다. 하루 이틀 즐겁게 돌아오는 딸의 모습을 본 엄마는 기대를 걸고 피아노를 쳐보라고 했지만, "아니 오늘은 노래했어" "오늘은 북 쳤어" "오늘은 손뼉쳤어" 하는 말이 계속되자 속이 상했다. 귀국을 두어 달 앞두고 조바심이 난 그 엄마는 마침내 음악학원을 찾아가 언제부터 피아노를 칠 수 있느냐고 물어보았다. 그러자 음악학원 선생님은 "피아노를 치는 건 기술이 아닙니다. 음악을 즐기지 못하고 그저 두드리기만 하는 기술은 필요없습니다. 댁의 아이가 박자감 · 음률감이 없는데 어떻게 피아노를 가르치겠습니까"라고 대답했다는 것이다. 결국 그 아이는 귀국할 때까지 피아노 건반은 만져보지도 못했다.

길러져야 하고 열매를 맺어야 할 재능들이 지나친 강요로 또는 잘못된 교수법으로 지레 떨어져버리지 않도록 하자.

보는 능력

한 달 된 아기에게 모빌을 매달아주었다. 돌아가면서 음악이 나오고 색색의 조그만 동물들이 뱅글뱅글 돌아간다. 빨간색 · 노란색 · 하늘색 · 흰색의 동물들이 돌면 아기는 손발을 심하게 버둥거렸고, 눈동자는 아주 느리기는 했지만 빨간색이나 노란색 동물이 가는 방향으로 따라가곤 했다. 생후 두 달이 된 유진이를 할머니가 곧추안고 점심을 드시는데, 아기의 눈길이 밥그릇에서 입으로 가는 숟가락을 따라갔다. 아기를 잘 관찰하면 자기 주변에서 일어나는 일들을 열심히 보는 것을 알 수 있다.

갓 태어난 신생아들은 으레 보지 못한다고 생각해 우리는 아기들을 방에 뉘여놓고 조용히 있기만을 기대한다. 이는 아기들이 무언가 볼 수 있다는 사실을 어른들이 관찰하지 못하기 때문이다.

아기가 침대나 마루 끝에서 떨어지면 어른들은 어린 아기가 높이를 파악할 수 없어서 그렇게 떨어졌으려니 생각하는데, 잘 관찰해보면 높이를 파악해서 뒤로 물러나려고 해도 머리가 무거워서 또는 재빠르게 뒤로 물러설 시간을 놓쳐서 그만 굴러 떨어져버리는 것이다.

아기에게 높이에 대한 개념이 있는지 없는지를 연구한 미국의 심리학자 깁슨과 워크에 따르면, 아기들은 기어다니기 시작하면 곧 높이에 대한 개념을 터득한다.

시각적인 절벽을 만들어놓고 그 위에 유리를 깔아놓은 곳에 6~14개월 된 아기를 올려놓았다. 시각적으로는 절벽처럼 보이지만 유리를 받쳐놓

앉기 때문에 떨어질 염려가 없는데도 아기는 그 끝에서 자기를 부르는 엄마에게 가지 않았다.

따라서 아기가 '순한 아기'라고 마냥 좋아할 일도 아니다. 순한 아기들이란 주위에 볼 것이 없기 때문에, 호기심을 잃어버렸기 때문에, 또는 꼼지락거리며 무얼 보려고 해봤자 관심을 얻지 못하기 때문에 포기해버린 아기일 수도 있는 것이다.

아기 때부터 눈 가까이에 색깔이 고운 그림들을 바꾸어 붙여주기도 하고, 요를 하얀색으로만 만들지 말고 재미있는 그림이 그려진 천으로 바꾸

여기야 여기!

아기들은 기어다니기 시작하면
곧 높이에 대한 개념을 터득한다.

어 만들어주며, 아기 근처에 색깔이 예쁜 공이라든가 봉제완구, 흔들이 등을 자주 바꿔놓아 볼거리가 많게 해주는 것이 좋다. 아기들은 잘 볼 수 있지만 어른들처럼 말로 표현해서 나타내지 못하고, 분석·종합하는 능력이 없기 때문에 보지 못하는 것처럼 여겨질 뿐이다.

아기들은 우리가 생각한 것 이상으로 많이 들을 수 있고 볼 수 있으며 자기 나름대로 인지 구조를 형성해간다. 그러므로 부모들은 아기들을 대할 때 아기들이 능력 있는 인간이라는 것을 좀더 인정하면서 아기의 발달 수준에 맞는 경험을 다양하게 제공해주어야 할 것이다.

예를 들어 미국의 심리학자 와트슨이 아기들의 반응이 어떤 때 가장 잘 나타나는가를 연구해본 결과, 엄마와 아빠가 90도 각도 또는 180도 각도에서 아기를 바라볼 때보다는 눈과 눈을 마주볼 때가 가장 효과적이었다고 한다. 즉 14개월 된 아기를 0도 수준에서 마주보며 안아주니까 90도 각도에서 안아줄 때보다 두 배는 더 많이 반응했다. 0도 수준에서 아기의 눈을 보며 이야기하는 것은 영아기의 아기뿐 아니라 유치원·어린이집 아이들에게도 해당한다. 그러잖아도 몸집이 큰 어른들이 버쩍 서서 내려다보며 이야기하는 것보다 키를 낮추어 눈을 보며 이야기를 나눌 때 그 누가 싫어할까?

아직 미혼인 여성이 "선생님, 저는 우리 조카가 무척 귀여운데요, 제가 가까이 가려고 하면 '코끼리, 코끼리' 그래요. 기분도 나쁘고 속이 상해요" 하며 해결 방안을 물어온 적이 있었다. 만 세 살 난 그 아이의 눈에는 몸을 굽혀 자기와 눈을 맞추며 사근사근 이야기하지 않는 고모가 엄청 크게 느껴졌을 것이고, 때에 따라서는 무서워서 울음을 터뜨리기도 했을 것이다.

아이의 눈높이에서 세상이 어떻게 보이는지를 알기 위해 마루에 앉아서 주위를 둘러본 다음 유치원 건물을 설계한 미국의 어느 건축가는 꽤 현명한 사람이다. 아이의 눈높이와는 상관도 없이 벽의 높은 곳에 그림 또는 사진 따위를 붙여놓거나 전시해놓는 것은 아이의 시각을 전혀 고려하지 않은 처사다. 유치원·어린이집·초등학교에서 아이들이 그려온 그림을 아이의 눈높이에 맞는 벽면에 붙여주면, 어린 자녀들은 자기를 존중해주는 엄마를 신뢰하며 자신감을 갖게 될 것이다.

갓난아기일 때는 아기를 곧추들어 눈높이를 맞추고, 유치원에 다닐 때는 엄마 아빠가 한쪽 무릎을 꿇고 앉아 눈높이를 맞춘 뒤 이야기를 한다면, 우리는 아이들과 더 가까이 마음을 나눌 수 있을 것이다.

시각장애 아기와 환경

세상의 모든 아기들이 정상으로 태어나는 것은 아니다. 신체적인 장애를 안고 태어나는 아기도 있고, 지적으로 부족한 능력을 갖고 태어나는 아기도 있다. 이러한 아기가 태어났다는 것이 전적으로 부모의 책임일 수 없듯이 아기의 책임은 더더욱 아니다.

뇌성마비로 팔이나 다리를 자유로이 쓰지 못하는 아이들을 방문하고 남의 일 같지 않게 마음아팠던 일이 있었다. 열심히 걸음마 연습을 하는 아이를 보며, 그곳 선생님께서 "나이가 많을수록 배우는 것이 더딥니다. 이른 시기에 배우면 지금보다는 훨씬 효과적이지요"라며 안타까워하던 모습이 기억난다. 자신도 모르게 장애를 갖고 태어난 아기들은 신체적인 장애와 더불어, 그런 아기를 가졌다는 부모의 수치스러움과 죄책감 때문에 마음까지 병들거나 타고난 능력마저도 짓밟힐 때가 많다.

미국의 영아심리학자 보워는 생후 6주 된 시각장애 아기를 관찰하다가 특이한 것을 발견했다. 정상 아기와 달리 시각장애 아기는 입술과 혀로 '틱틱' 하며 이상한 소리를 냈다고 한다.

보워는 아기가 이 소리를 내는 이유를 연구해본 결과, 눈으로 볼 수 없는 아기가 소리의 반사를 이용해 물건의 위치를 알아내기 위해서 그런다는 사실을 알았다. 그래서 보워가 놀잇감 하나를 조용히 아기 앞에 쳐들자, 아기는 입술과 혀로 '틱탁' 소리를 내보더니 물건이 있는 쪽으로 고개를 돌렸다고 한다. 다시 물건의 위치를 바꾸자, 이번에도 아기는 '틱탁' 소리를 여러 번 낸 다음 물건이 있는 쪽을 쳐다보았다고 한다.

이 사실을 알게 된 엄마는 슬픔을 딛고 아기를 위한 환경을 마련하느라 힘썼다. 아기 방에서 소리를 흡수할 수 있는 커튼·양탄자 등은 모두 치워버렸고, 아기침대에는 소리나는 놀잇감, 소리나지 않는 놀잇감을 넣어주었다. 놀잇감과 종류도 바꾸어주고 위치도 날마다 바꾸어주었다.

아기는 열심히 입으로 소리를 내며 물건의 위치를 파악하려고 부지런히 움직였다. 그리하여 생후 6개월이 되었을 때 이 아기는 정상 아기처럼 정확하게 자기 앞의 물건을 잡으려고 두 손을 뻗쳤을 뿐 아니라, 앞에 쳐 드는 물건 중에 자기가 가장 좋아하는 물건인 우유병과 부드러운 봉제인 형 하나를 골라낼 수 있었다. 우유병을 아기 앞에 쳐들면 입을 벌리고 기 다리며, 좋아하는 봉제인형을 받으면 볼을 비벼대는 것으로 보아 이 아기 가 물건의 종류를 구분하는 것을 분명히 알 수 있었다는 것이다. 이 아기 는 시각장애인 특유의 수동적인 태도를 보이지 않았다. 그 대신 열심히 호기심을 갖고 주위를 탐색하려 했다.

정신지체아건 정상아건 신체부자유아건 간에 자기의 타고난 능력을 최 대한 펴볼 수 있는 기회가 주어져야 할 것이다. 채송화건 나팔꽃이건 해 바라기건 간에, 꽃씨는 크든 작든 자기 나름대로의 꽃을 피우지 않는가.

신체는 불편해도 머리가 영특한 아이도 있을 테고, 예술적인 재능이 뛰 어난 아이도 있을 것이다. 신체적인 장애 때문에 이러한 능력들이 꽃피지 못하고 묻혀버리거나 반反사회적인 행동으로 나가게 되는 것은 그 아이 에게는 불행이고 국가적으로는 손실이다.

예를 들어, 다리가 불편한 아이에게 '나는 다른 아이들처럼 잘 걷지는 못하지만 그림을 잘 그릴 수 있어' 하는 자신감을 심어주면 아이는 당당 하게 그림을 잘 그리게 될 것이다. 부모로서 마땅히 그렇게 해주고 싶지 만 주위 사람들의 인식이 그렇지 못해서 아이에게 잘할 수 없다고 생각하 는 것은 소극적인 태도다. 그런 사회, 그런 분위기는 한 가정 한 사람이 변화시키는 것이므로 정면으로 도전하는 용기를 가져야 할 것이다.

뇌성마비로 다리를 못 쓰는 여섯 살 난 아들을 둔 가정을 방문한 적이 있다. 돌이 지나도 걷지 못하는 아들이 이상해서 검진해본 결과, 뇌성마비 진단이 내려졌다. 하루에 한 시간씩 아기의 다리를 주물러줘야 한다는 말을 듣고 부부는 번갈아가며 아기의 다리를 주물러줬다고 한다. 하루라도 주물러주기를 그치면 근육이 뻣뻣해지는 것을 확실하게 알 수 있어 열심히 주물렀다. 그 부모는 팔이 아프다고 불평하는 대신 아기 때부터 해줄 수 있는 일이 있어 기뻤다고 했다. 그런 아기를 가졌다는 것을 부끄러워하지 않고 살아 있다는 것 자체만으로도 고맙게 생각하는 그 젊은 부부의 태도는 존경할 만했다.

마침내 그분들은 아들을 유치원에서도 활발하게 발표하는 아이로 키울 수 있었다. 다리가 불편하다고 구석에 쭈그리고 앉아 잔뜩 찡그리고 있는 아이가 아니라, 넘어져도 벌떡 일어나 활동에 참여하려는 아들로 키웠던 것이다. 지금 이 아이는 미국에서 신학을 전공하고 돌아와 목회 활동을 하고 있다.

심지어는 '다운 증후군'을 안고 태어나는 아기들도 갓난아기 때부터 여러 면으로 탐색할 수 있는 기회를 줄 경우, 그런 기회가 없던 아기들보다 훨씬 빨리 걷고 여러 면에서 발달이 빠르더라고 보위는 보고하고 있다.

정상으로 태어나지 못한 것은 불행이다. 그러나 정상적이지 못하다는 단 한 가지 이유 때문에 다른 면의 능력이 발달되지 못하고 스러져가는 것은 더 큰 불행이다. 불행을 딛고 일어나는 뜨거운 마음을 갖도록 우리 모두가 도와야 할 것이다.

음치엄마라도
노래를 불러주어라

생후 두 달이 된 막내를 안고 텔레비전을 본 적이 있었다. '○○회사의 △△텔레비전' 광고에서 토끼가 북을 치며 불러대자 깔깔 웃는다. 한 번이 아니라 그 광고가 나올 때마다 웃었다. 나는 두 달밖에 안 된 아기도 청각적인 기쁨을 선별해내는 능력이 있다는 것을 깨닫고 신기해했다.

심리학자 워사이머는 갓 태어난 아기의 듣는 능력을 실험하였다. 그는 분만실에 들어가 째깍거리는 시계를 아기의 오른쪽 왼쪽으로 번갈아 놓아주며 어떤 반응을 보이는지 지켜보았다. 아기는 오른쪽에서 소리가 날 때 머리를 오른쪽으로 돌릴 뿐 아니라, 눈동자까지 오른쪽으로 돌리면서 소리나는 쪽에서 뭔가 볼 수 있기를 기대하였다.

또 일본의 산부인과 의사와 미국의 일부 학자들이 갓 태어나서 울어대는 아기들에게 태내음胎內音을 녹음해 들려주자 울음을 그치고 평온하게 잠들었다고 한다. 태내에서 친숙하게 많이 듣던 소리이기 때문에 조용해졌다는 것이다. 이로써 태내에서부터 아기는 무엇인가 들을 수 있다는 것이 증명된 셈이다.

비록 말은 못하지만 즐거운 목소리로 아기에게 이야기해주고 노래 불러주고 음악을 들려주는 동안 아기는 미묘한 방법으로 배움을 쌓아가는 것이다. 그러나 음악이 좋다고 해서 24시간 내내 틀어놓으면 아기의 흥미를 끌 수 없을 뿐 아니라 아기가 음악을 아예 무시해버릴 수도 있으므로, 깨어 있을 때 변화있는 환경을 만들어주는 것이 좋다.

엄마 아빠가 들려주는 자장가 소리, 찬송가 소리, 동시를 읽어주는 소리 모두가 아기의 듣는 경험을 풍부하게 해준다. 어떤 엄마는 음치라서 또는 노래를 잘 못하기 때문에 노래를 들려주지 못한다고 하지만, 꼭 성악가만이 노래를 들려줄 특권이 있는 것은 아니다. 옛날 할머니들이 들려주던 것처럼 흥얼흥얼하는 리듬을 아기들은 무척 좋아한다.

"멍멍 개야 짖지 마라. 꼬꼬 닭아 우지 마라. 우리 아기 잘도 잔다" 이런 흥얼거림을 아기들은 그 어느 자장가보다도 좋아한다. 목청을 가다듬고 "자거라, 자거라, 사랑하는…" 했더니 "엄마, '멍멍 개야' 그거 해줘" 하는 아이들을 보면 알 수 있다. 반복되는 은은한 음률에 잠드는 아기 모습을 보며 옛 어른들의 슬기를 배운다.

유아교육은
아이의 마음을 다지는 기초공사

  높고 커다란 건물을 지으려면 그 높이를 지탱할 수 있을 정도로 지하층이 깊고 든든해야 한다. 그렇기 때문에 시간이 오래 걸린다는 이유로 지하 기초 공사는 대강하고 지상층만 번듯하게 지어놓는다면 어느 날 참변을 당할 수도 있다.

  유아교육은 기초공사다. 이 시기에 뇌에 각인되는 경험이 올바르게 기초를 다지지 않으면 장래에 낭패를 볼 수 있다.

  그렇다면 유아기에 뇌에 각인시켜야 할 요소는 무엇일까? 대부분의 엄마들은 한글·수학·영어 등 과목에 대한 지식을 가르치는 것이라고 생각하는 경향이 있다. 물론 아이들이 읽고 쓰고 셈할 수 있어야 한다. 그런데 많은 아이들이 성장하는 과정을 지켜본 결과,

  '무언가를 배우려는 마음가짐'과

  '실수하는 것을 두려워하지 않는 마음',

  '힘든 것을 끝까지 해보려고 노력하는 태도',

  '끝까지 포기하지 않는 마음',

  '다른 사람을 배려하는 마음'

  이런 것이 더 중요함을 확신하게 되었다.

  보통 이상의 지능을 가진 아이들이라면 기회가 주어질 때 자기 능력만큼

지식을 이해하고 기억할 수 있게 된다. 그런데 심리적인 측면의 경험이 부정적이어서 자신감을 잃거나 실수할 것이 두려워 새로 배우려 하지 않는다면 학교에서 아무리 공부를 잘해도 커서 빛을 발휘하기 어렵다.

유아기에 각종 학습지를 시키면서 "돈 아깝다. 왜 안 해?" "아니 두 개나 틀리면 어떡해? 90점밖에 안 되잖아? 백점 받아야지" 하는 등의 말을 생각없이 하는 동안 혹시 기초공사를 그르치고 있는 것은 아닐까? 아이의 마음에 '난 아무것도 못해. 이것도 못하는걸' '또 야단맞을까봐 겁나' '틀리면 어떻게 하지' 등등 지층이 무너지는 일을 하는 것은 아닌지 모르겠다.

유아기는 시작일 뿐이다. 힘겨운 학습을 많이 시키며 아이에게 강제적인 학습노동을 시키기보다는 생활하며 자신감을 얻을 수 있는 일들을 구상해서 경험하게 하자.

2장
아기 돌보기

사려 깊은 엄마는 자녀가 옷을 잘 맞추어 입으면 "오늘 입은 옷은 색깔이 썩 잘 어울리는구나"

하며 동의를 표하고, 혹 맞지 않게 입었을 때도 다시 가서 갈아입으라거나 뭐 그렇게 흉하게

입었느냐며 핀잔을 주지 않는다. 단지 오늘은 왜 그렇게 입었는지를 물어보고, 아이가 당당하고

자랑스럽게 이유를 이야기하면 그대로 받아준다. 잘 입었을 때의 칭찬을 통해 스스로 깨달을 수

있기 때문이다.

'한국식 육아법'이 더 좋다

첫아이에게 젖을 먹이다 유종으로 몹시 고생한 나는 둘째는 우유로 키우겠다고 결심했다. "후회하지 않겠어요?" 하는 머피 박사에게 "꼭 안아서 먹이면 될 것 같아요"라고 대답했고, 머피 박사는 둘째를 기르는 동안 아예 젖이 나오지 않도록 조처했었다.

퇴원한 뒤 아기를 품에 안고 열심히 젖병을 물려본 뒤에 후회가 컸지만 젖이 나올 리가 없었다. 젖을 물렸을 때 소르르 마음에서 피어나던 사랑이 젖병을 물릴 때는 머리에서 이론적으로 내려왔다. 그래서 조물주는 감촉을 통해 아기를 키우라고 젖을 물리게 마련하신 모양이다.

아기는 젖을 빨며 안정감을 느끼고 엄마 품을 신뢰하게 된다. 이때 느끼는 안정감과 신뢰감은 아기의 인격 형성에 밑거름이 된다고 에릭슨은 주장한다. 젖을 빨아먹는 아기는 배고픔을 없애고자 하는 욕구를 채울 수 있고, 또 우유병처럼 투명하지도 않으므로 얼마나 들어갔는지 엄마가 조사할 수 없기 때문에 입놀림을 실컷 할 수 있다.

해방 후 서양의 육아법이 도입되면서 우리는 아기에게 시간을 맞추어 젖이나 우유를 먹여야 과학적으로 키우는 것처럼 생각하게 되었는데, 그렇지 않다는 것을 서양 사람들이 연구해냈다. 지나칠 정도로 시간을 맞춰 먹인 아기들은 자라서 수동적이고 의존적인 특성을 많이 보였다는 것이다. 아무리 울어도 주지 않는 일이 반복되므로 아기는 자발성·솔선성을 잃어버렸다는 것이다. 이제 그들은 아기가 원할 때마다 먹이라고 권고하고 있다. 적어도 배고픔을 알 수 있는 것은 시계가 아니라 자기 자신일 테니까.

이런 것을 보면 우리나라의 육아법이 서양보다도 앞섰다고 생각된다. 엄마젖을 시장이건 버스 속에서건 쉽게 먹일 수 있었으니 말이다.

아무튼 만 3세 이전까지의 교육은 우리 할머니들의 예지대로 한국식이 바람직하고, 만 3세 이후의 객관적인 유아 교육방법은 서양에서 배울 만한 것이 있다.

미8군 내의 유치원에서 여러 해 동안 교사로 일한 두 분이 1970년대에 열렸던 어느 공개토론 석상에서 말하기를 "유치원에서 미국계 아이들은 한국계 아이들에 비해 징징거리고 사소한 일에도 불평을 하는 경향이 있다"고 하였다. 아무래도 양육방법이 달라서 그런 것 같다며 그 비결을 알고 싶어했다.

이것은 그 무렵 우유값이 너무 비싸 젖을 물려야만 했으므로 한국계 엄마들이 아기와 함께 보내는 시간이 많아 심리적인 안정감이 생겼기 때문일 것이다. 21세기 초로 접어들며 다시 모유 먹이기 운동이 일어난 것은 정말 다행이다. 아기들이 젖을 빨며 엄마와 친밀감을 형성할 수 있도록 적어도 생후 6개월까지는 엄마가 직접 아기를 키우는 것이 좋다.

우리나라 육아법 가운데 버리지 말아야 할 것은 아기를 데리고 자는 일이다. 물론 클 때까지 같이 데리고 자면 성교육상 좋지 않지만, 아주 갓난 아기는 옆에 데리고 자면서 아기의 욕구를 채워주는 것이 좋다. 아기가 옆에 있으니 엄마 아빠 나름대로 아기가 듣건 안 듣건 상관없이 아기에게

우리나라 육아법 가운데
버리지 말아야 할 것은
아기를 데리고 자는 일이다.

이야기를 하기 때문에 더 좋으며, 아기의 행동에 즉각 반응할 수 있기 때문에 아기와 더욱 친해질 수 있다.

특히 우리나라에서는 방바닥에 요를 깔고 자므로, 아기의 얼굴을 들여다보면서 눈과 눈을 마주보고 있을 때가 많아 더 좋은 것 같다. 침대를 쓰는 경우에도 아기 요람을 같은 방에 두고 아기의 상황에 따라 민감하게 반응할 필요가 있다.

샌프란시스코는 내가 미국 유학길에 들른 첫 도시였다. 목적지인 시애틀로 가기 전 머무르던 그곳에서 미국의 상류가정을 방문할 기회가 있었다. 대등한 여건에서 당당하게 초대받은 것이 아니라 베이비 시팅(시간제로 아기를 봐주는 일)을 하는 여고동창을 따라간 것이다.

미국인 부부는 젊었지만 유산을 받아 부유한 편이었고, 돌이 조금 지난 딸아이가 있었다. 부부가 외출한 뒤 친구와 나는 아기를 데리고 재미있게 놀았는데, 저녁 7시가 되자 친구는 냉장고에서 우유병을 꺼내더니 아기를 안고 아기 방으로 갔다. 다섯 평쯤 되어 보이는 아기 방은 잘 꾸며져 있었고 구석에는 요람이 있었다. 친구는 그 방의 조명을 은은하게 밝히더니 요람에다 아기를 뉘여놓고 찬 우유병을 넣어주며 "데비, 나이트 나이트 (Debbie, night, night)" 하며 문을 닫고 나왔다.

아기라면 함께 자고 먹고 업고 다니며 어른에게서 떼어놓으면 안 되는 존재로 여기는 우리 문화권 밖으로 나온 지 이틀밖에 안 되는 나는 도저히 이해할 수 없었다. 이해를 못 했다기보다는 몹시 충격을 받았다.

"아기가 무서워하지 않을까?" 하는 물음에 친구는 "미국인은 아이를 처음부터 떼어놓고 재워" 하는 것이었다. "부모도 외출하고 없는데 데리고 놀자" 했더니 친구는 안 된다고 거절하였다. 아기의 버릇이 없어지는 것을 그 부모들은 질색한다는 것이었다.

아기는 얼마나 길이 잘 들여졌는지, 그 찬 우유를 마시면서 잠이 들었는지 울지도 않았다. 자다가도 부스스 일어나 문을 열고 나올 수 있게끔 우리 아기들 잠자리에는 울타리가 없지만 서양 아기들은 요람에서 자기 때문에 내려오지를 못한다. 요람에만 들어가면 엄지손가락을 입에 넣어 쪽쪽 빨고 한 손으로는 귓밥을 만지는 아기, 손가락을 빨며 한 손으로는 아기 때부터 덮는 강보를 꼭 움켜잡아야만 안심하고 자는 아이, 어릴 때부터 가까이한 봉제완구를 가져야만 잠자는 아이 등 습관도 가지가지인데, 이 모든 기이한 습관들은 커다랗고 캄캄한 방에서 외로움을 달래야 하는 아기들이 스스로 터득한 것이다.

아기에게 독립심을 기르는 것도 아기가 준비되었을 때 시킬 수 있는 것이지, 강제적인 방법으로 되는 것은 아니다. 어른들도 서로 의지하며 지내려고 하는데, 아기들에게만 외로움을 견디라고 하는 것은 너무 비정하다.

우리나라의 여류화가 B여사가 프랑스인 남편, 아들들과 함께 한국에 체류한 적이 있었다. 그분의 남편은 "우린 한국에서 모두 한 방에 잡니다. 넓은 방에서 아이들과 함께 장난도 하고 게임도 하며 즐겁게 지내다가 잡니다. 아이들이 프랑스에서 지낼 때보다 훨씬 좋아합니다. 이제 본국에 돌아가면 어머니에게 걱정을 들을 겁니다. 아이들 버릇을 다 망쳐버렸다고. 그렇지만 나는 한국 풍습이 아주 좋은 것 같습니다"라며 열변을 토했다.

교육받은 사람일수록 모유보다는 우유병을, 장판 위에 요를 펴고 키우기보다는 요람을, 업어주기보다는 유모차를 끌며 아기를 키우는데, 우리 할머니들의 양육법이 아기와 정서적인 유대감을 돈독하게 한다는 것이 최근 증명되었으니 힘들더라도 신체 접촉을 많이 하는 방법으로 아기를 키우는 게 좋겠다.

왜 이유를 해야 할까?

아기에게 젖을 먹이는 것이 좋다는 건 누구나 잘 알고 있다. 그런데 언제까지 젖을 먹여야 할지 잘 몰라 당혹스러울 때가 있다. 젖을 먹이는 것이 좋다는 사실을 생각하면 6, 7개월 된 아기가 젖꼭지를 꽉 물어도 참아야 할 텐데 그게 그리 쉽지 않다. 이는 나지 않았어도 잇몸이 근지러워서 젖꼭지를 있는 힘껏 물어뜯는 아기를 자기도 모르게 톡 때리거나 코를 잡아서 젖꼭지를 놓게끔 하는 것이 우리 어머니들의 방법이다.

아기에게 신뢰감을 심어주기 위해 젖을 물리는 것은 바람직하지만, 이가 나기 시작하는 6개월 또는 7개월쯤을 대비해서 서서히 이유離乳를 준비해야 한다. 생후 6개월 전에 이가 나는 아기는 그때부터 젖병을 물리고 조금씩 이유식을 제공해야 한다. 엄마젖말고는 다른 음식을 전혀 주지 않다가 젖을 물어서 아프다고 갑자기 젖을 떼면 아기의 마음은 두 번이나 충격을 받게 된다. 하나는 맛있는 젖을 먹지 못하기 때문이고, 다른 하나는 지금까지 자기를 포근히 품어주고 부드럽게 대하던 엄마가 갑자기 자기를 때리거나 소리지르기 때문이다.

잇몸이 근지러워 젖꼭지를 입으로 꼭 물었기 때문에 아파서 엄마가 소리를 지르고 때리기도 한다는 것은 아기들이 모른다. 사람의 성품은 여덟 단계를 거쳐 발달하며 그 중 첫 단계가 신뢰감이 생기는 시기라고 한 에릭슨은, 아기들은 잇몸의 고통을 물어뜯는 것으로 해결할 수 있다고 했다. 아기들은 엄마의 젖꼭지를 물어뜯음으로써 고통이 해소되기를 기대하는데, 그러기는커녕 배고픔을 해소해주던 젖꼭지마저도 빼앗기게 되는 이중적인 고통을 당하게 된다는 것이다. 갑자기 젖을 아기에게서 뺏어버리거나 젖을 문다고 때리게 되면, 아기의 마음에 불신감이 싹트게 될 수도 있다는 것이다.

이러한 심리적인 요인 때문만이 아니라 영양학적인 면에서도 이유는 절대적으로 필요하다.

아기들이 다른 음식을 맛볼 기회도 없이 엄마젖만 빨게 되면 성장에 필요한 영양분을 골고루 섭취할 수가 없다. 따라서 아기에게 젖을 먹이더라도 하루에 한 번쯤은 끓여서 식힌 보리차라든가 우유 · 주스를 젖병으로 맛보게 하는 것이 좋다.

이유식을 해야 할 때가 되면 미음, 삶은 달걀의 노른자 조금, 으깬 채소 등의 이유식을 조금씩 맛보여서 입맛을 다양하게 해줄 필요가 있다. 만약 아기를 살찌게 하겠다는 욕심 때문에 처음부터 젖병을 비울 때까지 강제로 먹이거나 미음을 반 공기가 넘게, 또는 이유식을 반 병씩 먹이거나 하는 것은 아기를 괴롭힐 뿐이다. 엄마젖 이외의 음식은 처음에 2분의 1 찻숟가락 정도로 시작하는 것이 좋다. 한꺼번에 여러 종류를 맛보일 것이 아니라 두세 종류의 음식에 맛이 들 때까지 계속 양도 늘리고 종류도 다양하게 바꾸도록 한다. 이렇게 먹이는 동안 다양한 음식의 맛에 대한 기억이 뇌에 각인되어 성장한 후에 편식을 하지 않게 된다고 연구 결과는 밝히고 있다. 시중에서 판매하는 이유식 가운데 다섯 가지 이상의 음식을 가루로 내어 만든 이유식을 먹이는 것이 바람직하지 않은 이유가 바로 여기에 있다.

돌이 되면 식구들을 위해 마련한 음식 중 맵거나 짜지 않은 것을 먹여도 된다. 국, 찌개, 밥, 불고기 잘게 썬 것, 전골국물 등을 예로 들 수 있다.

특히 외딸이나 외아들, 첫아기일 때는 이유식을 특별히 마련해놓고서 아기가 먹지 않는다고 성화를 하는 경우가 많다. 물론 열심히 만든 엄마의 정성을 생각해 아기가 다 먹으면 좋겠지만, 아기가 먹을 수 있는 양은 아주 적다는 것을 잊어서는 안 된다. 억지로 먹이다가 음식을 아예 먹지 않는 아이가 될 수도 있으므로, 열심히 만든 정성은 아깝지만 아기의 식성을 고려해 포기하는 마음가짐도 필요하다.

이가 날 때 아기들은 잘 먹지 않는데 이는 잇몸의 통증 때문이다. 잇몸의 통증을 덜어주는 방법으로 숟가락을 냉장고에 넣었다가 차게 해주면 좋다. 또 입놀림 젖꼭지를 차게 해두었다가 주어도 된다. 잇몸이 아파 이유식을 먹지 않을 때는 억지로 먹이지 않는다. 서양에서는 물이 들어 있는 고무 장난감을 냉장고에 넣었다 주어서 아기가 찬 것을 질겅질겅 씹게 함으로써 고통을 덜어주기도 한다.

여하튼 심리적·영양학적인 면에서 이유는 태어났을 때부터 서서히 시작하여 이가 날 즈음에는 우유나 다른 음식으로 완전히 바꾸는 것이 좋다. 그러나 모든 아기들이 다 잘 먹는 것은 아니다. 두세 번씩 먹어 비만이 될까 걱정하게 만드는 아기가 있는가 하면 잘 먹지 않아서 성장이 늦어질까봐 걱정하게 만드는 아기도 있는 등 개인차가 있게 마련이다.

안 먹는 아이 대처법

우리 민족은 음식을 중히 여긴다. 음식 먹는 것을 즐기기 위해서라기보다는 심각한 생존의식과 연결되었던 뼈아픈 과거 때문이다. 그러나 서양인들은 저녁 식사시간을 거의 한 시간 정도 잡아 식구들이 하룻동안 지낸 일들을 이야기하며 즐겁게 보낸다. 아무리 혼자 사는 미혼여성도 식탁은 정식으로 차려놓고 식사를 한다. 급하면 냄비나 프라이팬을 그대로 올려놓고 먹는 우리와는 대조적이다.

옛 할머니들은 "밥 먹을 때 말을 많이 하지 마라. 복 나간다" "후딱후딱 먹고 치워라" 이렇게 말하며 음식을 즐기기보다는 효율성을 강조했다. 또 "너 밥 안 먹으면 말라요" "힘을 못 써요" "삐쩍 말라버릴 거야" 하는 등 음식과 건강을 직결시킨다. 이러한 사고방식 때문인지 몰라도 우리나라 부모들은 아이가 먹는 음식의 양에 신경을 많이 쓴다.

자녀 수가 적거나 외아들일 때는 이런 걱정이 더욱 태산 같아서, 엄마는 밥그릇을 들고 쫓아다니며 먹이려 하고, 아이는 엄마나 할머니를 위해 음식을 먹어준다는 식으로 받아먹는다. 어떤 어머니의 말을 빌리자면, 끼니때마다 전쟁을 치르는 기분이라고 했다. 그런데 이상한 것은 어머니가 음식을 먹이려고 들면 아이는 먹지 않으려 한다는 것이다. 마치 자석의 같은 극끼리는 서로 밀어내듯, 엄마는 먹이려 하고 아이는 먹지 않으려고 한다. 외아들이나 외딸의 경우에는 이 밀어내는 힘이 더 커진다.

부모들이 걱정하는 '안 먹는 아이'들은 그 원인이 어린아이에게 있는 것이 아니라 부모의 양육태도에 있을 때가 많다. 쫓아다니면서 밥을 먹이니 어린아이는 심리적인 게임을 하게 마련이다. 오면 피하고, 먹으려면 도리질을 하고, 결국 국에 만 밥 한 그릇을 먹어야 이 게임은 끝이 난다. 때에 따라서는 아이들이 부모의 지나친 간섭에 거부반응을 일으켜 음식을 거부하는 수도 있다. 음식이란 자신이 즐겁게 먹을 수 있어야 하는데, 늘 간섭받는다는 것은 별로 기쁜 일이 될 수 없다.

음식을 섭취하고 잠을 자고 배설을 하는 행동은 누가 하라고 해서 하는 것이 아니라 우리의 몸이 필요로 하는 신체적인 욕구다. 며칠 동안이라도 음식을 먹지 못하고 견딜 수 있는 사람은 별로 없다. 한국전쟁 때 반찬도 없는 주먹밥을 소금에 찍어 맛있게 먹던 때를 생각하면 반찬투정 같은 것이 실은 사치스러운 일임을 알 수 있다.

아무리 식성이 까다로운 사람도 등산을 하고 나면 음식을 잘 먹듯이, 아이들에게도 밥 먹고 싶은 동기를 마련해주는 것이 가장 좋은 처방이다. 밥그릇을 들고 쫓아다니면서 먹이는 것은 먹이려는 엄마의 의지이지 아이의 식욕이 아니라는 데 문제가 있으며, 오랜 시간 쫓아다니면서 먹이다 보니 아이의 위 속에 음식이 계속 남아 있어 식욕이 일지 않게 되는 것이다. 게다가 걱정이 되는 엄마들은 아이가 밥을 안 먹으니 이거라도 먹고 살아야 할 게 아니냐며 아이스크림·과자·음료수 따위를 자꾸 권하게 마련이다. 몹시 시장했다가도 밥 먹기 전에 사탕이나 과자·음료수 등을 먹으면 밥맛이 떨어진다는 것을 우리 어른들은 잘 알고 있다. 아이들도 어른과 마찬가지로, 잦은 주전부리 때문에 식욕을 잃는다.

서툴 수 있는
기회를 주어라

예전에 유아교육잡지인 《엄마랑 아가랑》에 실렸던 배우 엄앵란 씨의 글은
안 먹는 아이에 대해 어떻게 대처해야 할지를 보여주는 좋은 예다.

"…내 정성의 보람도 없이 아이는 점점 마르고 허약해져갔다. 음료수·간식 외에는
먹지를 않아 식사시간이면 쟁반에다 밥을 차려들고 따라다니며 먹여야 할 정도였
다. 나는 밥을 먹이다가 하도 속이 상해서 숟가락을 앞마당에 내동댕이쳐버리고 혼
자 운 적도 여러 번이었다.

어느 날 육아상담을 하는 방송시간에 너무 '먹어라, 먹어라' 권하지 말라는 말을 들
었다. 우리 아이에게 그렇게 했다가는 당장 굶어죽을 것만 같았다. 그러나 나는 그
박사님의 말씀을 따르기로 결심했다. 아이와 나의 대화에서 '먹어라'라는 말을 빼
버리기로 한 것이다. 하루 이틀을 그렇게 보내면서 나는 아이가 혹시 잘못되는 것은
아닐까 하는 걱정으로 끊임없이 괴로워했다. 사흘째 되던 날, 아이는 스스로 '밥 달
라'는 말을 하기 시작했다. 나는 아주 자연스럽게 밥을 주었다. 그때부터 아이는 한
달 두 달 나날이 자라는 속도가 빨라지기 시작했다."

위의 글에서 나타난 바와 같이 중요한 것은 아이를 밥 안 먹는 아이로 자라
지 않게끔 하는 것이다. 아이들은 본능적으로 자기 혼자 힘으로 무엇이건 해

보려고 한다. 따라서 혼자 밥 먹으려는 시기를 놓치지 않는 것이 좋다. 돌이 조금 지나면 아기들은 밥상을 짚고 일어서서 손으로 밥을 마구 집어먹으려고 한다.

이때 아기의 접시 위에 아기가 집어먹을 수 있도록 밥을 김에 싸준다든지, 고기 같은 것으로 조그맣게 완자를 만들어준다든지, 두부 지진 것도 조그맣게 잘라 놓아주면 좋다. 처음에는 손으로 집어먹으며 많이 흘리지만 나중에는 숟가락이나 포크를 사용할 수 있게 된다. 아기가 앉는 자리에는 바닥에 비닐이나 신문지를 넓게 깔아놓았다가 치우면 일손을 덜 수 있다. 아기들의 이러한 행동이 지저분하게 여겨져서 먹여줘 버릇하면 자발성도 없어지고 또 먹이고 피하려는 전쟁이 일어날 수도 있다.

누구든지 처음 하는 일은 서툴게 마련이며, 그 서툰 경험이 없으면 세련된 기술로 발달하기도 힘들다. 아기들에게 서툴 수 있는 기회를 주자. 열심히 먹고 나면 "이게 뭐야! 먹은 것보다 흘린 게 더 많잖아" 할 게 아니라 "아유, 우리 아기가 혼자 다 먹었네!" 하며 인정해줌으로써 자기 혼자 해냈다는 성취감을 느끼게 하자. 이렇게 해서 아기와 함께하는 식사시간의 평화를 누려보자.

음식을 잘 먹지 않는 아이에게는 용감하게 음식을 주지 말아보자. 밥상을 차려놓은 뒤 함께 앉아 먹기를 권해도 먹지 않을 때는 더 강요하지 말고 식구끼리만 먹는다. 먹지 않는 아이가 처음에는 엄마가 예전처럼 '따라오겠지' 하고 기대하다가, 먹이려고 따라오지 않게 되면 떼도 쓰고 간식을 요구하겠지만, 그런 요구를 무시해버린다. 한 끼 두 끼 이런 일이 계속되면 아이는 허기를 느끼게 될 것이고, 마침내는 스스로 음식을 요구하게 된다.

어떤 어머니들은 "그래도 우리 아이는 안 먹어요. 안쓰러워서 못 보겠어요. 사흘을 굶겨도 안 먹던걸요" 한다. 여기서 아무것도 안 먹었다는 것은 밥을 안 먹었을 뿐 간식은 먹었다는 뜻도 될 수 있고, 또 그럴 때가 더

음식을 잘 먹지 않는 아이에게는
용감하게 음식을 주지 말아보자.

많다. 야박한 것 같지만 부모들이 용감해질 필요가 있다. 사흘쯤 굶어서 죽는 일은 없으며, 또 인간에게는 자기 자신을 굶겨 죽이려는 본능은 없다. 정신이상자를 빼놓고는 아이들의 마음이 그토록 모질어지는 경우는 없으므로 부모들은 마음을 놓아도 좋다.

의사를 존중하는 옷 입히기

미국에서 살며 느낀 일이지만 그곳 유아들은 옷을 퍽 잘 입는다. 비싼 옷을 입는다는 것이 아니라 위아래 옷의 색깔을 용케도 잘 맞춰 입는다. 또한 그 아이들은 "이건 이것하고 맞는다" "이 옷 색깔은 저 색깔에 맞지 않는다"라는 말을 자주 한다.

미국의 가정생활을 살펴보니, 그들은 옷을 살 때부터 자기가 갖고 있는 스커트라든가 블라우스 색깔 등과 맞추어 사려고 노력하며, 그에 어울리는 액세서리까지도 고려하는 습관이 몸에 배어 있다. 아이들 옷을 사도 바지 · 티셔츠 · 양말 등의 색깔을 맞추어서 사곤 한다. 일상생활에서도 부모들이 옷을 입으며 색깔이나 균형에 대해 말로 표현을 하니까 아이들도 은연중에 옷 잘 입는 법을 익히게 된다.

그렇다고 해서 부모들이 아이들에게 무슨 옷을 입으라고 강요하지는 않았다. 일단 옷을 산 뒤에는 자녀에게마다 자기 옷장을 주어 옷을 정리해두고 스스로 꺼내 입게 한다. 티셔츠 두는 서랍, 바지만 넣어두는 서랍,

양말만 넣어두는 서랍 등이 있다.

아이가 옷을 꺼내어 입으면 색깔이 맞을 때도 있지만 흉할 때도 있다. 사려 깊은 엄마는 자녀가 옷을 잘 맞추어 입으면 "오늘 입은 옷은 색깔이 썩 잘 어울리는구나" 하며 동의를 표하고, 혹 맞지 않게 입었을 때라도 다시 가서 갈아입으라거나 뭐 그렇게 흉하게 입었느냐며 핀잔을 주지 않는다. 단지 오늘은 왜 그렇게 입었는지를 물어보고, 아이가 당당하고 자랑스럽게 이유를 이야기하면 그대로 받아준다. 잘 입었을 때의 칭찬을 통해 스스로 깨달을 수 있기 때문이다.

미국에 머무르며 두 아이를 키울 때였다. 큰아이는 만 세 돌 반이었고, 작은아이가 돌이 가까웠을 무렵이었다. 그 동네에서는 부인들이 집집마다 돌아가면서 커피를 같이 마시며 담소하는 기회를 갖곤 하였다. 대개 오전 10시부터 12시까지 두 시간 동안 모였는데, 아이들도 다 데리고 가서 아이들끼리 놀게끔 하는 유익한 모임이었다.

그날은 갑자기 날이 더워졌는지라 나는 큰아이에게 여름용 원피스를 입히고 싶었다. 한국인이 혼자이고 보니 아이를 말쑥하게 입히고 싶은 욕심이 있었던 것이다. 그래서 예쁜 옷을 꺼내놓고 입으라고 했더니 큰아이는 막무가내로 안 입겠다고 했다. 큰아이는 겨울용 빨간 바지에 빨간 티셔츠, 빨간 술이 달린 하얀 털모자를 쓰겠다는 것이었다. 전에 그렇게 입었을 때 동네 사람들이 빨간 바지에 빨간 티셔츠에 모자가 어울린다고 한 것을 귀담아들은 모양이었다. 그날은 엄청 더웠기 때문에 땀을 뻘뻘 흘린 큰아이는 집에 오자마자 옷을 갈아입어야만 했다. 날이 더울 때는 얇고

시원한 옷을 입어야 한다는 사실을 배운 것이다.

계절과 기후에 맞는 적절한 옷을 입는다든가, 색깔이나 디자인을 자기 몸에 맞춰 옷을 입는 습관은 하루아침에 이루어지는 것이 아니다. 매일매일의 생활을 통해 서서히 이루어지는 것이다.

옷을 제대로 멋있게 입는 법을 배울 때까지 부모는 많은 어려움을 겪어야 한다. 아이들은 겨울에 여름옷을 입겠다고 고집을 피우기도 하고, 전혀 옷은 입으려 하지 않고 속옷만 입으려 하고, 털바지에 여름 티셔츠를 입으려 하는 등 부모의 마음을 건드릴 때가 많다. 그럴 때마다 야단을 치고 핀잔을 주기보다는 논리적인 귀결을 경험하게 하는 것이 좋다. 큰딸이 털모자를 쓰고 긴 옷을 입고 나갔기 때문에 땀을 흘린 것이 그 예다. 자기 결정의 효과를 실제로 경험하게 한 것이다.

그러나 실내가 따뜻한 아파트에 있다가 외출하려 할 때 덥다면서 겉옷을 안 입겠다고 고집부릴 경우에는 논리적인 귀결을 경험하게 하는 것도 좋지만, 그러다가 아이가 감기에 걸려 고생하는 수도 있다. 이처럼 어린 자녀를 한 인격체로 키우는 데는 한없는 인내와 노력·시간이 들어간다.

지퍼를 올리거나 내리는 일은 쉽게 할 수 있지만 단추를 채우거나 빼는 것은 무척 어렵다. 얼른 외출해야겠는데 아이는 계속 자기가 단추를 채우겠다고 고집을 부리거나 하면 왈칵 화가 치밀 때도 있다. 만 3~4세 난 유아를 두었을 때는 나가야 할 시간보다 일찌감치부터 옷 입기 등 외출 준비를 하는 것이 좋다. 만약 어쩌다 급히 나가야 할 경우 아이가 혼자 단추를 채우려 할 때는 "그러면 엄마 혼자 간다" "넌 안 데리고 나만 간다"고

겁을 주지 말고, "지금은 엄마가 해주고, 나갔다 와선 네가 하자"고 타협하면 된다.

코트를 입을 때도 아이 혼자 입을 수 있는 방법을 터득하게 한다. 코트를 마루에 펼쳐놓고 목 부분 쪽으로 앉아서 두 손을 넣은 다음 머리 위로 넘겨서 입게 하거나, 펼쳐놓은 코트 아랫부분에 등을 대고 앉아서 두 팔을 넣은 다음 입게 하면 된다.

취학 전 유아를 돕는 가장 중요한 원칙은 어른의 기대에 맞추게 하려고 할 것이 아니라 아이 스스로 문제를 해결할 수 있는 기회를 주는 것이다. 어린 시기에 스스로 할 수 있도록 하려면 속상하고 힘들 때도 많고 에너지도 엄청 필요하지만 분명 보람있는 일이며, 그 성과는 아이가 성장한 뒤에 반드시 나타난다. 이는 세 딸을 키워 출가시킨 후 손녀 손자들이 성장하는 것을 지켜보면서 깨달은 양육의 진리이다.

바람직하게 색깔을 맞추어 옷을 입었을 때나 기후에 알맞게 옷을 챙겨 입었을 때를 놓치지 않고 칭찬해주는 일, 단추나 운동화 끈을 끙끙거리며 매려 할 때 기다려주는 것으로 아이들의 바람직한 옷 입는 태도를 길러줄 수 있다.

편안한 대소변 가리기

미국에서 갓 돌아와 친척집을 방문했을 때, 생후 6개월이 된 아기가 자고 일어나자 얼른 유리병을 들이대며 "아가야, 쉬—" 하는 엄마를 보고 펄쩍 뛴 적이 있었다. 내 우려를 무시한 채 그분은 자랑스러운 표정으로 나를 보며 "우리 아가는 이렇게 소변을 잘 가려요" 하는 것이었다. 시기가 이르거나 늦거나 하는 차이는 있지만, 미국의 부모들도 대소변 가리기에 무척 신경을 쓰는 것만은 사실이다.

미국인 친구 브렌다는 세라의 '대소변 가리기' 때문에 남편 보브와 늘 싸운다고 했다. 보브는 "세라가 돌이 지나도 대소변을 못 가리는 것을 보면 당신이 잘못 교육시켰기 때문이야"라며 세라를 변기에 앉히고 강제로 대소변을 보게 하곤 하였다.

결국 세라는 양변기에 앉아서 대소변을 누려 하지 않고 마냥 앉아 있기만 한다는 것이다. 조금 커서는 책까지 들고 앉아 무료한 시간을 메우고, 일은 아직도 기저귀에 본다고 브렌다가 걱정스럽게 이야기하곤 했다.

인성 발달은 일생 동안 여덟 단계를 거쳐서 이루어진다고 한 에릭슨은, 제2단계에서는 '대소변 가리기'를 중심으로 인성이 형성된다고 하였다. 자기 나름대로 편안히 대소변 가리기를 경험한 아이들은 자율성을 갖는 반면, 억압적인 강요를 받았거나 조롱을 당한 아이들은 수치심을 갖게 되거나 자신의 능력에 의심을 품게 된다고 했다.

아기들의 '대소변 가리기 훈련'에 대해 집중적으로 연구한 미국의 심리학자 아르진과 폭스는 아기들에게 이른 시기부터 대소변 가리기를 시키는 것은 아기들이 이해할 수 없는 것을 강요하는 일이며, 아기들 능력 이상의 것을 강요하는 행위라고 비난했다. 그들은 몇 년 동안의 실제 훈

와아~
잘했어!
변기통
근처까지
왔잖아!

련 결과, 생후 1년 전후부터 시작해 몇 달, 몇 년 동안을 아기와 투쟁하는
것은 아기에게 좌절감과 갈등만 안겨줄 뿐이라는 사실을 증명해냈다.

아르진과 폭스는 아기가 스스로 대소변을 볼 수 있는 자율신경이 성숙
하는 것은 생후 20개월 전후이기 때문에, 이때쯤 대소변 가리기를 시작할
수 있다고 했다. 이른 아이는 생후 18개월경부터 시작할 수 있겠고, 발달
이 좀 더딘 아이는 두 돌이 되었을 때 시작할 수도 있다. 신체적인 성숙 이
외에 부모들이 유의해야 할 것은 생후 20개월 된 아기가 어른들의 의도를
이해할 수 있느냐 하는 점이다. 아이가 말귀를 알아듣고 가리고 싶다는
마음을 갖게 되면 "단 하루 만에 대소변 가리기 훈련을 할 수 있다"고 폭
스는 장담했다.

대소변 가리기를 일찍 시작해서 아기와의 관계가 나빠진 사람은 아이

가 큰 뒤에도 훈련을 잘 시킬 수 없는데, 이는 아기가 그 사람을 신뢰하지 않기 때문이라는 것이다. 일찍 시작해서 긁어 부스럼을 만드느니, 기다려서 평화롭게 치르는 것이 상책이다. 대소변 가리기를 완전히 할 수 있는 나이는 아무래도 만 세 돌이 넘어서다. 스스로 화장실을 잘 가다가도 긴장하면 실수를 하곤 하므로, 부모들은 인내심과 따뜻한 마음을 갖고 느긋하게 기다릴 필요가 있다.

만 다섯 살 난 경훈이는 대변 보는 데 문제가 있었다. 소변을 볼 때는 아무 어려움 없이 잘 보는데, 대변이 마려우면 아무도 보지 않는 곳에 가서 바지도 벗지 않고 누지도 않으려고 안간힘을 쓰다가 팬티를 버려놓곤 한다는 것이다. 어떤 날은 팬티를 있는 대로 다 버려놓을 때도 있다고 했다. 빨래하기가 성가시기도 하지만 냄새가 나서 못 견디겠다는 엄마의 불평이었지만, 분명 그 아이는 어느 날 대변 볼 때 충격적인 경험을 한 게 틀림없었다. 대변 보는 것을 죄스럽게 느끼고 부끄럽게 느끼게 되면 경훈이와 같은 극단적인 일이 일어나게 된다.

밤에 오줌 싸는 아이나 대변을 제대로 못 보는 아이들은 어린 시절(만 2세 이전)에 대소변 가리기를 강제로 시켰거나 부끄러움을 타게끔 했기 때문에 그렇게 된 것이다. 만 네 살이 지나면 대부분의 아이들은 자다가도 오줌 마렵다는 신호를 보내서 대소변을 보는데, 초등학교에 가서도 밤에 오줌을 싸는 것은 심리적인 원인 때문일 때가 많다. 물론 신체적인 원인 때문에 야뇨증이 생기는 경우도 있다.

오줌을 싼다거나 대변을 잘 못 본다고 야단을 치거나 때려서 고치려 하면 더 심해질 수 있다. 처음에 갖게 된 겁나는 인상, 오줌을 자주 싸기 때문에 '나는 못났다'거나 '나는 사랑을 받지 못한다'는 생각들을 떨쳐버리도록 마음에 안정감을 주는 것이 중요하다. 어떤 때는 밤에 오줌을 싸는 것이 습관화된 나머지 신경이 둔해져서 싸는 수도 있다. 그럴 때는 저녁에 물을 되도록 적게 마시게 하고, 밤중에 한 번은 일으켜 깨워 오줌을 눔으로써 무의식중에 싸지 않도록 한다. 또는 오줌이 요 위에 떨어지자마자 벨소리가 울리도록 고안된 상품 등을 이용하여 오줌 싸는 습관을 고치는 방법도 있다.

아이를 오줌싸개로 만들지 않는 가장 좋은 방법은 너무 일찍 강제로 시키지 않는 것이다. 아이가 "오줌, 오줌" 하며 눌 의사를 보일 때 기쁜 마음으로 얼른 데리고 가 누게 한다든가, 자기 스스로 대소변을 보겠다고 할 때 기쁘게 생각한다는 것을 아이에게 이야기해줌으로써 자신감을 갖게 하는 것이 무엇보다 중요하다.

돌 전부터 대소변을 깨끗하게 가려주기를 기대하다 도리어 늦게까지 오줌싸개가 되지 않도록 주의해야 한다.

아빠도 함께 키우는 아이

젖 먹이는 일이 중요하고, 또 어머니의 품에서 신뢰감과 안정감을 느낀다는 사실 때문에 많은 학자들은 모성실조母性失調를 심각하게 다루어왔다. 아기들은 영아기 동안 어머니에게 애착을 느끼게 되고, 이 애착을 갖지 못할 때는 모성실조에 걸리게 되는데, 이러한 모성실조를 경험한 아이들은 반(反)사회적인 행동 또는 문제행동을 보일 확률이 높아진다는 것이다. 이는 여성의 역할을 극대화하는 이론이기도 하다.

그러나 최근 보워가 종합한 바에 따르면, 어머니라는 존재가 젖을 먹이는 일 그것 하나만으로 아기들과 정서적인 연대감을 형성하는 것이 아니라, 젖 먹이는 일과 함께 아기와 의사 소통할 수 있기 때문이라는 것이다. 아기의 표정을 보고 욕구를 알아차릴 수 있고 옹알거리는 소리를 듣고 아기가 행복하다는 뜻인지 불편하다는 뜻인지를 알아낼 만큼 어머니들은 민감하게 반응하기 때문이다. 따라서 아기들은 꼭 엄마가 아니더라도 자기와 마음이 통할 수 있는 사람이면 애착을 느끼게 된다고 하였다.

그 예로, 히틀러가 유대인을 학살할 때 생후 6개월쯤 된 아기 6명이 함께 수용되었는데, 이 6명의 아기들은 계속 들어왔다 사라져가는 어른 유대인들이 번갈아 키웠다고 한다. 이 아이들은 전쟁이 끝날 때쯤 세 살이 되었는데, 어른들에게는 애착을 느끼지 않지만 자기들끼리는 굉장한 애착을 보였다고 한다. 엄마도 없이 무시무시한 경험을 한 이 어린 아기들이 모성실조이론의 가정대로라면 모두 정신병 증상을 보여야 마땅할 텐데, 전쟁이 끝났을 때 만 세 살이 된 이 아이들은 그런 증상을 보이지 않았다는 것이다. 이는 오로지 어머니에게만 아기를 키우는 책임이 있는 것이 아니라 아빠, 할머니, 할아버지, 친척, 이웃이 모두 함께 키워야 한다는 것을 뜻한다.

6개월까지 모유를 먹이는 것이 좋다는 사실만으로도 사람들은 쉽게 엄마에게 책임을 전가한다. 그러나 아기가 한 인간으로 성장하기 위해서는 엄마 한 사람만 필요한 것이 아니라 여러 사람이 필요하다. 엄마하고만 대화하는 방법을 터득하기보다는 여러 사람과 의사소통을 할 수 있게 될 때, 아기의 생각은 엄마 치마폭에서 넓은 세계로 뻗어나갈 수 있을 것이다.

유치원에서 식구를 그리라고 했더니, 자기와 엄마를 제일 크게 그리고 아버지는 뒷장에 그린 아이가 있었다.

"이 식구는 왜 뒤에 있지?"라고 선생님이 묻자, "밤에 잘 땐 있고, 아침에 보면 없고, 밥도 같이 안 먹고 하는 아빠가 식구인 것 같기도 하고 아닌 것 같기도 해서 뒤에 그렸어요"라고 대답한 실례를 볼 때, 할아버지·아버지·삼촌 등등 남자들도 모두 어린 아기와 함께 지내는 시간을 갖고 또 대화하는 기술을 익힐 필요가 있다. 아이가 전인全人으로 성장하기 위해서는 남자 여자의 도움이 똑같이 필요하다.

예전부터 우리나라는 아무리 자식이 귀여워도 아버지들은 내색을 하지 않는 것이 옳다고 생각해왔다. 그러나 시대가 많이 변해서 요즈음은 젊은 아빠들이 아기를 안고 다니는 것도 아주 일상적인 일이 되었다. 그러나 아직도 대부분은 아기를 먹이는 일, 돌봐주는 일이 엄마의 일이라고 생각하게 마련이고, 엄마들도 으레 아빠는 아기 곁에 오면 안 되는 사람으로 인식하고들 있다. 그러나 어린 아기의 인성은 먹이고 입히며 놀아주는 자질구레한 일들(사실 가장 중요하지만)을 하는 동안 형성되기 때문에 아빠들의 참여가 반드시 필요하다.

아빠와 생활하는 동안 아기들은 아빠의 생각이나 가치관을 배우며 바깥의 돌아가는 일들을 배울 수 있어 상식이 늘어난다. 아빠처럼 되고 싶다는 생각은 앞으로 택할 직업에 대한 인식을 길러주며, 무언가 해보겠다는 성취욕도 길러준다.

우리나라의 사회규범은 가족 중심이 아니기 때문에 직장일이 밤까지 연장되는 것이 보통이며, 주말도 없이 이루어지는 경우가 많다. 결국 아기들은 엄마 손에서만 키워지게 되어, 엄마와 사귀는 방법은 터득하지만 아빠하고 대화하는 방법은 모르게 된다. 아빠가 아기와 지낼 수 있는 시간이 적으면 적을수록 아빠는 아기를 키우는 동안 얻을 수 있는 귀중한 경험, 즉 인격과 인격이 맞닿는 것을 놓치게 된다.

최근에는 직장에 다니는 엄마들이 많은데, 아기가 초등학교에 갈 때까지는 우선순위를 아기에게 둘 필요가 있다. 한번 지나간 영·유아기는 다시 돌이킬 수 없는 반면 이 시기에 뇌에 각인되는 경험은 성장한 뒤에도 큰 영향을 미치기 때문이다. 힘들어도 영·유아기 자녀에게 사랑을 투자할 필요가 있다.

'아빠의 권위'가 상실되었다고 걱정들을 많이 하는 이때에 생각해볼 문제다. 아이들과 대화를 나누지 않은 채 멀리 떨어져 있다가 군림하는 자세로 아이들을 대하면 거리감만 생길 것이다. 아기 때부터 자라나는 모습을 살피면서 거기에서 기쁨을 느끼는 것이 실은 다른 그 무엇에도 견줄 수 없는 보람인 것이다. 한 인간이 태어나서 차차 성장해가는 과정은 신비스러운 일이며, 그 중에서도 갓난아기 때의 급속한 변화는 더 많은 신비감을 심어준다.

어떤 아빠들은 첫째나 둘째 아이를 키울 때는 어색해서 가까이하지 못하다가도 셋째 또는 넷째 아이에게는 기르는 맛을 들여 익애溺愛하는 경우도 있다. 아빠로서의 의무감에서가 아닌 인간적인 호기심과 애정으로 갓난아기를 함께 돌보면 생각보다 얻어지는 것이 더 많은 것이다. 요즘처럼 하나나 둘만 낳아 기르는 시대에 아빠들은 좋은 기회를 놓치지 말아야 할 것이다.

아기를 기르는 것이 '여성의 성역'만은 아니다. 또 24시간 내내 아기에게 매달려 있어야만 하는 것도 아니다. 시간이 없다면 아기가 깨어 있는 동안 기회가 생길 때마다 짬짬이 함께 놀아주거나 이야기를 해주거나 대화를 나누는 것이 안 하는 것보다 훨씬 낫다.

시간을 얼마만큼 보냈느냐가 문제가 아니라 얼마만큼 아기를 이해하고 상대해주었는지 그 질적인 측면이 더 중요하다. 하버드 대학 화이트 박사의 연구에 따르면, 만 3세 이전에 부모와 함께 하루 총 70분 정도의 바람직한 상호작용을 경험한 아이들이 밝고 슬기롭게 자란다고 하였다.

아이들이 정말 원하는 것

딸 셋, 조카 열다섯, 손녀·손자 셋이 성장하는 것을 지켜보면서 아이 키우는 일이 힘들지만 정말 축복임을 느꼈다. 힘이 드는 이유도 사실은 어른의 기대가 아이들의 능력이나 관심과 거리가 날 때였다.

오랜 세월 동안 두 가지 터득한 일이 있다.

첫째, 아이들도 엄마·아빠 못지않게 공부를 잘하고 싶은 욕망이 강하다는 점이다. 그런데 공부가 마음대로 되지 않아 속상하다. 잘하고 싶은데 능력이 달려서 못 따라가기도 하고, 엄마·아빠가 좋아하는 건 공부 잘하는 것이니까 속을 썩이기 위해 아예 하지 않겠다고 작심하는 경우도 있으며, 그때그때 배우는 내용을 이해하지 못하다 누적되면 포기하는 경우 등 원인이 다양하다. 부모는 일상생활 속에서 이런 아이들의 심정을 존중해 주어야 한다. 한글을 아직 깨치지 못한 유치원 아이에게 무조건 "너 그렇게 공부 안 하다가는 초등학교 가서 선생님에게 창피당한다"라든가 "저렇게 공부하기 싫어하는 걸 보니 앞날이 뻔하다"라는 식의 이야기는 금물이다.

'어떻게 하면 배움에 대한 아이의 생각이 바뀌도록 할 수 있을까?' '어떻게 하면 아이가 잘 못하는 부분에 쉽게 접근하도록 활동을 마련해줄 수 있을까?'를 생각하며 기회를 잡도록 노력해야 한다.

둘째, 다른 아이와 절대로 비교해서는 안 된다는 점이다. 형제가 여럿이다 보면 더 잘하는 아이가 있다. 집 밖에서는 우리 아이보다 잘하는 아이가 수없이 많다. 우리 아이는 한글을 깨치지도 못했는데 쇼핑 리스트를 쓰는 아이가 있고, 우리 아이는 돈 개념이 없어 1000원짜리 지폐와 100원짜리 동전을 보여주고 택하라고 하면 100원을 택하는데, 어떤 아이는 1000원 대신 1만원권을 내놓으라고 한다.

아이들도 안다. 자신이 그 순간 그 상황에서 다른 친구나 형제보다 능력이 떨어지고 있다는 사실을. 이때 아이의 아픈 가슴에 소금을 뿌려 저리게 할 필요는 없다. 잘하는 아이를 진심으로 축하해주면서 다른 사람의 능력을 인정하는 가치를 배우게 할 필요가 있다. 사람이 모든 면에서 완벽할 수 없기 때문에 다른 사람과 협력하며 일을 해야 하는 것이다.

우리 아이가 지금은 모자라지만 나중에 커서 다른 사람의 능력을 적재적소에 활용하는 큰사람이 되지 말라는 법이 없지 않은가. 경쟁에서 져 힘들 때 기댈 수 있는 심리적인 언덕을 아이들은 원한다.

엄마~
나... 저번에 거짓말해서
& 지옥가면 어떡해. ~

3장
사랑을 먹고 자라요
_정서 발달

제2차 세계대전 후 유럽의 한 병원에서 전쟁고아가 된 어린아이들을 보살피게 되었는데, 필요한 영양을 공급하는데도 자꾸만 마르더니 결국에는 죽어갔다고 한다. 원인은, 어린아이의 수는 많은 반면 돌보는 어른의 수가 적어서 따뜻한 접촉이 부족했기 때문이었다. 접촉을 통한 사랑이 부족해서 죽어갔던 이 병을 학자들은 '마라스무스Marasmus'라고 이름붙였다. 마라스무스란 '쇠약해진다'는 뜻으로, 신체적인 필요가 채워져도 정서적 음식인 사랑이 부족하면 몸이 쇠약해진다는 것이었다. 따라서 자식이 품안에 있을 때 힘껏 사랑으로 안아주어야 할 일이다.

마라스무스

딸 넷을 연년생으로 둔 친구가 울상이 되어 해결책을 호소해왔다.

"글쎄 어떻게 해야 할지 모르겠어. 밤만 되면 지쳐 떨어지고 만단다. 큰 애는 오른쪽 팔을 베고 자려 하고, 셋째는 꼭 왼쪽 팔을 베고 자겠다 그러고, 막내는 배 위로 기어올라오고, 이 눈치 저 눈치 보던 둘째는 다리 사이에서 쭈그리고 자니, 도대체 어떡해야 하니?"

유아기의 어린 자녀를 둔 부모들은 종종 이런 일로 당혹해할 때가 많다. 어린아이를 안아주어도 될 것인지, 또는 아기 때부터 버릇을 들이기 위해 울더라도 내버려두고 안아주지 말아야 하는 건지 도무지 갈피를 잡지 못한다.

할로는 이러한 의문을 풀기 위해 원숭이를 실험해보았다.

갓 태어난 원숭이를 엄마의 품에서 떼어놓아 대리엄마에게서 키웠다. 그 대리엄마는 철사로 만들었는데, 하나는 젖병을 달고 있고 하나는 철사 모형 위를 헝겊으로 한 겹 싸놓은 것이었다. 할로는 만일 원숭이가 젖병이 달린 엄마에게로 많이 가면 배고픔을 채우려는 욕구가 더 심하다는 것을 뜻하고, 헝겊엄마에게로 가는 시간이 많으면 감촉skinship을 통한 사랑이 더 필요하다는 것을 뜻한다고 가정했었다. 그러나 원숭이는 하루 대부분의 시간을 헝겊엄마에게 밀착하여 지내고, 젖병엄마에게는 아주 배가 고플 때만 가서 먹었다.

아이들에게 무엇보다도 중요한 것은 신체적·물질적 필요를 채우는 것보다도 부모 자신이 주는 사랑이다. 간지러주기도 하고 꼭 껴안아주기도 하며 볼을 비벼대고 웃기기도 하는 행동들이 별일 아닌 것 같지만 아이들의 마음에 사랑을 쌓이게 한다. 따라서 아이의 연령이 어릴수록 많이 안아주는 것이 좋다.

유치원 아이 또는 초등학생들도 좌절이나 갈등을 느낄 때는 공연스레 트집을 잡으며 엄마 품을 찾는다. 여기에는 '엄마, 나 아기였으면 좋겠어요'라는 뜻이 포함되어 있으며, 엄마의 감촉을 통해 안정감을 얻고 싶은 것이다. 심지어 보지도 못하고 듣지도 못한다는 갓 태어난 신생아들도 어른이 자기를 사랑하는지 아닌지를 느끼면서 반응한다. 이야기 걸어주고 여기저기 만져주는 어른이 아기를 안으면 편안한 표정이 되고 살짝 웃음까지 짓지만, 거칠게 다루면 얼굴을 찌푸리거나 울어버린다.

제2차 세계대전 후 유럽의 한 병원에서 전쟁고아가 된 어린아이들을 보살피게 되었는데, 필요한 영양을 공급하는데도 자꾸만 마르더니 결국에는 죽어갔다고 한다. 원인은, 어린아이의 수는 많은 반면 돌보는 어른의 수가 적어서 따뜻한 접촉이 부족했기 때문이었다. 접촉을 통한 사랑이 부족해서 죽어갔던 이 병을 학자들은 '마라스무스Marasmus'라고 이름붙였다. 마라스무스란 '쇠약해진다'는 뜻으로, 신체적인 필요가 채워져도 정서적 음식인 사랑이 부족하면 몸이 쇠약해진다는 것이었다. 따라서 자식이 품안에 있을 때 힘껏 사랑으로 안아주어야 할 일이다.

영·유아기(영아기는 만 3세 미만, 유아기는 만 3~8세) 동안 부모는 아이의 마음 그릇에 사랑을 채우는 일을 한다. 그 마음 그릇에 사랑이 듬뿍 담기면 아기들은 안정감을 얻게 되고 신뢰감이 생기게 될 것이다. 이러한 안정감과 신뢰감은 한 사람의 인격을 형성하는 기초가 된다. 정서가 안정되지 못하고 사람을 믿지 못하게 되면 비어 있는 마음 그릇을 채우고 싶은 무의식적인 욕망이 있으면서도 다른 사람을 믿지 못하고 사랑하지 못하게 된다. 사실 다른 사람을 사랑하지 못하는 것은 근본적으로 자기 자신을 사랑하지 못하는 것과 같다. 진정한 애타심도 실은 자기애에서 비롯되는 것이기 때문이다.

물론 아이들이 성장하는 과정에 부모의 사랑만이 중요하다는 것은 아니다. 되도록 많은 사람들에게서 사랑을 받아봄으로써 마음의 그릇을 채울 수 있기 때문이다. 그러나 아기들은 엄마 아빠를 통해 사랑을 주고받은 것을 배움으로써 더욱 쉽게 다른 사람을 사랑하고 믿게 된다. 단, 여기서 사랑한다는 것은 과보호·익애를 뜻하지는 않는다. 객관적이고 지적인 사랑─아기의 영혼을 귀하게 여기고 키우되 보내줄 수 있는 사랑을 해야 한다.

칼릴 지브란의 《예언자》에 보면 〈아이들에 대하여〉라는 시가 있는데, 그 시에서 지브란은 소유하지 않는 사랑을 노래하였다.

그대들의 아이라고 해서 그대들의 아이는 아닌 것.
아이들이란 스스로 갈망하는 삶의 딸이며 아들인 것.
그대들을 거쳐왔을 뿐 그대들에게서 온 것은 아니다.
그러므로 비록 지금 그대들과 함께 있을지라도

아이들이란 그대들의 소유는 아닌 것을….

이처럼 신神이 허락한 생명을 한동안 맡아 귀하게 돌본다는 생각을 하며 자녀를 기른다면, 욕심에 의거한 일종의 집착에 빠지기보다는 순수하고 객관적인 사랑을 할 수 있을 것이다.

아이가 느껴야 할 사랑

우리는 종종 어린 자녀들한테 "엄마, 누가 제일 예뻐?" 하는 질문을 받는다. 그러면 어머니들은 "똑같이 예쁘단다" 하기도 하고, 좀 강하게는 "네 손가락들을 깨물어봐라. 안 아픈 손가락 있나" 할 때도 있다. 손가락은 길거나 짧지만 깨물면 어느 손가락이든 아프게 마련이다. 정말 큰아이, 작은아이, 막내아이 할 것 없이 부모의 사랑이 공평하다고 생각할까?

다음은 우리 집 세 자매 중 맏이 되는 아이가 초등학교 4학년 때 자기 생각을 쓴 글이다.

"엄마 아빠의 중요성은 사랑과 돌봐줌으로써 시작된다고 생각한다. 아이들은 엄마 아빠가 동생을 더 사랑한다고 엄마 아빠를 싫어하게 된다. 그리하여 점점 클수록 그 마음이 계속되어 엄마 아빠를 싫어하게 된다. 엄마 아빠가 똑같은 사랑을 해주었으면 좋겠다."

어린 자녀들을 바르게 키우는 정서적 음식은 사랑이다. 그 사랑이라는

것은 묘해서, 상대방이 사랑받는다고 느끼지 못하면 진정한 사랑의 관계
가 이루어지지 않는다. 부모들이 "나는 너를 사랑한단다" 또는 "자식 사
랑하지 않는 부모는 없다"고 말한다 해도 아이들의 가슴에 사랑을 받고
있다는 마음이 생기지 않으면 공평하게 사랑을 하지 못하는 셈이다.

우리 어른들은 아이가 이해할 수 있는 방법으로 사랑을 주고받는 방법
을 몸에 익혀야 한다. 사랑하는 연인에게 사랑을 표현하는 방법과 오누이
끼리 사랑하는 방법이 다르듯이, 첫째아이와 둘째아이에게 사랑을 주는
방법은 달라야 한다.

부모가 같고 집이 같고 한솥밥 음식을 먹으니 물리적인 환경은 같을지
모르지만, 식구 한 사람 한 사람이 처하게 되는 심리적인 환경은 다르다.
큰아이는 머리카락을 손가락으로 빗질하듯 쓸어주며 사랑을 표현하는 반

면, 둘째는 "바지나 양말 살 때 언니 것만 사지 말고 제발 내 것도 좀 사줘요. 나는 왜 만날 언니 것만 물려받아야 하나?" 하며 물질적 공평성에 기준을 둔다.

놀이치료로 유명한 미국의 액슬린 박사는 아이를 '있는 그대로' 받아들이는 것이 사랑이라고 하였다. 아이들이 표현하는 욕구가 저마다 다르고, 신체적인 모양도 저마다 다르고, 능력이 저마다 다르므로 엄마 아빠가 좋다고 생각하는 '어떤 틀'에 맞춰 바꾸거나 비교하려 하지 말고 있는 그대로 받아들여주라는 말이다.

어떤 아이는 셈하는 능력이 뛰어난가 하면 어떤 아이는 그림 그리는 능력이 뛰어날 것이고, 어떤 아이는 음악적인 재능이 뛰어날 것이다. 서로 다른 능력과 마음을 규격화하지 않고 있는 그대로 살려주는 마음으로 대할 때, 아이들은 이해받고 있다고 느끼며 사랑받는다고 느낄 것이다.

엄마 아빠 좋아

딸을 여럿 둔 친구가 걱정스레 물어왔다.

"우리 큰애는 조숙해서 큰일났어. 엊그제는 아주 심각하게 '엄마, 난 아빠하고 결혼할래' 하지 않겠니? 맏이가 그 모양이니 큰일이야."

큰딸이 다섯 살쯤 되었을 때였다. 새벽녘 침대 옆으로 오더니 "엄마, 내 침대에 좀 가서 자요. 나, 아빠하고 할 이야기가 있어서"라고 하는 것이었다. 그래서 큰딸 침대에 누웠다가 도대체 무슨 얘기를 하나 가봤더니 아빠 목을 끌어안고 잠이 들어 있었다. 둘째는 만 네 살이 되었을 때 "엄마, 난 아빠처럼 다정한 사람하고 결혼할래요" 했고, 셋째는 다섯 살 때 결혼식 그림을 그렸다. "누가 결혼하니?" 하고 물었더니 "나"라고 대답했다. 다시 "누구하고 결혼하는데?" 하고 묻자 냉큼 "아빠"라고 대답했다. 이 말을 듣고 있던 아빠가 "아빠 색시는 엄만데"라고 하니까 셋째는 한참을 생각하더니 아주 단호한 말투로 "그럼 우리 셋이 같이 살아요" 하는 것이었다.

유치원에 다니는 남자아이들, 초등학교 1학년짜리 남자아이들은 아주 당연하다는 듯이 "나는 엄마하고 결혼할 거야" 하는 말을 자주 한다.

다섯 살 난 준이는 부모가 모두 고등학교 교사였다. 한때는 셋방에서 모두 함께 자야 했는데, 하루는 잠을 자다가 벌떡 일어나 앉더니 "씨이, 엄마는 나빠. 아빠만 좋아하구" 하며 떼를 쓰더라는 것이다. 자신을 안고 있는 아빠의 팔을 부리치지 못한 엄마는 "시끄러워, 어서 자" 하게 되었단다. 준이가 "싫어, 안 잘 거야" 하자 엄마는 집게손가락을 내밀면서 "자, 이거 잡고 자" 했으나 준이는 저편으로 가서 그냥 혼자 잠들어버렸다. 그 다음날 아빠의 귀가가 늦고, 또 어제 일이 안쓰러웠던 준이 엄마가 "준아, 나 좀 데리고 자. 무서워" 했더니 준이는 아주 단호하게 "안 돼, 혼자 자" 하더란다. 엄마가 다시 "아이 무서워. 준아, 엄마랑 같이 자자" 했더니 준이는 얼른 집게손가락을 내밀면서 "자, 이거 잡고 자" 했다는 것이다.

프로이트가 주장한 바에 따르면 아이들은 대개 만 4세쯤 되면 이성異性

부모에게 각별한 관심을 쏟게 된다고 한다. 아들은 엄마에게, 딸은 아빠에게 가까이하려 하고 사랑받고 싶어한다. 심한 경우 아빠 엄마가 함께 외출하는 것도 질투하고, 사이좋은 것을 보고 심통을 부리기도 한다.

정도의 차이가 있긴 하지만, 대부분의 아이들은 만 4세에서 6, 7세에 이르기까지 이러한 감정을 갖는 것이 정상이다. 또 이 시기의 아이들은 약혼·결혼·출산 등에도 아주 관심도 많다. 아주 쉽게 "난 이다음에 결혼해서 아들만 둘 낳을 거야" 하는 아이도 있고 "난 이다음에 아기 안 낳을 거야. 아프대"라는 아이도 있다.

성性에 관심이 많고 이성 부모에게 관심을 보이는 이 아이들을 나무라거나 걱정할 일은 아니다. '너무 조숙해서 어떻게 하나' '앞일이 걱정이야' 이런 식으로 지나친 우려를 보이면, 아이들은 오히려 그럼으로 해서 묘한 분위기를 느끼고 죄의식을 느끼게 될 수도 있다. 자연스레 지나쳐도 될 일을 긁어 부스럼으로 만들어버리는 셈이다.

큰딸아이가 다섯 살일 때 딸아이가 곁으로 오더니, "엄마, 약혼이 뭐예요?"라고 물었다.

"응, 약혼은 결혼하자고 약속하는 거야."

"엄마, 그럼 나 준환이하고 약혼할까?"

"그래, 네가 약혼을 하면 얼마나 기쁠까. 그런데 한 가지 어려운 일이 있어. 우리나라에선 약혼을 하려면 열여덟 살까지 기다려야 한다고 법에 써 있거든."

"엄마, 열여덟 살이 얼마큼이에요?"

"백 밤도 더 자야 해."

"그렇게 많이?"

이렇게 심각하게 자문을 구해왔던 딸이 물론 약혼은 하지 않았고, 4년 뒤 "너 준환이 아니?" 하고 묻자 "몰라, 준환이가 누군데요?" 하며 되려 반문해왔다.

아이의 호기심과 감정을 있는 그대로 받아주고 대화를 나누다 보면 어느새 이 시기는 지나가고 남자는 남자끼리, 여자는 여자끼리 어울리려는 시기가 오게 된다.

원숭이를 연구한 것으로 유명한 할로 박사는 만 4~6세의 아이들이 이성 부모에게 애착을 느끼는 단계를 잘 지내지 못하면, 성장한 뒤 이성과 원만한 교제를 하는 데 어려움을 겪을지도 모른다고 하였다.

누구나 한 번쯤은 경험하게 되는 이성 부모에 대한 관심과 사랑 때문에 심리적인 좌절을 느끼지 않도록 도와주어야 할 것이다. 갓 태어나서 엄마에게 사랑을 받고, 좀더 자란 후에는 엄마를 사랑해보고, 또 아들은 엄마와, 딸은 아빠와 특별히 친해보는 경험을 아무 갈등 없이, 죄의식 없이 해낼 필요가 있다.

이 세상에 태어나는 순간부터 만나는 사람들과 사귀면서 아이들의 마음 그릇에는 사랑이 차기도 하고 미움이 쌓이기도 한다. 이렇게 쌓이는 사랑의 감정이 풍부하면 자기 자신을 사랑하게 되고, 또한 다른 사람도 사랑할 수 있게 된다. 어린 시절, 마음 그릇에 미움에 쌓인 사람은 불가항력적으로 다른 사람을 못마땅하게 생각하고 미워하게도 된다.

부모로서 우리가 할 수 있는 가장 중요한 일은 아이의 마음 그릇에 사랑을 채워주는 것이다.

자신을 사랑하고 자신과 똑같이 이웃을 사랑하는 마음을 갖는 것만큼 아름다운 것도 없다. 이런 마음은 이 세상 평화의 근본이 된다. 사람은 누구나 자기 자신만의 인격적인 분위기가 있게 마련이다. 친절함과 사랑하는 분위기를 풍기는 사람이 있는가 하면, 접근하기 두렵고 친하기 어려운 분위기를 풍기는 사람도 있다. 심리학자와 정신분석 의사들은 자기를 사랑하는 동시에 다른 사람을 좋아하는 성품을 갖는 것은 어린 시절 부모를 통해 습득한다고 강조한다.

'서머힐'이라는 자유로운 학교를 설립한 닐은, 사랑하는 마음을 어릴 때 길러주면 이 세상에 전쟁은 존재하지 않을 것이라고까지 이야기하였다.

공포를 극복하도록 도와주기

아이들이 공포를 느끼지 않게끔 주변 환경을 동화의 나라처럼 평화롭게 만들어줄 수 있다면 얼마나 좋을까? 무서운 것을 아기에게 보여주지 않고, 공포스러운 이야기는 전혀 해주지 않는다 해도 아이들은 공포를 느끼게 된다. 텔레비전에서 나오는 사고 뉴스, 귀신 이야기 등이 아이들에게 여과 없이 전해지고 또 친구들이 이런저런 무서운 이야기를 전하기 때문이다.

아이들이 느끼는 두려움은 엄마가 안 보일 때 자지러지게 운다든지, 높은 곳에 올려놓으면 떨어질까 봐 몸을 움츠린다든지, 낯선 사람이 오라고 하면 격리불안을 느껴 엄마 품으로 파고들어가버리는 등 일상생활을 통해 수없이 많이 나타난다. 심한 공포는 아니더라도 시장이나 백화점을 걸어다닐 때 슬그머니 손을 잡는 것도 두려움을 느끼기 때문에 나오는 행동이다.

좀더 큰 아이들은 개의 모습만 봐도 멀리 도망가고, 고양이는 만지지도 못하며, 밤에 변소에 가려면 무서워서 꼼짝도 못 하고 누가 데려다 주어야만 하기도 한다. 귀신이 나올 것 같다든지 도둑이 들지도 모른다고 두려워하는가 하면, 꿈에 가위에 눌려 헛소리를 하기도 하고, 어떤 아이는 잠을 자지 못하고 식은땀을 뻘뻘 흘리면서 죽음을 두려워하기도 한다.

아이가 느끼는 공포는 본능적 · 생리적으로 오는 것도 있지만 태어난 뒤에 주위 사람들을 통해 배운 것도 많다.

서양 아이들은 개와 함께 뒹굴고 껴안으며 즐겁게 노는 반면 대부분의 우리나라 아이들은 개를 피하는데, 그 이유는 어려서부터 개를 두려워하는 사람들을 보았기 때문이다.

셋째가 만 두 돌이 채 못 되었을 때였다. 집마당에 날아든 새를 고양이가 덤벼들어 물어놓은 적이 있었다. 가사 도우미 언니는 시골에서 자란 사람이라 얼른 그 새를 들고 부엌으로 가져가서 살리려고 놔두었는데, 그 사실을 깜빡 잊고 앉아 책을 보던 나는 갑자기 막내딸이 내미는 시커먼 것에 깜짝 놀라 "어머나!" 하고 소리를 지르게 되었다. 그러자 죽은 새를 들고 있던 셋째도 소스라치게 놀라 그 새를 던져버리고 울기 시작했다. 그것이 죽은 새인 것을 알고는 소리를 지른 게 미안하고 또 호기심을 짓밟은 것 같아, "유진아, 새였구나. 미안해. 소리질러서"하며 예쁜 털을 만지기도 하고 부리며 꼬리 같은 데를 쓰다듬었지만 딸아이는 다시는 그 새를 만지려 하지 않았다. 그 뒤로 막내는 거미가 줄을 타고 내려와도 소리지르며 피하려 하고, 개미를 봐도 피하려고 했다. 그래서 그 다음부터는 나 자신이 일부러 거미도 흥미롭게 보는 등 호기심을 보이고, 개미가 줄을 이어가는 것을 보며 한참씩 앉아 있기도 했다. 여름에 놀러 가서는 겁이 나서 생전 잡아보지 않았던 개구리도 몇 마리 잡아서 대야에 넣어놓고 헤엄치는 모습을 아이들과 함께 보기도 했다.

한번 꺾인 호기심을 다시 불러일으키고, 생물에 대한 공포를 없애는 데는 시간과 노력이 꽤 들었다. 순간적으로 한번 소리질렀던 것으로 인해 생긴 생물에 대한 공포를 없애는 데 일 년은 걸린 셈이었다.

어린아이들이 죽음에 대한 공포를 느끼는 것도 계기가 있다. 자기를 아껴주던 할머니나 할아버지가 돌아가셨다거나, 부모 중 한 사람이 사망했을 때다. 어떤 아이는 애지중지 기르던 애완동물이 죽었을 때도 큰 타격을 받는다.

홍기라는 남자아이는 자기 방 침대에 누워 허공을 응시한 채 식은땀을 흘리며 "내가 눈을 감기만 하면 죽을 것 같아"라면서 잠도 못 잘 만큼 심하게 공포를 느낀 적이 있었다. 만 6세 아이로서는 너무 지나치다고 여겨질 정도였다.

만일 그 어머니가 아이의 독립심을 길러준다는 이유로 다른 방 침대에 재우지 않고 품에 데리고 자면서 마음을 안정시켜줬다면 죽음에 대한 공포를 훨씬 빨리 극복할 수 있었을 것이다. 또한 누구나 죽기는 하지만 그것은 한참 뒤의 일이고, 물건이나 식구들이 늘 그와 함께 있을 것이라는 점을 알려주었더라면 마음의 고통이 덜했을 것이다.

딸 내외가 일 때문에 일찍 출근하고 늦게 퇴근하여 손주들을 안쓰럽게 생각한 내가 함께 시간을 많이 보내다가 어느 날 입원하게 되었다. 오랫동안 할머니와 재미있는 일을 못 한 아이들은 공포를 느꼈고 죽음을 심각하게 느꼈다. 나는 죽음에 대해 전혀 걱정하지 말라고 하기보다는, 죽음

에 대해 걱정하는 일을 그대로 받아주는 것이 더 중요하다는 것을 알게 되었다.

아이들이 느끼는 여러 종류의 공포를 없애려면, 또는 처음부터 공포를 덜 느끼게 하려면, 그 원인을 피하게 하지 말고 직시하게끔 해주어야 한다. 아이들도 어른들도 마찬가지로 현실을 직시할 때 쉽게 이해한다. 개를 무서워할 경우에는 예쁜 강아지를 새끼 때부터 키워보면 개에 대한 공포심이 없어질 것이고, 고양이를 새끼 때부터 키워도 역시 공포심이 없어진다.

아이들로 하여금 문제의 원인이 되는 것을 직시하게끔 하려면, 부모 스스로가 공포스러운 문제를 피하지 않고 꿋꿋하게 대하는 태도를 취해야 한다. 예를 들어, 집안 식구가 중 누가 사망했을 때 부모가 보여주는 담담한 태도를 통해 아이들도 무언가 배우게 될 것이다.

우리 주변에서 병균을 완전히 제거할 수 없듯이, 공포 또한 완전히 제거해줄 수는 없다. 따라서 그 공포스러운 상황을 이길 수 있는 힘을 길러주는 것이 무엇보다 중요하겠다.

벌은 필요한 것일까?

어린 자녀를 둔 부모들이 모이면 "아이는 때려서 키워야 해요" "아니에요. 때리면 도리어 나빠진대요" "남자아이는 때려서 키워야지, 도대체

휘둘려서 못 살아요" 하며 의견이 분분하다. 아이를 때려서 키워야 할지, 아니면 아이들이 무슨 짓을 저지르건 그냥 내버려두어야 할지 도무지 갈피를 잡을 수 없을 때가 많다. 게다가 같은 부모에게서 태어난 자녀들도 성격이 각각이어서, 한 아이에게는 맞는 방법이 다른 아이에게는 맞지 않을 때가 많다.

자식을 키우노라면 기쁜 일도 있지만 속상할 때도 많은데, 속이 상하거나 아이가 잘못했을 때 매를 들면 일시적으로는 평화를 누릴 수 있을 때가 있다. 그러나 많은 연구 결과들은 체벌로써 버릇을 고치려는 것은 일시적인 효과는 있지만, 때리는 횟수가 많아질수록 효용이 없어진다고 말하고 있다.

아이들의 버릇을 들이는 데서 벌은 필요하다. '해야 할 일'과 '하지 말아야 할 일'을 구분할 줄 알아야 하기 때문이다. 그러나 매를 때리는 벌은 아이에게 해롭다. 벌이라면 어른들은 얼른 체벌을 생각하게 되는데, 벌이란 체벌만을 뜻하는 것은 아니다. 벌이라면 어린 자녀가 바람직하지 않은 행동을 했을 때 어른들이 보통 때와는 달리 엄중한 표정과 목소리로 아이의 이름을 부르는 것, 용돈을 당분간 받지 못하게 하는 것, 방에 혼자 있으면서 생각해보게 하는 것, 가족들이 모여 하는 활동에 잠시 동안 참석시키지 않는 것 모두가 벌이다.

우리나라 부모들은 대략 두 부류로 나뉜다. 아이가 잘못했을 때 때리든가, 아니면 아이가 하는 대로 내버려두며 부모 편에서 참아내는 경우다. 이처럼 아이를 벌하는 방법에는 중간층이 없이 때리느냐 아니냐로 갈라지는 경향이 있다.

늘그막에 외아들 하나를 둔 노부모가 있었다. 하도 애지중지 키우다 보니 버릇을 바르게 키우기보다는 아들의 요구를 들어주는 일에 전심전력을 다했으며, 주위 사람들도 감히 그 노부부 앞에서는 아들을 야단칠 수가 없었다. 점점 자라나면서 아들은 멋대로 행동하게 되었고, 아들을 제어할 수 있는 사람이 없었다. 드디어는 가출을 했고 집에는 연락도 하지 않았다. 그 노부모의 애타는 심정은 아랑곳없이 아들은 자기의 욕구를 채우기 위해 가게에서 물건을 훔치기도 했고 사람을 때리기도 했으며, 나중에는 살인죄까지 저지르기에 이르렀다고 한다. 감옥에 갇힌 아들은 마지막으로 부모님의 면회를 요청했고, 철창을 붙들고 통곡하는 노부모에게 "원하시는 대로 된 겁니다. 제가 어렸을 때부터 잘못은 잘못이라고 가르쳐주셨더라면 이렇게 망나니가 되진 않았을 겁니다"라고 했다고 한다.

모르는 곳을 운전해갈 때 우리는 옳은 방향으로 가고 있는지 또는 동네가 맞는 곳인지 여러 번 물어보며 간다. 마찬가지로 아이들이 성장해갈 때, 자기 행동이 바른지 아닌지를 깨달을 필요가 있다. 버릇을 들이는 데서 벌은 중요하다. 그러나 벌을 주는 방법과 부모의 태도는 더 중요하다.

때리는 것은 벌 중에서 가장 나쁜 방법이다. 아이의 행동이 빗나갔을 때 매를 때리면 외적으로 보이는 그릇된 행동은 잠시 멈춰질지 모르지만, 아이의 마음 자체가 변하는 것은 아니기 때문에 나중에 똑같은 행동이 반복될 경우가 많다. 왜 그러한 행동이 바르지 못한지를 명확히 인식하지 못할 때 아이는 반항심만 품게 될 뿐 고치려는 마음이 우러나오기는 힘들다. 따라서 부모의 매질은 늘고 아이의 맷집은 세어진다.

아이의 양심이 바르게 자라려면, 아이의 수준에 맞게 아이가 이해할 수 있는 말로 아이가 한 행동을 설명해주어야 한다. 좀더 자란 아이들은 논리적인 설명으로 이해시킬 수 있지만, 어린 아기들은 자기가 한 행동의 결과를 위험하지 않은 한도 내에서 경험하게 하는 것이 바람직하다. 예를 들어 밥상에서 밥을 먹지 않고 투정부리면 야단치거나 때려서 먹이려고 할 것이 아니라 밥상을 치워버린다. 그러면 아기는 자기의 거부행동이 받아들여지지 않는다는 사실을 차차 깨닫고 밥을 먹게 될 것이다.

우리나라의 경우 벌은 부모들의 기분과 깊은 상관관계가 있다. 기분이 좋을 때나 손님이 있을 때는 아무리 떼를 쓰거나 잘못을 해도 그냥 내버려두지만, 손님이 없을 때나 화가 났을 때 또는 기분이 나쁠 때는 더 야단을 치고 벌을 주는 것이 보통이다. 아이의 행동을 고쳐 버릇을 바르게 기르겠다는 의도보다는 무의식적으로 아이에게 화풀이를 하는 부모의 습관 때문이다. 아이의 버릇을 화풀이로 다스려서는 절대 안 된다. 아이가 잘못 행동한 바로 그 순간 아이를 똑바로 바라보며 '왜 그런 행동을 하면 좋지 않은지' 분명히 말해주어 아이가 이해하도록 해야 한다.

또 벌을 준다는 명목으로 아이에게 "넌 이제 내 딸(아들)이 아니야" "저리 가. 보기도 싫어" 하며 아이를 미워하는 표현은 하지 말아야 한다. 이런 말은 아이를 불안하게 만들 뿐이다. 아이의 그릇된 행동은 밉지만 너를 사랑한다는 마음을 보여주는 것이 중요하다. 또 아이를 너무 오래 격리시켜놓아서도 안 된다.

그러나 무엇보다도 중요한 것은 아이들이 그릇된 행동으로 빠지지 않도록 예방하는 것이다. 아이와 진정으로 사랑하는 관계를 맺게 되면 벌을 줄 필요가 점점 줄어든다는 사실을 명심해야겠다.

인정 · 기대 · 칭찬

걸음마를 배우는 아기들이 쾅 넘어졌다가 다시 일어나서 좀 봐달라는 듯한 표정으로 쳐다보는 맑은 눈을 우리는 자주 본다. 말을 하기 시작하는 아이들은 "엄마 나 좀 봐" "엄마 나 예뻐?" "누가 더 예뻐" 하는 말로 귀를 따갑게 한다. 초등학교 1학년짜리 딸아이나 3학년짜리 딸아이는 일기나 작문을 써놓고 "엄마, 아무 말도 하지 말고 읽기만 해요, 네?" 하고 꼭 단서를 붙인다. 막내도 초등학교 3학년이었을 때 똑같은 말을 했다. 맞춤법이나 띄어쓰기 같은 것은 수정하거나 정정하지 말고, 내용이 어떤지 술술 읽어만 달라는 것이다.

30년이 지나 나는 똑같은 이야기를 손녀딸에게서 다시 듣고 있다. 자기는 열심히 했는데 틀린 것부터 지적받으면 자존심이 상한다는 뜻이다. 자기 마음을 파악한 뒤에 정정해주는 것은 기꺼이 받아들이겠다는 뜻으로도 이해할 수 있다. 즉 먼저 인정부터 해주고 비판은 나중에 해달라는 뜻과 같다. 하기야 남편 돌아오기만을 기다려 열심히 반찬을 만든 아내의 정성은 아랑곳하지 않고 "뭐 이래? 간이 안 맞잖아" 하는 남편 때문에 아내들은 상처를 받는다. "다시는 맛있는 음식을 하나 봐라" 하며 화도 낸다. 다 큰 어른들도 인정과 기대와 칭찬을 받고 싶은 것처럼, 아이들 역시 인정과 기대와 칭찬을 받고 싶어한다.

미국의 심리학자 로젠탈은 인정·기대·칭찬이 아이들 또는 어른의 성취감에 얼마나 많은 영향을 끼치는지를 연구하였다. 초등학생들을 두 집단으로 나누어 한쪽 집단 아이들에게는 "잘할 수 있지" "잘해봐라" "너희들은 할 수 있다"고 격려하며 이끌어주었고, 다른 아이들에게는 "너는 왜 그리도 못하니" "이게 뭐냐"는 등의 비판적인 말을 많이 했다. 얼마 동안 시일이 지난 후 두 학급 아이들의 어휘력·지적 능력을 비교해본 결과 인정·기대·칭찬을 받은 아이들이 더 잘하더라고 했다. 이것은 어른들에게도 마찬가지였다고 하였다. 어른 아이 할 것 없이 모두 그들에게 영향을 많이 주는 사람 — 예를 들어 어른에게는 윗사람, 아이들에게는 부모 또는 교사 — 들의 인정·기대·칭찬은 그들이 뭔가를 이루어보겠다는 마음가짐에 불을 붙인다는 것이다.

그러나 우리 부모들이 조심해야 할 것은, 그렇다고 칭찬을 마구 남발해서는 안 된다는 점이다. 기대·인정은 아이의 능력 정도에 맞게 해야 하고, 칭찬은 사실에 입각해서 또 행동한 정도만큼만 해야 한다. 아이의 능력보다 지나치게 기대하거나, 하지도 않는 행동을 무턱대고 칭찬하면 아이들은 빗나가는 행동을 하게 될 뿐 아니라 부모의 기대나 칭찬을 신뢰하지 않게 될 것이다.

아이의 흥미나 능력은 셈하기 등에 있는데 부모는 피아니스트가 되기를 기대하는 것도 아이를 위한 바람직한 인정과 기대가 아니다. 대들보가 될 재목을 어찌 문짝으로 쓸 수 있겠으며, 문짝으로 써야 할 재목을 어떻게 대들보로 쓸 수 있겠는가?

아이가 한 행동을 칭찬하는 대신 어른들이 기대하는 것을 미리 칭찬하려는 경우를 들어보자. "○○야, 문 좀 닫을래, 착하지" "우리 ○○는 구두를 닦을 거야" "아무래도 ○○가 물을 떠올 거야. 아유, 예뻐라" 이런 가상의 칭찬을 들을 때 나이가 어린 아이는 어른이 하라는 대로 한다. 그러나 아이가 크면 면역이 생겨서 칭찬의 말에 전혀 귀를 기울이지 않는 역효과를 가져온다.

여섯 살 된 아들에게 "○○야, 담배 좀 이리 갖고 온" 했더니 "아빠, 아빠가 나보다 더 가깝잖아요. 아빠는 항상 그러시더라" 하였다. 아기일 때부터 칭찬을 남발하게 되면 아이들을 위한 가장 효율적인 교육수단을 잃게 된다. 적절하고 바르게 쓰면 훌륭한 방법이지만 잘못 쓰면 도리어 안 쓰느니만 못하다. 아이가 바닥에 오줌을 싸고 나서 스스로 걸레질을 한다면 비록 어설퍼도 그 순간을 놓치지 말고 "네가 걸레질을 해주어 고맙다"고 이야기해주거나, 둘이 사이좋게 노는 순간에 "너희 둘이 싸우지 않고 사이좋게 노는 것을 보니 좋은데"라고 해주면 아이들은 어떤 때 칭찬을 받을 수 있는지 기준을 알게 되고, 그 방향으로 행동하려 할 것이다. 생떼를 부리는 만 네 돌짜리 준기가 웃으며 말로 무엇을 요구할 때마다 "말로 하니까 할머니가 잘 알아들을 수 있다. 고마워"라고 했더니 떼를 쓰는 빈도가 점점 줄고 말로 표현하게 되었다.

칭찬할 때 조심해야 할 것은 신체적인 면 또는 생김새에 대한 말은 하지 않는 것이다. "넌 참 예쁘구나"라고 칭찬해주는 할머니에게 "나는 안 예뻐요"라고 대답한 세 살짜리 아이가 있었다. 어떤 이유인지는 몰라도 그 아이는 자기가 다른 아이보다 밉다고 생각하고 있는데 할머니가 예쁘다고 하니까 이렇게 말한 것이다. 아이가 하는 행동을 잘 관찰하고 있다가 칭찬할 만한 행동을 한 그 순간에 과장하지 말고 사실에 초점을 맞추어 칭찬하는 습관을 붙이도록 노력해보자.

문제행동에는 반드시 원인이 있다

유아교육을 전공한 탓인지 친구나 친척들을 만나면 곧잘 교육문제에 대한 의견을 말해야 할 때가 많다. 자주 보는 친구나 친척의 자녀들은 왜 그 아이가 그런 행동을 하는지 이해할 수 있어 쉽지만, 전혀 보지 못한 아이의 문제를 자문받을 때는 퍽 곤란하다. 아기가 아플 때 왜 아픈지 진단받기 위해 아기는 집에 두고 부모가 대신 진찰받고 약을 지어올 수 없듯이, 아이의 행동이 문제를 보이는 것도 부모가 대신 이야기하는 것만으로 파악해낼 수 없을 때가 많기 때문이다.

아이가 문제행동을 보일 때는 그 원인이 부모에게 있을 수도 있고 아이에게 있을 수도 있다. 100점만 받아오기를 기대하는 부모에게는 95점이나 90점을 받아오는 아이가 문제이지만, 늘 60점이나 70점만 받는 아이의 부모에게는 자녀가 90점 또는 95점을 받아오면 기쁨이 된다. 아이의 행동은 부모의 마음과 기대에 따라 문제행동이 될 수도 있고, 문제행동이 되지 않을 수도 있다.

어른들이 지나치게 높은 기대를 하기 때문에, 또는 잘못된 기대를 하기에 아이들이 문제행동을 보일 때가 있다. 물론 부모 이외에 또래의 영향을 받아 잘못된 행동을 저지르는 수도 있다. 그러나 어린 시절에는 자녀에게 큰 영향을 주는 부모들의 태도가 문제행동을 일으킬 수 있는 중요한 원인이 되곤 한다.

서울의 B지구 아파트는 부모들의 치맛바람이 드세기로 유명한 곳이었다. 수영장, 미술학원, 피아노학원, 태권도장 등으로 짜여진 하루 일과표에 따라 생활하던 만 4세와 6세 두 오누이가 하루 종일 집에 돌아오지 않았다. 엄마는 사색이 되어 수영장, 미술학원, 피아노학원, 태권도장을 찾아다녀봤지만 허사였다. 저녁 무렵 바짝 마른 입술로 탈진해서 들어온 두 아이를 엄마는 신경질적으로 맞을 수밖에 없었다. 엄마가 "하루 종일 어딜 쏘다녔어? 너희들은 나쁜 아이들이야" 하자 네 살 난 아들은 "어머니, 왜 나를 낳으셨나요?"라고 했다.

두 아이는 집에서 제일 멀리 떨어진 놀이터에서 하루 종일 뛰어놀다가 배도 고프고 지쳐서 돌아온 것이다. 꽉 짜인 스케줄에서 도망가고 싶었던 게 원인이었다. 이런 경우 아이의 행동이 문제일까, 아니면 어머니의 과도한 욕심이 문제일까?

아이들의 문제행동에는 늘 원인이 있다. 마음에 쌓이는 좌절 · 불안 ·

슬픔·두려움을 느낄 때 어른들은 빨래를 하거나 영화를 보거나 담배를 피우는 등 해결 방법을 찾아내지만, 아이들은 마음의 고통을 가눌 수 없어 행동으로 나타내고야 만다. 다른 사람들을 꼬집거나 때릴 때, 물건을 집어던지거나 부숴버릴 때, "죽어버릴 거야" "엄마 미워" 등 말을 막 해 댈 때는 아이의 마음이 응어리져 있다는 것을 뜻한다. 대개는 '화가 나' '무서워' '속상해'라는 마음이 깃들기 때문에 말이 거칠어지기도 하고 행동이 난폭해지기도 한다. 하루 종일 놀이터를 헤맨 두 남매는 꽉 짜인 스케줄에 따라 움직이다 보니 속이 상했고, 엄마의 말을 거역했으니 야단맞을 것 같아 무서워서 그런 행동을 할 수밖에 없었던 것이다.

유치원 부모들 모임에서 강의를 마치고 난 뒤 어느 어머니가 "선생님, 우리 아이는 '죽겠다'는 소리를 많이 해서 죽겠어요"라고 했다. 내가 "어머니께서 죽겠다는 소리를 많이 쓰시는 것 같은데요"라고 대답하자 "나는 그런 말 안 쓰는데요"라며 고개를 갸우뚱하니 옆의 어머니가 얼굴을 붉히며 "○○ 엄마, 조금 전에 '죽겠어요'라는 말을 쓰셨어요" 하고 일깨워준 적이 있었다.

우리 어른들은 무의식적으로 또는 몰라서 아이들의 마음에 분노를 쌓이게 하고, 그 결과 문제행동을 하는 아이로 자라게 하는 때가 많다. 문제행동을 보이는 아이를 탓하고 속상해하기보다 먼저 왜 그런 행동을 하는지 생각해보고 원인을 해결할 수 있도록 서로 노력해야 할 것이다.

제일 먼저 해야 할 일은 아이와 이야기를 나누는 시간을 갖는 것이다. 마음속에 '화' '속상함' '무서움'을 품는 대신 아빠나 엄마와 터놓고 이야기하는 동안 아이는 자기 행동의 방향도 설정할 수 있다.

부모들이 생각해야 할 또 한 가지 중요한 것은, 사람이 살아가면서 문제 없는 낙원이 성립될 수 없듯이 문제행동 없는 아이를 기대할 수 없다는 점이다. 어른들도 속상해하고 좌절하고 갈등을 느낄 때가 있듯이, 아이들도 나름대로 문제가 있게 마련이고 또 문제를 가질 권리가 있다.

문제가 없는 인형 같은 자녀를 키우고 예뻐만 하려고 할 게 아니라, 문제를 갖게 될 때 이를 어떻게 처리해야 하는지 그 해결방법을 터득하도록 돕는 것이 더 옳다. 유아교육을 전공하는 엄마를 두어서 사생활을 침해받는 세 딸들에게 늘 미안했던 것은, 그 아이들도 인간이라 잘못할 때가 있는 게 당연한데도 세 아이에게서 주위 사람들은 착하고 슬기롭고 씩씩하고 공손한 이상형의 아이를 보려고 기대했다는 점이다.

아이들은 실수하면서 배우고, 문제에 부딪치면서 해결하는 방법을 배운다. 우리 모두 아이들에게 실수할 수 있는 기회를 주고, 쓰러졌다가 다시 일어날 수 있는 기회를 주어야 할 것이다. 또 부모인 우리 자신도 완전할 수 없으니, 아이들의 행동 하나하나를 어떤 기준에 맞춰 옳은지 그른지를 평가하려고만 하지 말고 좀 느긋한 마음으로 지켜본다면 서로가 훨씬 행복해질 것이다. 인간은 실수하며 살게 마련이다. 유아교육을 전공하는 부모의 아이들도 모두 실수하고, 싸우고, 생떼를 쓰고, 울기도 한다. 다만 문제를 들어주고, 함께 속상해하고, 아이 스스로 문제를 해결하는 방법을 궁리해보게 하는 점이 다를 뿐이다. 그런데 이런 일은 유아교육 전공자뿐 아니라 모든 부모들이 할 수 있는 것이다.

마음이 행복한
아이로 키워라

 미국에 있는 동안 감명 깊게 읽었던 이야기 한 토막.

 그랜드 래피즈^{Grand Rapids}에서 퍽 부자이면서 명성이 높은 어느 가정에 지능지수^{IQ}가 70 정도밖에 안 되는 아들이 하나 있었다. 어머니는 그 시에서 음식점을 경영하는 친구에게 아들을 감자 깎는 사람으로 취직시켜달라고 부탁했다. 그의 부와 명성을 잘 아는 음식점 주인이 "어떻게 당신 아들을 식당 뒷구석에서 일을 시키겠느냐"고 묻자, 그 어머니는 "나는 내 아들의 능력을 잘 압니다. 그 아이는 감자 벗기기를 할 때 행복할 것이고, 또한 무리한 일이 아니므로 그 아이가 즐겁게 일할 수 있을 겁니다"라고 대답했다고 한다.

 경우에 따라 어린 자녀를 있는 그대로 받아들인다는 것이 고통스러울 때가 많다. 부모의 체면이라든가 욕심·기대감에 어긋나기 때문에 우리는 아이를 있는 그대로 받아들이지 못하는지도 모른다. 남과 비교하여 좀 잘한다고 느껴야 안심하는 우리나라 부모들의 경쟁심리가 거의 습관이 되어 모두 일등을 만들고 싶어할 뿐, 서로 다른 것이 자연스러운 일이라는 생각이 없어서인지도 모른다.

 자녀를 어른들의 마음에 담겨 있는 '기준'에 맞춰 키우려 하면 할수록 아이들과의 틈은 벌어질 것이고, 아이를 불행으로 이끌 수 있다. 아이를 있는 그대로 품어들이는 마음자세로 자녀 한 명 한 명을 대한다면, 큰아이와 작은아이를 비교하거나 우리 집 아이와 뒷집 아이를 비교하는 일이 줄 것이고, 역사를 공부하고 싶어하는 아이에게 법관이 되라고 강요하는 일은 없을 것이다.

아이 자신이 사랑을 느껴야 사랑받는다고 느낀다는 사실은 다음의 이유에서 중요하다. 아이가 이 세상에 태어날 때는 저마다 다른 능력을 갖고 태어난다. 따라서 주위에서 일어나는 일을 지각하는 능력, 생각하는 능력, 손발을 움직이는 빈도 등이 저마다 다 다르다. 방긋방긋 웃으며 부모에게 반응하는 아기가 있는가 하면, 부모들의 노력에는 아랑곳없이 표정이 없거나 반응이 느린 아기도 있다. 부모가 자기 마음에 들지 않는 자녀를 바꿔보겠다는 생각을 품거나 무관심하게 대하면 아기는 잘 자랄 수 없다. 저마다 다른 능력, 표정, 태도에 알맞은 방법을 발견해서 사랑해줘야 한다.

자녀가 마음에 들지 않는다고 해서 부모 마음대로 자녀들의 행동을 바꿀 수는 없다. 한시바삐 그 아이에게 맞는 방법을 발견해내야 한다. 첫째 아이에게는 간지르거나 언어적인 표현을 하는 것이 알맞고, 둘째 아이는 꼭 껴안아주고 귀에 속삭이는 방법을 쓰는 것이 알맞을 수 있다. 대부분 우리는 첫아기를 키우는 2~3년 동안 그때 정을 통하던 방법이 모든 아기를 키우는 방법이라고 착각하는 수가 많다. 첫째 아이와 둘째, 셋째를 기르는 방법은 확실히 달라야 한다. 그들 한 명 한 명이 사랑받는다고 느끼는 방법으로 키워야만 한다.

이미 많은 부모들이 깨달았듯이 오늘날은 공부만 잘한다고 해서 성공할 수 있는 세상이 아니다. 남하고 다르게 생각하고, 판단하고, 행동하는 사람이 성공한다.

엄마!
너무 걱정마.
내가 안아 줄게.

4장
즐거운 말하기

아이와 대화를 잘하려면 엄마 아빠 쪽에서 먼저 아이에게 자기의 처지, 자기가 바라는 것 등을
명확하게 표현하는 것을 보여줄 필요가 있다. 아이의 말을 무시하지 않고 끝까지 경청해주는
태도도 중요하다. 부모와 토론해서 이득을 얻게 되면, 아이는 자기가 원하는 바를 솔직히 털어
놓는 것이 훨씬 낫다는 사실을 알게 된다.

아기의 **언어 발달**

큰아이에게 들려줄 동시집을 대출한 적이 있었다. 여러 편을 읽어가던 중 정재완 씨의 〈우리 가족〉이라는 동시를 읽을 때 생후 11개월 된 유진이가 까르륵까르륵 웃어댔다. 다시 반복하여 '언니 매에매, 나 꼬꼬, 아빠 찍찍찍, 서울이모 갓난이도 찍찍찍, 엄마 용띠 용용…'을 소리내어 읽으니 마찬가지로 까르륵거린다. 읽는 억양이 아기에게 퍽 재미있었나 보다. 또 두 돌이 못 되었을 때는 내가 둘째보고 "텔레비전 좀 끄고 올래?" 하는 말을 듣고는 벌떡 일어나더니 "놔라 껐다"며 끄지 말라는 뜻을 이상하게 표현했다. 이처럼 아기들은 어른들이 이해할 수 있는 말로 줄줄 이야기할 수 있기 전에 많은 개념을 형성하고 반응하는 것을 알 수 있다.

심리학자 아이마스는 최근 갓난아이들의 언어능력을 연구했다. '바(ba)'와 '파(pa)' 발음을 아기가 구분해낼 수 있는지 없는지에 대한 연구인데, '바'와 '파' 소리를 구분하는 것은 어른들도 제대로 해낼 수 없다. 영어를 외국어로 습득한 사람 가운데 유창하게 말할 수 있는 사람들도 가끔 '바'와 '파'를 정확하게 구분해낼 수 없을 만큼 이 발음들이 어렵다고 한다. 그런데 아이마스가 생후 4주 된 아기를 대상으로 실험한 결과 그 아기들은 구분해 냈다고 한다.

실험인즉, 생후 4주 된 아기들에게 입놀림 젖꼭지를 빨게 한 뒤 두 집단으로 나누었다. 양쪽 집단 아기들의 입놀림 젖꼭지를 스피커에 연결해놓고 '바' 또는 '파' 소리가 나게 했다. 한쪽 집단의 아기들에게는 '바' 소리만 들리게 하고, 다른 집단 아기들에게는 '파' 소리만 들리게 해놓은 것이다.

'바' 소리만 들을 수 있는 아기들은 예상한 대로 처음엔 '바' 소리를 듣기 위해 열심히 입을 놀려 젖꼭지를 빠는 행동을 하더니 한참 들은 뒤에는 입놀림을 그쳤다고 한다. 그러나 아기들이 '바' 소리에 흥미를 잃은 뒤 '파' 소리를 새로이 듣게 해주었더니 아기들은 다시 열심히 입놀림을 시작하였다. 처음에 '파' 소리를 듣게 했다가 나중에 '바' 소리를 듣게 한 아기들도 마찬가지 반응을 보였다고 한다.

이는 아기들이 이미 알고 있는 소리와 다르게 들리는 소리를 명확하게 구분해낼 수 있는 능력이 있다는 것을 증명하는 실험이다. 아기들은 스스로 언어를 배워나간다. 우리 어른들은 되도록 바른 말 고운 말을 폭넓게 사용하는 자세를 지니고 행동하여 아기들의 언어능력이 신장되도록 도와주어야 한다. 아기들의 무한한 능력이 제 나름대로 꽃필 수 있도록 우리 어른들은 권위자가 아닌 안내자라는 마음으로 아기를 대해야 할 것이다.

아기들의 언어는 단계를 거쳐 이루어진다. 처음에는 옹알이를 하는데, 알아들을 수는 없지만 그 기분은 알아낼 수 있다. 옹알이를 하는 아기를 곧추들고 눈을 바라보며 맞받아 이야기를 해주면 더욱 신이 나서 옹알이 하는 횟수가 많아지는 것을 알 수 있다. 자기 의사가 전달되는 것 같아 즐거움을 느끼는 건지도 모르고, 또 자기를 상대해주는 사람과의 사귐이 즐거워서 그러는지도 모른다.

옹알이 시기가 지나면 아기들은 한 단어를 사용하는 시기를 맞는다. '엄마'하면 어른 여자 모두를 뜻하며 '맘마'하면 먹는 음식을 모두 지칭할 때가 있다. 미국에 있는 동안 큰딸은 미국인 여자를 보면 '마미mommy'라고 하고, 한국인 어른 여자들을 보면 '엄마'라고 하기도 했다.

막내가 바로 '한 단어'를 사용할 무렵, 세 아이를 데리고 택시를 탄 적이 있었다. 그런데 막내는 택시에 타자마자 운전기사를 가리키며 "아빠, 아빠" 그러는 것이었다. 막내는 그 운전기사뿐 아니라 전기 검침원, 우유 배달부, 연탄 배달하는 사람 등 어른 남자들을 총칭해서 아빠로 이해하는 것이다. 남자인 아빠와 다른 남자들을 같은 '남자'로 동일시해내는 분류 능력이 생겼지만, '남자'와 '아빠'라는 단어의 의미는 아직 파악하지 못한 것이다.

말 한 마디를 배우면 자기 나름대로 여기저기 적용해보다가 자기 엄마 이외의 어른 여자는 '아줌마', 아빠 이외의 어른 남자는 '아저씨'라고 부를 수 있게 된다.

만 두 돌이 되면 아기는 두 단어를 묶어서 의사를 표시하게 된다. "엄마 맘마" "아빠 코" "엄마 아파" "유진이 맘마" "모꼬 이뻐(고모 예뻐)" "할머니 엄마?(직장에 다니는 엄마 대신 자기를 돌봐주는 할머니가 엄마 같다는 의미)" 등 수도 없이 말들을 묶어낸다. 어떤 때는 아기들의 말이 우습게 묶여서 허리를 잡고 웃어야 할 때도 있지만, 아기들은 말을 만들어내는 것을 재미있어하고 지칠 줄 모른다. 남이 알아듣건 말건, 웃건 말건 상관 없이 하는 어린 아기들의 말은 날이 갈수록 늘어나게 된다.(만일 우리 어른들이 아기들처럼 이렇게 남의 눈치 보지 않고, 체면 차리지 않고, 실수를 겁내지 않고 외국어를 자꾸 해본다면 좀더 쉽고 빠르게 터득할 수 있을 것이다.)

만 세 돌이 되면 아기들은 세 단어를 써서 말을 하게 된다. 그런데 이때의 아기들은 처음에 배운 것을 이용해서 말하기를 즐긴다. "난 안 할 거야"에서 "내 거 안 바지야" "난 안 바보야" "내 거 안 삼촌이다"로 옮겨지는 등 '안' 자를 일반화해서 사용하는 모습을 볼 수 있다.

아기들이 말을 시작할 때 관찰해보면 강제로 가르치거나 달달 외우게 해서 배우는 게 아니라는 것을 알 수 있다. 자기 스스로 듣고 익힌 것을 서툴지만 열심히 연습해보면서 말을 잘하게 되는 것이다.

우리 어른들이 할 수 있는 일이란 바른 말을 사용함으로써 아이들에게 풍부하고 올바른 언어환경을 만들어주는 것이다. 어른들이 쓰는 어휘라든가 말하는 태도들이 어느새 아기의 어휘와 태도 속으로 스며들게 되기 때문이다.

의사 소통의 **동조성**에 대하여

동조성同調性이란 두 사람이 상호작용할 때 서로 통할 수 있는 몸짓이나 표정을 말한다. 같은 문화권에 사는 사람들이 의사소통할 때 동일하게 쓰는 몸짓이나 표정 등을 예로 들 수 있다.

미국에 처음 도착하던 날, 창문 밖의 거리를 달리는 자동차 소리도 낯설고, 거리를 다니는 사람들의 모습도 낯설었으며, 가게에서 물건을 산 뒤 거스름돈을 주고받는 모습마저도 낯설었다. 우리는 파는 사람이나 사는 사람이나 서로가 머리로 암산을 한 다음 거스름돈을 주고받는데, 미국 사람들은 만일 손님이 2달러 50센트짜리를 사고 5달러짜리를 냈다면, "물건값이 2달러 50센트입니다. 더하기 50센트면 3달러 되지요? 그 다음에 1달러짜리를 드리면 4달러, 그 다음에 1달러를 더 드리면 5달러입니다" 이러면서 거스름돈을 주었다.

한 번이라도 외국에 다녀온 사람이면 '나는 한국 사람'이라는 사실을 실감하게 된다. 그 나라 말인 영어를 줄곧 쓰는데도 쉬운 것도 알아듣지 못할 때가 많았다. 이리로 오라고 할 때 우리는 손가락을 모두 안으로 긁는 시늉을 하는데, 미국 사람들은 그게 '잘 가라'는 뜻이고 '이리로 오라'고 할 때는 얌체같이 손바닥은 위로 한 채 집게손가락만 쳐들고 손가락을 안쪽으로 끌어당긴다. 몸을 별로 움직이지 않으면서 은근히 표현하는 우리 한국인들과는 달리 그네들은 표현이 강해서 '아니다'를 표현할 때면 어깨를 으쓱하고 손바닥을 양쪽으로 쳐들며 모른다고 한다. 이처럼 아주 낯설게 느껴지고 다르게 생각되는 것은 언어와 함께 표현되는 몸짓과 표정이 다르기 때문이다.

아기가 이 세상에 태어나면 새로운 세상에 갑자기 던져진 것과 같아서 어리둥절할 수밖에 없다. 아무리 영리한 아기도 그 가정의 언어 습관이나 몸짓·표정 등을 단번에 파악해낼 수 없기 때문이다. 갓 태어난 아기들이 느끼는 어리둥절함은 어른들이 외국 땅을 처음 밟았을 때 느끼는 그 당혹감보다 더할 거라는 생각이 든다.

살아가는 동안 아기는 식구들의 몸짓이며 표정, 말하는 태도 등을 닮아 가게 되는데, 이것이 바로 상호관계에서 생기는 동조성이다. 서로 의사소통을 할 때 비록 말은 하지 않아도 몸짓이나 표정 등으로 뭔가 통하는 그런 느낌이다. 영화나 텔레비전 쇼를 볼 때, 말소리만 듣는 것보다 화면을 보면 느낌이 더 강하게 다가오는 이유는 화면의 주인공과 의사소통의 동조성을 느낄 수 있기 때문이다.

콘던과 샌더스는 아기들에게도 이러한 인간 상호관계에서 일어나는 동조성이 일어나는지를 연구해보았다. 콘던과 샌더스가 연구한 대상은 태어난 지 12시간밖에 안 된 아기들이었다. 이런 아기들에게 영어로 말하는 소리, 말하는 중에 모음을 뺀 소리, 규칙적으로 톡톡 두드리는 소리, 중국어로 말하는 소리들을 녹음하여 각각 들려주었고, 직접 어른이 이야기하는 소리도 들려주었다. 아기들은 직접 이야기하는 소리나 영어 또는 중국어로 이야기하는 소리에는 손가락과 팔을 움직이면서 반응을 보였지만, 모음을 뺀 소리나 톡톡 두드리는 소리에는 아무런 반응도 보이지 않았다고 한다. 연구 대상이 된 아기들은 모두 미국 북동쪽에서 태어난 아기들이었는데, 영어뿐 아니라 중국어에도 움직임을 나타낸 것은 놀라운 일이다. 이러한 아기들의 움직임은 아기들이 상대방의 언어에 동조성을 보이는 것으로 다분히 사회적이라는 사실을 알려준다.

엄마가 이야기할 때 갓난아기들이 의사소통을 위한 동조성을 보이게 되면 엄마들은 귀엽다는 마음을 갖게 되겠지만, 동조성을 보이지 않는 아기에게는 엄마들도 냉랭해져서 나중에는 "난 저 애하고 궁합이 안 맞아"

하며 아기를 멀게 느끼거나 말도 하지 않게 된다. 그러면 아기는 엄마와 독특한 스타일로 의사소통하는 방법을 배우지 못할 것이다. 결국 둘은 친밀한 인간관계를 맺지 못하게 된다. 아기가 엄마와 의사소통하는 방법을 습득하지 못하면 성장하는 동안 다른 사람들과 의사소통하는 데 필요한 동조성을 배울 수 없다.

의사소통의 동조성이 있어야만 아이들은 상대방이 갖고 있는 문화의 미묘한 점을 습득하게 되며, 그 문화 속에서 편안함을 느낄 수 있게 된다. 미국에 오래 거주하다 온 2세들을 보면 분명히 겉모습은 한국사람이고 말도 우리 말을 쓰는데 어디가 달라도 달라 보이는 이유는, 그들이 미국 사람들과 의사소통하는 동조성은 몸에 익혔지만 우리 말로 이야기할 때 필요한 미묘한 동조성을 습득할 기회는 없었기 때문이다.

아기들이 태어나자마자 즐겁게 말을 걸어보자. 비록 아기들이 무슨 말인지 알아듣지 못한다고 해도 계속 친절하게 말을 걸어주자. 그것이 바로 아기들이 쉽게 의사소통의 동조성을 배우는 길이다.

속마음 들어주기

아기들과 엄마는 대개 말을 이용하는 대화보다는 비언어적인 방법으로 대화를 나눈다. 엄마는 아기의 찡그린 표정을 보고 기저귀가 젖은 것을 알아내고, 소리 없이 환하게 웃는 모습을 보고 기뻐하는 것을 알아낸다.

사랑한다거나 예쁘다는 말을 알아듣지 못하기 때문에 말 대신 뺨을 비벼대고 뽀뽀를 해주고 꼭 껴안아주는 등 피부와 피부가 닿는 접촉을 통해서 대화를 한다.

아기들이 '엄마' '아빠' 라고 말로 표현하기 시작하면서부터 엄마와의 비언어적인 대화법은 점점 줄어들기 시작한다. 생각이 점점 복잡해지고 낱말 수가 늘어나는 아기들은 말로 의사를 표현하려고 한다. 그리고 어린 아기가 옹알옹알 길게 이야기하면 그 중에 한 마디 정도는 알아들을 수 있을 때가 많다.

아기들은 "아탕(사탕) 줘" "엄마, 까까 타줘(사줘)"라는 식으로 유아어를 쓰게 되는데, 간혹 아기들이 표현하는 식으로 말하는 엄마들도 있다. 이런 상태가 계속되면 모르는 사이에 습관이 되어 좀더 세련된 대화기술을 습득하는 시기가 늦어진다. 영아기의 아기들이 쓰는 말이나 문장의 뜻을 부모들이 잘 파악해서 "사탕 줄까" "소변 볼까" "물 마시고 싶어?" 등으로 바르게 이야기해줌으로써 어휘력도 향상시키고 문장의 구조도 익히게 해야 한다. 물론 아기의 연령에 따라 어휘와 문장의 길이를 선택해야 한다. 아주 어린 아기일 때는 한 단어로, 만 세 살 정도의 아기에게는 세 단어로 구성된 문장으로 천천히 또박또박 말해준다.

아이들과 별 문제 없이 살아나가려면 무엇보다도 대화하는 방법을 익힐 필요가 있다. 아이들은 대체로 마음에 있는 것을 말로 표현하는 편이지만, 의도와는 달리 말이나 행동으로는 자기 의도와 다른 것을 이야기할 때도 있다.

먼저 아이의 이야기에
귀를 기울여라

　이웃에 사는 미국인 집에 초대되었을 때의 일이다. 그 집에 사는 다섯 살 난 남자아이가 어느 날 새끼고양이를 한 마리 데려다 기르게 되었다. 그 집에서 초대한 손님들과 함께 온 식구가 응접실에 앉아 이야기를 나누고 있는데 고양이가 한쪽 구석에서 오줌을 쌌다. 모두들 고양이의 모습을 보고 웃으며 고양이 이야기로 꽃을 피웠다.

　그러자 갑자기 다섯 살 난 그 집 아들이 응접실 의자 위로 올라가더니 오줌을 쌌다. 우리 생각에는 손님들 앞에서 퍽 창피스러웠을 텐데도, 그 엄마는 아들을 꼭 껴안으며 "존, 아무리 아기고양이가 예쁘다 해도 너보다 예쁘지는 않단다" 이렇게 말해주는 것이었다.

　둘째가 생후 18개월쯤 되었을 때의 일이었다. 그때 둘째는 대소변이 마려우면 자다가 운다든지, 이상한 몸짓을 한다든지 어떤 형태로든 표현을 했다.

　오랜만에 친정어머니와 이야기를 하고 있는데 자고 있던 둘째가 꼼지락거렸다.

　"쉬 마렵니?" 하며 들어올리려는데, 곁에서 자던 큰애가 벌떡 일어나더니 내 얼굴을 빤히 쳐다보며 하얀 요 위에 쏴— 오줌을 쌌다. 나는 둘째를 얼른 외할머니에게 맡기고 큰아이를 그대로 끌어안았다.

　"아기가 쉬를 할 때마다 엄마가 안아주니까 화가 난 모양이구나. 유미가 아기처럼 쉬를 안 해도 엄마는 유미를 사랑한단다."

그러자 큰애는 씩 웃더니 젖은 바지를 벗어버리고는 다른 자리로 들어가서 잤다. 존이나 유미 모두 같은 이유에서 그런 행동을 한 것이다. 엄마의 사랑을 그 누구보다도 더 받고 싶다는 욕구가 바로 그런 행동의 원인이었다. 일상생활을 해나가는 동안 우리 어른들이 아기들의 마음을 알아내기 어려울 때가 무수히 많다. 아이를 낳아 기르는 사람들은 이해한 줄 알았는데 잘못 알고 있는 바람에 아이들의 화를 돋운 경험이 종종 있을 것이다.

마음을 알아내려면 어른들이 먼저 이야기하기 전에 아이들의 이야기를 잘 들어주어야 한다. 바쁠 때면 "그래 그래, 알았어" "응, 응" 하며 건성으로 대답하는 경우가 있는데, 아이들은 엄마나 아빠가 자기 이야기를 듣고 있지 않다는 것을 안다. 그래서 "내 말 좀 똑바로 들어봐요" 하며 항의해올 때도 있다.

아이들과 대화할 때는 가끔 "저런!" "그래서?" "얼마나 속상했을까?" "화가 났겠구나!" "참 재미있는 일이네" "그 다음엔?" "그러니?" 하는 말들을 써서 아이들로 하여금 계속 이야기할 마음이 생기게 해준다. 동네에 나가서 화났던 일, 유치원 친구와 다툰 일, 선생님에게 불만스러운 일들을 누군가와 함께 이야기하는 동안 아이들의 문제는 자연히 해결될 때가 많다. 어른들도 화가 날 때 누군가 마음이 통하는 사람과 이야기를 나누면 상대방이 해결해주는 것도 아닌데 자기 마음에 해결책이 떠오르거나 좌절·불안이 사라질 때가 많은 것과 비슷하다.

속마음의 뜻을 파악하지 못하고 겉으로 보이는 말이나 행동의 뜻만 건성으로 듣게 되면, 아이들은 부모들이 자기 마음을 이해해주지 못하는가 싶어 거리감을 느낀다.

아기를 여럿 둔 집에서는 방 안을 뱅글뱅글 돌아가며 아프다는 아이를 데리고 급히 병원으로 달려갔다가 아무 이상이 없다는 의사의 진단을 받고 돌아오는 일을 한 번쯤은 겪었을 것이다. 눈이 잘 보이지 않는다는 둥, 머리가 아프다는 둥, 갑자기 다리가 저리다는 둥 핑계가 그럴싸해서 속을 때가 많다. 실제로 성장통이 생겨서 의학적인 문제가 없어도 아플 때가 있지만, 아프지 않은데 아빠 엄마에게 사랑받고 싶어서 그런 행동으로 표현하는 때도 있다. 엄마 아빠들은 아이들의 이런 속뜻을 이해해주는 마음을 지닐 필요가 있다.

명확하게 표현하기의 중요성

한국인들의 미덕이기도 하지만 우리는 은근한 표현을 좋아한다. 자기가 원하는 바를 솔직하게 표현하면 경망스럽다 해서 핀잔을 받을 때도 많다. 그렇지만 예전처럼 세상이 복잡하지 않고 한가로웠을 때는 퍽 아름다운 태도였지만, 오늘날처럼 사회가 복잡하고 또 일의 능률이 요구될 때는 자기 생각을 밉지 않게 명료하게 표현하는 기술도 배워두어야 한다.

예를 들어 어떤 부인이 남편과 결혼기념일을 멋지게 보내고 싶어 회사에서 바쁘게 일하는 남편에게 전화를 걸었다고 해보자. 만일 이 부인이 "여보, 오늘 바쁘세요?" "오늘 당신 회사 근처로 나갈까요?"라며 간접적으로 묻기만 한다면 남편들의 대답은 어떠할 것인가?

대개 "나 오늘 바빠" "뭐 하러 나와? 집에 있어" 하며 퉁명스럽게 답할 것이다. 아내들도 마찬가지다. 모처럼 외출하면서 '자기가 알아서 점심을 찾아 먹겠지' 하지만 남편들은 아무것도 찾아 먹지 못할 뿐 아니라 자녀들도 돌보지 못한다. 우리는 속마음을 세세히 이야기하지 않으면서 상대방이 자기 생각이나 느낌을 이해해주기를 바라거나, 돌려서 이야기하면서 상대방이 자신의 의도를 알아주기를 바란다. 그러나 사람은 신 이 아니다. 명백히 표현하지 않는 한 그 뜻을 알아내기 어려울 때가 많다.

"내가 오늘 나갈까요?" 하며 남편을 시험대 위에 놓고 '그것 봐, 내 그럴 줄 알았다고. 역시 그인 나한테 관심이 없어'라며 괜한 불행을 곱씹을 게 아니라 "오늘 특별한 날인데 바쁘세요? 오늘 당신하고 데이트하고 싶거든요"라며 직접 표현하여 힌트를 주는 친절을 베풀고 시간을 함께하는 편이 낫지 않을까 싶다.

어린 자녀들도 마찬가지여서, 쑥스러운 일이나 야단맞을 일 같은 것은 빙빙 돌려가며 이야기하곤 한다. "엄마 있잖아요, ○○는 비싼 신발주머니 샀어요" 하는 말에 "그래서?" 하며 언성이라도 높일라치면 "아니에요, 아무것도…" 하고 말문을 닫아버리기도 한다. 아이는 자기도 그 신발주머니를 사고 싶다는 말 대신 친구가 샀다고 간접적으로 표현하는 편이 안전하다고 여기기 때문에 그렇게 표현한 것이고, 신이 아닌 부모는 그 속

마음을 모르고 "그래서?" 하고 반문한 것이다.

　우리 부모들이 어린 자녀들의 속마음을 이해하는 것도 중요하지만, 먼저 자기 생각을 정확히 표현해서 아이들에게 모범을 보이자. 자기 의도를 말로 정확하게 표현해야 상대방이 빨리 알아듣는다는 것을 아이들이 부모를 보며 배울 것이다.

　아이와 대화를 잘하려면 엄마 아빠 쪽에서 먼저 아이에게 자기의 처지, 자기가 바라는 것 등을 명확하게 표현하는 것을 보여줄 필요가 있다. 아이의 말을 무시하지 않고 끝까지 경청해주는 태도도 중요하다. 부모와 토론해서 이득을 얻게 되면, 아이는 자기가 원하는 바를 솔직히 털어놓는 것이 훨씬 낫다는 사실을 알게 된다.

　만 세 돌을 전후하여 어휘가 부족할 때, 아이들은 자기가 원하는 것을 말로 표현하지 못하기 때문에 떼를 쓰거나 운다. 아이가 원하는 것이 무엇인지 잘 관찰하고 있다가 "저 풍선을 달라는 말이니?" "빨간색으로?" 라며 정확하게 표현해주어 아이가 고개를 끄덕이거나 울음을 그치고 나면, 그때 "울면 엄마가 알아들을 수 없단다. 말로 해주면 고맙겠다"라고 말해준다. 그런 일을 몇 번이고 반복하다 보면 어느 순간 아이가 울지 않고 말로 요구해올 때가 있다. 그 순간에 "네가 울지 않고(또는 떼를 쓰지 않고) 말로 해줘서 고마워"라고 표현해준다. 아이가 자신이 바라는 바를 말로 표현할 때마다 이렇게 반응해주면, 아이는 점점 말로 자신의 요구나 생각을 표현하게 된다.

　말로 표현하기가 쑥스러울 때는 글로 써서 의사를 소통할 수도 있다.

필통 속에 "다영아, 오늘 즐거운 하루를 보내기 바랄게. 엄마"라고 써놓는다든지, 학교에서 돌아오는 아이를 맞아주지 못하고 외출해야 할 경우 "오늘 갑자기 바깥일이 생겨서 네가 오는 것도 못 보고 급히 나간단다. 미안해! 엄마가" 같은 쪽지를 남겨놓고 나가는 것도 부모와 자녀가 친근해질 수 있는 방법이다.

학교에 들어가기 전의 아이들은 기쁨·좌절·갈등·애정 등을 말로 표현하고 싶어도 어휘가 부족하기 때문에 못 하는 경우가 있다. 덮어놓고 물어뜯거나 할퀴거나 꼬집으며 대드는 세 살짜리의 손을 잡고 품에 안으면서 "○○야, 뭔가 속상한 일이 있나 보구나" "화가 났구나" "엄마가 널 화나게 했니?" 등으로 표현해주면 자기 감정을 어떻게 말로 표현해야 하는지도 알게 된다. 아이가 말이나 글로 자신의 느낌을 바르게 표현하는 것은 우리 부모들의 품에서 배우게 된다.

"예" 해야 할 때 "예"라고 말할 수 있고 "아니오"라고 해야 할 때 "아니오"라고 말할 수 있는 엄마 아빠를 보며 아이들은 자신의 느낌이나 생각을 솔직하고 정직하게 말할 수 있게 된다. 정신통합이론psychosysthesis theory을 발표한 이탈리아의 정신과 의사 아사기올리는 '예·아니오'를 분명히 말할 수 있는 것이 인간의 정신적 통합성을 이룩하는 데 매우 중요하다고 하였다.

이 이론을 가르치는 미국의 어느 교수는 자기가 반드시 해야 할 말을 다른 사람의 눈치를 보느라 하지 못하는 학생을 훈련시키기 위해 단돈 5달러를 들고 주유소에 가서 기름을 넣은 뒤 영수증까지 발행해달라고 해서 가져오라는 과제를 낸다. 5달러밖에 없는 것은 자신의 상황이고 권리이기 때문에 주유소 직원에게 당당하게 요구해야 한다는 것이다(요즈음 미국에서는 인건비가 비싸 자기 스스로 주유하는 곳이 대부분이지만 그 당시에는 우리나라처럼 반드시 직원이 있었다). 또 백화점 옷가게에서 여러 종류의 옷을 입어본 뒤 사지 않겠다고 떳떳하게 말하고 나오는 것도 과제였다. 이런 작은 일이 어렵지만 대학생들의 당당함을 기르는 데 도움이 되었다고 한다.

우리가 아이들과 생활하다 보면 싸우듯이 소리지르거나 이상한 행동을 하지 않으면서도 당당하게 '예·아니오'를 할 수 있는 기회는 얼마든지 있다. 비록 자신을 위해서는 '예·아니오'를 당당하게 말하기가 힘들다 해도, 내 자녀가 커서 당당하고 정의로운 사람으로 자라게 하려면 나부터 이를 행동으로 옮겨야 한다.

엄마 아빠의 사정 **알려주기**

아이가 자신의 속마음을 솔직하게 표현하도록 돕는 것은 아주 중요하다. 아이가 자신의 속마음을 말이나 행동으로 표현하지 않으면 아이의 마음을 알아내기 위해 여러 가지 방법을 동원해야 하기 때문이다. 아이의 마음을 알아내려고 이런저런 일을 하다 보면 아이의 마음과는 다른 해석을 할 때도 있고, 이해한다 해도 아이를 적시에 돕는 일이 늦어질 수 있다. 그러므로 아이의 속마음을 이해하기 위해, 어른들은 먼저 아이들이 자신의 마음을 편안한 마음으로 자유롭게 이야기할 수 있게 해야 한다. 아이가 말할 때 귀기울여 열심히 들어주는 것이 바로 그 비결이다.

맞벌이 부모들은 퇴근 후 저마다 재잘거리며 달려드는 아이들 때문에 몹시 피곤해질 때가 많다. 그래서 요즈음에는 아예 아이가 잠든 뒤에 귀가하는 습관을 가진 젊은 엄마 아빠들도 꽤 있다. 회사에서도 스트레스를 받는데 집에서까지 스트레스를 받으면 다음날 일하기가 힘들다는 것이 그 이유다.

물론 아이의 재잘거림에 귀기울이는 것은 힘든 일이다. 그러나 영유아기의 아이들은 자기의 느낌과 생각을 들어주고, 함께 걱정해주고, 기뻐해주는 어른이 있어야 잘 자라는 것을 어떻게 할 것인가? 그 무렵에는 엄마 아빠에게 이야기하고 싶어하지만 초등학교 4, 5학년만 되어도 이야기하려 하지 않고 또 들어달라고 간청하지도 않는다.

아이가 필요로 할 때 도움을 주지 않는다면 아이가 성장하는 과정에서 어른의 도움을 반드시 받아야만 할 때도 전혀 도움을 청하지 않을 것이기 때문에 문제가 더 심각해질 수 있다. 힘들어도 영유아기에 엄마 아빠의 시간과 노력을 투자해 아이의 말을 경청하자. 진지한 경청은 아이가 건전하게 성장하는 밑거름이 될 것이며, 엄마 아빠와 함께 멋진 한 팀이 되게 만들어준다.

엄마들 중에는 아이들의 이야기를 들어주어야 한다는 사실을 잘 알고 실천하려고 노력하지만 어떻게 해야 하는지를 몰라서 심리적인 압박감만 느끼는 이들이 있다. 그래서 아이들이 두서 없이 이것저것 재잘거릴 때 "응, 응" 하면서 듣는 척만 한다. 아이들은 부모가 자기 이야기를 듣고 있지 않다는 사실을 민감하게 알아낸다. "엄마, 나 좀 봐요" "엄마, 내가 금방 뭐라고 했어요?"라며 반문하는 것이 그 예다. 아주 피곤할 때 아이가 와서 무언가를 이야기하려고 하면 "지금은 엄마(아빠)가 피곤하니까 조금 있다가 이야기하자"라며 사정을 말해주자. 그리고 약속은 반드시 지키자. 조금 쉰 다음에 "엄마(아빠)가 쉬는 동안 기다려줘서 고마워. 자, 우리 ○○ 이야기 좀 들어보자" 하면 아이들은 엄마 아빠의 사정도 이해할 수 있게 되고 또 자기 이야기도 편안한 마음으로 할 수 있게 된다.

사람이 살다 보면 몹시 피곤하다든지, 할 일이 많다든지, 손님이 오셨다든지, 집에 큰일이 생겼다든지 하여 아이들 이야기를 제대로 들어줄 수 없는 때가 많다. 이럴 때 아이들이 옆에서 종알거리며 말을 붙여오면 "왜 이렇게 시끄럽게 그래?" "너는 왜 하루 종일 종알거리기만 하니?" 하고 면박을 줄 때가 있다. 그런데 이야기를 나누고자 하는 아이로서는 부모의 사정이나 집안 사정이 전혀 고려되지 않기 때문에 단지 부모가 자기와 이야기를 나누고 싶어하지 않는다고만 여기게 된다. 바쁘거나 피곤할 때는 엄마 아빠의 사정을 솔직하게 털어놓는 것이 유익할 때가 많다. "지금은 전화하는 중이니까 끝나고 이야기하자" "엄마가 손님 대접을 하느라 바쁘니까 손님이 가실 때까지 좀 기다려줄래" 하는 등.

어른의 상태를 있는 그대로 이야기하면 아이의 마음에 좌절감을 주지도 않을 뿐 아니라 아이와의 대화를 끊지 않아도 된다. 그러나 일단 부모들이 나중에 대화하겠다고 약속한 것은 꼭 지키는 것이 좋다. 피곤하다거나 바쁘다고 해서 자꾸 미루다 보면 아이와 이야기 나눌 수 있는 시간이 아예 없어져버리기 때문이기도 하지만, 아이가 부모를 불신하게 되기 때문이다.

잠자리에 들기 전에 자녀 한 명 한 명과 이야기를 나누는 방법도 생각해볼 만하다. "아까 네가 하려고 했던 이야기를 지금 해줄래?" 하며 손을 잡고 이야기하게 하면, 하고자 했던 이야기가 아니더라도 엄마에게 하고 싶었던 이야기를 은밀히 하곤 한다.

집에서 아이들이 요구할 때마다 대화할 수 있는 어머니들과 달리 직장을 가진 내 경우에는 '속마음을 이해해주기' '자기 마음을 말로 표현하게끔 돕는 방법'보다는 부모의 사정을 이해시켰다가 들어주는 때가 더 많았다. 아이들에게 미안할 때가 많았지만, 그래도 즐거운 시간을 갖는 것은 '첫째와 엄마와의 시간' '둘째와 엄마와의 대화' '막내와 엄마와의 대화'를 되도록 따로 마련할 때였다. 대화가 시급하게 요구될 때에는 '첫째와 아빠' '둘째와 할머니' '막내와 엄마' 이런 식으로 이루어지기도 했다.

엄마 아빠의 사정을 알려주는 방법으로 설교식 훈계를 하는 경우가 있는데, 이는 자식을 바르게 기르겠다는 일념뿐이어서 일방통행으로 흐를 가능성이 크다. 우리도 어렸을 때는 부모님들의 훈계가 싫다 해서 '황혼 연설'이라는 은어까지 만들어내지 않았던가. 요즈음 젊은 아이들은 어른들의 훈계를 무조건 듣고 싶어하지 않는다. 이것은 아주 오래 전이나 지금이나 마찬가지인지, 약 4천 년 전에 지어진 이집트의 어느 피라미드에는 "요즘 젊은이들은 어른의 말을 듣지 않고 버릇이 없다"는 말이 써 있었다고 한다. 결국 고대건 현대건 젊은이들은 어른 세대와는 아주 다른 존재가 되려 하고 자기 나름대로 뭔가 이루어보겠다는 꿈을 가진 존재라는 것이다.

"이다음에 훌륭한 사람이 돼라."

"집 안 좀 어질러놓지 마라."

"넌 왜 날이면 날마다 공부도 안 하고 그러니?"

모두 다 자녀들을 위하는 말이라 생각하겠지만, 아이의 마음에 공감을 일으키지 못하면 우리 부모의 사정을 알리기는커녕 오히려 담을 쌓게 할 뿐이다. 서로 통하는 길, 그것은 서로 공감할 수 있는 대화가 오갈 때뿐이다.

유아기 영어 교육,
꼭 해야 할까?

우리나라 유아들은 지금 영어 열풍에 시달리고 있다. 영어를 배우면 장래 유리한 점이 많다. 그렇지만 영어는 언제, 어떻게 배우느냐가 더 중요하다. 영어를 일찍 시작한 것이 도리어 방해가 되는 수도 있기 때문이다. 'ten'을 포함한 영어 단어를 의미도 파악하지 않고 외웠던 어떤 아이가 't'가 들어간 단어만 보면 무조건 'ten'으로 읽는 것을 예로 들 수 있다.

유치원 선생님을 "엄마"라고 부르고 말도 한 단어로만 하는 아이가 있었다. 이 아이는 화가 나면 무조건 "No" 하며 소리만 질렀다. 또래들과 의사 소통도 안 되어 친구도 없었다. 그 또래 아이들이 네 단어 이상의 문장으로 의사 소통하는 것과 비교해보면 언어 발달에 문제가 있는 것이 분명했다. 원인은 엄마가 아기 때부터 영어로만 말했기 때문이었다. 영어가 일상생활에 쓰이지 않기 때문에 아이는 들은 소리의 의미를 파악할 기회가 없었다. 그래서 영어 단어를 의미 없이 나열할 뿐이었고 우리 말 실력은 기초 수준 이하였던 것이다. 요즈음 영어 조기 선행학습을 한 아이들 중에는 우리 말로 의사 소통을 못 하고 웅얼거리기만 하는 아이들이 꽤 있다.

세계적인 언어학자 촘스키는 이 세상의 언어들은 나라마다 다르지만 언어의 의미를 파악하는 속구조는 똑같다고 하였다. 그래서 어느 한 종류의 언어를 잘 배우면 다른 언어도 쉽게 배울 수 있다는 것이다. 우리나라에 사는 아이들이 우리 말로 말하고 읽고 쓰는 일을 먼저 하면 의미를 파악할 수 있는 기회가 많아 쉽게 잘 배운다. 유치원에서부터 영어를 가르쳤던 타이완의 경우 아이들의 모국어 구사 능력이 떨어진다고 1997년부터는 유아기의 영어 교육을 금지시켰다. 2006년에는 싱가포르가 아이들의 중국어 구사 능력을 걱정하여 유아기에 영어를 사용하지 말 것을 권고하기도 하였다.

영어 교육은 아이들이 모국어를 익힌 뒤에 시작하는 것이 좋다. 초등학교에 들어간 뒤에 배우기 시작해도 잘할 수 있기 때문이다. 실제로 나는 경기도 양평군 상심리의 초등학교 아이들에게 영어를 가르치면서 초등학교에서 가르쳐도 늦지 않는다는 확신을 얻게 되었다.

영·유아기에는 외국인들이 영어로 이야기하는 모습을 직접 볼 수 있게 하거나 텔레비전을 함께 보며 '영어는 미국이나 영국 사람들이 살아가면서 쓰는 말'이라는 사실을 알게 하여 의사 소통의 욕구를 키우는 것으로 충분할 것이다.

엄마!
나 이 옷 남자색깔
이라서 싫어! &
안 입을래!

5장
아이의 성교육

영국의 한스·크라이터와 미국의 심리학자 번스타인이 출생에 관해 묻는 아이들의 질문에 어

떻게 대답해야 할지를 연구하였다. 특히 번스타인은 만 세 살부터 열두 살까지의 아이들에게

"아기는 어디에서 오지?" 하고 질문을 던져보았다. 연구 결과 아이들은 어른이 생각하는 것만

큼 이 질문을 심각하게 여기지 않고 있었다. 성에 대한 호기심은 "엄마 아빠는 왜 나보다 키가

더 커요?" 하는 질문 정도로 가벼운 수준이라는 것이다. 아이들은 아기를 낳으려면 엄마 아빠

의 몸에서 난자와 정자가 나와 결합해야 된다는 사실을 열두 살이 되어야 알았다.

아기는 어디에서 와요?

목욕탕에서 있었던 일이다. 다섯 살쯤 되어 보이는 여자아이와 젊은 엄마가 꽤 재미있게 이야기를 나누고 있었다. "엄마, 천장에서 물 떨어져" "그건 수증기가 떨어지는 거야. 저기 욕탕에서 김이 나지? 그게 수증기야" "왜 떨어져?" "김이 올라가 천장에 닿으면 차가워져서 다시 물이 되는 거야" "엄마, 저기 좀 봐. 물이 많이 달려 있어" 하면서 즐겁게 질문과 대답을 주고받았다.

엄마가 어쩌면 저렇게 자상스러울까 감탄하는 순간, 아이가 "엄마, 애기는 어디에서 나와?" 하고 물었다. 젊은 엄마는 주위를 둘러보더니 아이의 질문을 묵살했다. 여자아이가 다시 "엄마, 배꼽으로 낳는 거야?" 하고 묻자 그 엄마는 탈출구를 찾았다는 듯이 "응, 배꼽으로 낳는 거야"라고 대답했다. "그렇게 작은데도?" "글쎄 그렇다니까…."

자녀를 키우다 보면 대답하기 어려운 질문들을 많이 받게 되지만, '출생'에 관한 질문을 받을 때 부모들은 가장 곤혹스러워한다. 부끄럽고 당혹스럽기도 하고, 아이가 조숙해서 잘못이라도 저지르면 어떻게 하나 하는 보호본능 때문이기도 하다.

아이들이 성性 · 출생 · 결혼에 관심을 보이는 것은 당연하다. 프로이트는 성에 관심을 갖는 것을 '리비도적 본능(잠재의식 속의 욕망)'이라고 풀이하면서, 누구나 다 갖고 있다고 하였다.

최근에는 영국의 한스 · 크라이터와 미국의 심리학자 번스타인이 출생에 관해 묻는 아이들의 질문에 어떻게 대답해야 할지를 연구하였다. 특히 번스타인은 만 세 살부터 열두 살까지의 아이들에게 "아기는 어디에서 오지?" 하고 질문을 던져보았다.

　연구 결과 아이들은 어른이 생각하는 것만큼 이 질문을 심각하게 여기지 않고 있었다. 성에 대한 호기심은 "엄마 아빠는 왜 나보다 키가 더 커요?" 하는 질문 정도로 가벼운 수준이라는 것이다. 아이들은 아기를 낳으려면 엄마 아빠의 몸에서 난자와 정자가 나와 결합해야 된다는 사실을 열두 살이 되어야 알았다. 물론 유치원에서 성교육을 받은 아이들은 만 5, 6세에 난자 또는 정자라는 어휘를 구사하는 수도 있지만, 대개는 친구 이름을 부르듯 자기가 들은 단어를 말로 하는 것뿐이지 난자와 정자의 기능, 난자와 정자가 성교를 통해 만난다는 사실을 구체적으로 이해하고 말하는 것은 아니다.

　번스타인이 던진 "아기는 어디에서 오지?" 하는 질문에 세 살짜리 아이는 "가게에서 사와요" 또는 "공장에서 만들어요"라고 대답했으며, 만 5, 6세가 된 아이들은 "엄마 몸에 있는 아기집에서 자라다가 나온다"고 하였다. 일곱 살쯤 되면 엄마가 아기를 낳으려면 반드시 아빠가 있어야 한다는 사실을 알게 되지만, 생물학적인 지식을 갖고 있는 것은 아니다. 둘째 이모가 만삭이었을 때 유치원에 다니던 만 5세 다영이는 "난 알아. 아빠씨가 이모한테 들어가서 아기가 된 거야"라고 말했다. 어른들이 "어떻게 들어가는데?" 하고 묻자 이모부 어깨를 자기 손가락으로 훑어내리더니 이모의 어깨로 옮긴 뒤 다시 훑어내리며 배에 손을 대면서 "이렇게"라고 말했다.

피아제가 아이들이 세상사에 대해서 획득하게 되는 개념은 나이를 먹어감에 따라 점점 다른 수준으로 발달한다고 말했듯이, '출생'을 이해하는 개념도 나이에 따라 달라진다. 바꾸어 말하면, 이것은 아이들에게 '아기를 어떻게 낳는다'는 것을 알려주는 데 너무 겁을 낼 필요가 없다는 것을 뜻하기도 한다.

그러니까 만 네 살쯤 되는 자녀가 "엄마, 아기는 어디에서 나와?" 하고 물으면 "응, 아기는 아기집에서 나오지"라고 간단하게 대답해주고, 또 유치원에 다니는 아이가 물으면 "엄마 몸 속에는 아기집(자궁)이 있는데 거기에서 열 달쯤 자라다가 나오는 거야" 하는 정도로 대답해주고, 또 "아기가 어떻게 아기집에 들어가" 하고 물어보면 "엄마 몸속에 있는 난자라는 거랑 아빠가 주는 정자라는 게 만나면 들어가" 하며 지나가면 된다. 다섯 살 난 아이들은 그 이상 지나치게 물으려 하지 않고, 성실하고 자연스럽게 대답해주는 어른의 태도에 만족스러워 할 것이다.

"엄마, 아기는 어떻게 나와" 하는 질문을 받고 괜스레 부부의 성생활을 노출시키는 것 같은 생각이 들어 얼굴을 붉히거나 당황하면, 아이들은 자기가 물어본 것에 대해 죄의식을 느끼거나 더 호기심을 품고 다른 곳에서 그 호기심을 채우려 하게 된다.

아이들이 이해할 수 있는 정도에 맞추어 대화하게 되면 아이들은 성과 출산에 대한 질문을 엉뚱한 데서 풀려고 하지 않을 것이다. 부모님들이 쉬쉬하며 숨기고, 근엄한 분위기에서 자랐던 지금의 우리 어른들은 어떠

했나? 공중변소나 동네 담장 등에 그려진 낙서를 보고 고개를 갸우뚱하는 사이에 무언가 배우지 않았던가.

부모가 가르쳐주지 않아도 아이들은 자라면서 성이나 출산에 대한 호기심을 채우게 마련이다. 가르쳐주는 상대가 올바른 지식을 주면 다행이지만, 그러지 못할 경우 부모의 눈을 속인다는 죄의식과 하지 말아야 할 일을 한다는 부끄러움 때문에 성에 대해 건전한 태도를 갖지 못하게 된다. 부모 몰래 병원놀이를 하며 이성을 탐색하는 일은 예나 지금이나 동서양을 막론하고 일어나고 있으며, 앞으로도 계속될 것이다. 부모들이 좀 더 자연스럽고 담담하게 성에 대한 질문을 처리해야 아이들이 뒷골목에서 호기심을 만족시키지 않게 될 것이다.

다영이가 만 여섯 살, 준기가 만 네 살 반일 때 아이들은 서로의 성기에 관심을 나타냈다. 그러던 어느 날, 다영이와 준기가 어른이 보지 않는 곳에서 서로의 성기를 만져보려는 순간을 알게 되었다. 이를 발견한 우리는 "형제끼리는 서로의 몸을 만지는 게 아니야" "형제끼리는 결혼하지 못한단다" "그곳은 아주 소중한 곳이야. 커서 결혼하면 아기를 낳을 곳이거든. 장난감이 아니야" 이렇게 말해주고 나서 지켜보니 아이들은 곧 성기 만지는 놀이를 하지 않았다.

물론 어른들이 계속 아이들을 유심히 관찰하면서 지켜보았고, 다양한 활동과 경험을 마련해주어 바쁘게 만들었기 때문에 성기로 향하는 관심을 돌릴 수 있었다. 아이들의 성적 호기심은 아주 강렬한 것이어서, 이를 상쇄시킬 수 있을 만큼 재미있고 신나는 일들을 제공해주어야만 그 호기심을 다른 곳으로 돌릴 수 있다.

집에서 아무리 성교육을 잘한다 해도 주변 사람들까지 다 조종할 수는 없기 때문에 성폭행을 당하지 않도록 아이를 준비시킬 필요가 있다. 남자 어른이나 큰 남학생들이 성충동을 못 이겨 그릇된 행동을 할 때 어린 여자아이들이 "안 돼!"라고 말할 수 있도록 용기를 길러주어야 한다. 남자 아이들에게도 자신의 성충동을 조절하지 못해 하고 싶은 대로 행동하면 상대 여성이 평생 동안 지워지지 않는 마음의 상처를 안고 산다는 사실을 깨닫도록 성교육을 해야 할 것이다.

큰딸이 초등학교 3학년일 때 갑자기 학교로 전화가 걸려왔다. 아이는 울먹울먹거렸고 공포로 말을 제대로 하지 못했다. "엄마, 어떤 중학교 오빠가…." 나는 그 즉시 택시를 잡아타고 귀가하여 아이가 안전한지 살펴보았다. 아이가 더듬더듬 전하는 말에 따르면, 만 세 살짜리 막내를 데리고 동네 친구 집으로 놀러 가는 길에, 으슥하고 한적한 골목에서 어떤 남자 중학생이 다가오더니 돈을 달라더라는 것이다. 돈이 없다고 하자 큰애의 스커트를 들어올리려 했다는 것이다. 놀란 막내가 크게 울자 그 남학생은 "울면 죽여버릴 거야"라며 협박까지 했다고 한다. 그 순간 마침 그 골목을 지나가는 자가용이 있어서(그때만 해도 자가용은 드물었다) 아이는 동생의 손을 잡고 열심히 뛰어 도망쳤다고 했다.

도망이 문제가 아니라 성폭행을 당할 수도 있었다는 것이 더 큰일인데 아이가 인식하지 못하고 있다는 것을 안 나는 큰아이를 꼭 끌어안고 아무 일도 없어서 다행이라는 것, 남자들은 성적 충동이 강해서 여자들을 보면

키스하거나 성적 행동을 하고 싶어한다는 것, 여자들이 현명하게 행동하고 대처해야 한다는 것, 성교가 나쁜 행동은 아니라는 것, 그러나 다음에 커서 좋은 남자하고 만나 결혼한 뒤에 하면 더 좋다는 것, 성교란 남자의 성기가 여자의 몸속으로 들어가는 것이고 남자 몸에서 정자와 난자가 만나면 임신이 된다는 것, 임신을 하면 아기를 낳게 된다는 것, 너무 어린 여자아이가 아기를 낳으면 혼자 키우기 힘들다는 것 등을 아주 조심스럽게 아이가 알아들을 수 있는 용어를 골라가며 말해주었다.

그러자 놀랍게도 아이는 친구 집에 놀러갔다가 벌써 음란 비디오를 본 적이 있다는 말을 하였고, 아기가 엄마 뱃속에 있을 때는 거꾸로 있다는 것을 실제로 행동으로 보이며 이야기하였다. "너 그걸 어떻게 알았는데?" 하고 묻자 어느 병원 벽에 붙어 있던 그림을 보고 알았다고 했다. 아직 어리다고 생각해 그때까지 성교육을 구체적으로 하지 않았지만, 아이는 이 경로 저 경로를 통해 벌써 꽤 많은 성 관련 지식을 갖고 있었던 것이었다.

그러나 큰애는 단편적인 지식은 많았지만 그 지식을 어떻게 자신의 생활과 연관시킬지, 어떤 지식이 어떤 지식과 관련이 있는지 분석하고 통합하는 능력은 없었다. 그 날 아이는 꽤 많은 질문을 했고 나는 되도록 단순하고 구체적으로 답해주었다. 우리의 대화가 진행되는 동안 나는 딸아이가 성을 추하거나 더러운 것으로 인식하지 않도록 노력하였다. 어린 시기를 지나고 처녀가 됐을 때 모든 남자를 나쁜 사람으로 알거나 결혼을 회피하는 사람이 되지 않게 하기 위해서였다.

동생이 생겼을 때

일곱 형제나 되는 집에 또 아이가 태어났다. 3년 동안 막내 노릇을 톡톡히 해온 일곱째는 점점 분한 마음을 품게 되었다. 우리 부모님께서는 "막내는 불쌍하다. 부모가 늙었으니 얼마나 안쓰러우냐"며 막내를 각별히 사랑하게 됐기 때문이다. 어느 날 막내가 큰 형제들과 함께 외가댁에 간 것이 일곱째는 무척 좋았던 모양이었다. 얼른 엄마에게 달려가 "엄마, 우영이 죽었으면 좋겠어"라고 했다. 우리 집 셋째 딸이 두 돌이 되었을 때 첫째와 둘째는 셋째보고 "둘만 낳아 잘 키우재. 넌 엄마 뱃속으로 들어가" 하였다. 26개월 된 다영이가 남동생 준기를 보았을 때는 "다 썼어. 아기 버려" 하며 속상한 마음을 표현하였다. 3대에 걸쳐 나타난, 아기 동생에 대한 큰아이의 질투다.

갓난 동생이 누워 있는데 엄마 몰래 슬쩍 꼬집어준다거나 손가락을 깨물어서 울리는 일은 어느 집에서나 심심찮게 일어난다. 심한 경우에는 아기가 우유병을 빨면 자기도 빨아야 하고, 아기가 기저귀를 갈면 자기도 기저귀를 차야 한다.

동생을 보게 되면 심리적으로 어려운 일이 많이 생긴다. 지금까지 부모의 사랑을 독차지하다가 사랑을 나누어 가져야 하고 물건도 나누어 써야 하는 등 불편이 많은 것이다. 더 참기 어려운 것은, 모든 사람의 관심이 아기에게 쏠리기 때문에 뒷전으로 밀려났다는 느낌이다.

이런 소외감을 없애려면 동생이 태어나기 전부터 심리적으로 배려할 필요가 있다. 불러오는 엄마 배를 만져보게 한다든지, 태동을 느껴보게 한다든지 하여 아이 스스로 동생을 기다리게 해준다. 일단 새 아기가 태어난 뒤에 아기는 다른 사람이 안고 엄마는 큰아이들과 다정하게 가까이 앉거나 안고 이야기를 하면, 아기에 대한 질투 때문에 떼를 쓰거나 아기에게 난폭하게 행동하는 일은 거의 없다.

어느 미국인 가정에서 봤던 일이다. 딸아이 세라가 만 두 돌 반이 넘었을 때 임신한 브랜다는 만삭이 가까워지면서 딸아이에게 배를 만져보게 하고, 또 동생이 어떻게 생겼을까 상상도 해보게 하였다. 세라는 경이롭다는 표정으로 "엄마, 풍선처럼 빵빵해지면 동생이 나와?" 하고 물으며 자기가 가장 좋아하는 풍선과 엄마 배를 비교하였다. 따라서 동생을 기다리는 마음은 흥겹기만 하여 동생이 태어난 뒤에도 질투하거나 미워하지 않았다. 엄마가 병원에서 아기를 데리고 돌아오자 세라는 "아가, 아가" 하며 들여다보았다.

일단 갓난아기가 태어나면 매일매일의 생활에서 큰아이의 심리를 잘 헤아려야 한다. 엄마 아빠가 모두 갓난아기를 함께 쳐다보고 큰아이는 그냥 잘 있으려니 하고 내버려두면 큰아이는 자기만 외롭게 동떨어져 있는 느낌을 갖게 될 것이다. 엄마가 아기에게 젖을 먹일 때는 아빠가 큰아이와 함께 놀아주면서 소외감을 느끼지 않도록 배려하는 것이 바람직하다. 갓난아기의 기저귀를 갈 때 큰아이한테 기저귀를 가져오게 한다든지, 우유병을 가져오게 한다든지 하여 아기 동생과 자기를 연결시킬 수 있게 함으로써 참여의식을 느끼게 해주는 것이 좋다.

맏이는 동생들이 태어나기 전에 부모의 사랑을 흠뻑 받았으니까 이젠 아기를 사랑해주는 것이 당연하다고 생각할지 모르지만, 심리학자들의 연구에 따르면, 미국의 경우 맏아이는 동생이 태어나면 정신적인 불안증을 보일 때가 많다고 한다.

동생이 태어나기 전에 사랑을 많이 받다가 소외되는 감정을 느끼게 되면 마음은 더 공허하고 쓸쓸해지게 마련이다. "엄마는 왜 셋째를 낳았어? 저렇게 나를 속썩이는데"라며 불평하는가 하면, 3학년이나 되었는데도 아기가 잠든 틈을 타서 엄마 품에 안기며 "엄마, 아기가 되고 싶어" 하는 아이를 보면 부모의 사랑이란 과거에 충족된 것으로 끝나는 것이 아니라 지금도 채워져야 하는 것이라고 생각한다.

여덟 형제의 맏이였던 나는 꽤 크도록까지 '내가 좀 아팠으면' 하는 공상을 하곤 했다. 집안일이나 동생들 뒤치다꺼리로 바쁜 어머니는 큰아이까지 돌볼 여력이 없으셨으며, 도리어 맏이가 어머니의 역할을 해주기를 은근히 기다리셨다. 그러나 내 마음은 어머니를 돕겠다는 생각보다는 나도 엄마의 사랑을 받고 싶다는 갈망으로 차 있어 슬프기만 했다. 만일 '내가 아파 누우면 엄마가 나에게 관심을 주실까?' 라는 의문도 함께 일어났다. 이와 같은 어렸을 때의 기억이 뚜렷한 것을 보면 큰아이들에게도 계속 어른들의 관심과 사랑이 필요한 것이 분명하다.

그런데 50여 년이 지난 지금 나는 손주들에게서 똑같은 현상을 본다. 엄마가 의사로 일하기 때문에 미혜 이모와 대부분의 시간을 보내는 다영이와 준기는 이모 쟁탈전을 벌인다. 외할머니인 나는 다영이를 각별히 생각하는 반면 미혜 이모는 준기를 각별히 생각하기 때문에 다영이는 미혜 이모의 사랑을 받고 싶어하고 준기는 외할머니의 사랑을 받고 싶어했다. 어느 날 내가 준기 손을 잡고 걷자 다영이가 화를 냈다. 나는 두 아이를 두 팔에 각각 안고 "다영아, 준기는 속상할 거야. 다영이하고 할머니가 친해서"라고 했더니 준기는 머리를 크게 끄덕거렸고, 다영이는 "아니야. 내가 더 속상해. 할머니는 많이(자주) 없고(안 오고), 미혜 이모는 매일 있잖아" 하였다.

부모가 없으면 맏이는 자연히 동생을 돌보려는 마음을 갖는다. 아이들을 떼어놓고 부모끼리만 외출할 경우, 으레 맏이가 동생을 보살피며 보호하는 것을 본다. 또한 집에서는 그렇게 싸우면서도 밖에 나가서는 동생을 위해 있는 힘을 다해 싸우는 형들을 우리는 주위에서 많이 본다.

동생을 보았을 때 질투와 시기심을 보이는 아이들의 마음이 실은 부모의 사랑을 더 받고 싶은 욕망 때문에 그렇다는 것을 어른들은 이해하는 마음으로 대해야 할 것이다. 부모의 처지에서 충분히 사랑을 주었는데 왜 저러는지 모르겠다는 핀잔보다는 큰아이의 처지에서 마음의 응어리를 풀어주는 태도를 가져보자. 골목에 나가 동생을 보호할 사람은 큰아이이며, 그 아이 또한 자신이 사랑받고 있다는 확신이 서야 동생을 돌볼 마음이 일어나게 된다.

미국의 유치원에서 교사로 일할 때, 동생을 새로 보게 된 아이를 위해 파티를 열어주는 것이 처음엔 기이하게 여겨졌지만 퍽 현명한 일이라는 것을 깨닫게 되었다. "웬디에게는 남동생이 생겼단다. 이제 웬디가 누나가 됐으니 얼마나 기쁜 일이니! 자, 우리 모두 누나가 된 웬디를 위해 축하 파티를 열자." 친구들은 웬디를 위해 그림을 그려주기도 했고, 가위로 뭔가 오려주기도 했으며, 유치원에서는 먹을 것을 마련해 다 함께 즐겼다.

'나는 참 중요한 사람이야'라는 생각이야말로 이 세상을 살아가는 힘이 되지 않을까? 동생을 새로 보았을 때 축하 파티를 열어준다면 이런 귀중한 생각을 심어줄 수 있고, '나는 아무도 봐주지 않는구나' 하는 쓸쓸한 생각을 갖지 않게 할 수 있어서 좋다.

자위행위

미국에서 유학하는 동안 유치원과 보육시설에서 아르바이트를 한 적이 있었다. 부유한 지역의 유치원이나 보육시설에서 일한 적도 있고, 가정형편이 어려운 아이들이 가는 유치원·보육시설에서 일한 적도 있었다.

부유한 지역의 유치원에 오는 아이들은 정상적인 가정에서 부모들과 함께 살고 경제적인 어려움도 겪지 않는 반면, 어려운 지역의 보육시설이나 유치원 아이들의 가정은 부모가 별거 또는 이혼중이거나 경제적으로도 어려워서 엄마가 아침 7시에 데려다놓고 저녁 6시가 되어야 데려가곤 했다.

가정이 화목한 아이들은 손으로 성기를 만지거나 우울한 표정을 하고 구석진 곳을 찾아가 쭈그리고 앉아 있는 일이 없는 편인데, 가정환경이 별로 좋지 않은 아이들은 자위행위가 심하고 짝을 지어 후미진 곳이나 책상 밑으로 들어가 성기로 장난하는 것을 볼 수 있었다. 보육시설에서 함께 일하던 미국인 교사는 "큰일이에요. 이곳 아이들은 자위행위를 노골적으로 해요. 말리려고 해도 듣지 않고 도리어 반항하거든요"라며 걱정하였다.

정도의 차이는 있지만 누구든 어렸을 때는 자위행위를 한다. 만 두 돌된 아기들도 다리를 벌리고 앉아서 성기를 들여다보거나 만지는 것을 흔히 볼 수 있다. 두 돌이 조금 지난 남자아이가 "엄마, 고추가 커져" 한다든지 네 돌 된 남자아이가 전신거울을 보며 성기를 문질러 크게 만드는 것은 흔히 볼 수 있는 일이다. 어머니들은 큰일났구나 싶어 야단을 치기도 하고 때리기도 하지만, 그렇게 하면 자위행위를 그만두게 하기는커녕 더 조장할 수 있다. 왜냐하면 아이들은 눈·코·귀·입·배꼽을 발견하듯 자기의 성기를 새로이 알고 싶은 단순한 호기심 때문에 그랬을 뿐인데 야단을 맞았으니, 순수한 호기심이 좌절될 뿐 아니라 빗나갈 염려가 있는 것이다. 또 아이들은 자기 성기를 만지면서 자극을 받기 때문에 재미를 느끼는데, 그 행동 때문에 매를 맞거나 야단을 맞으면 이율배반적인 생각이 들게 된다. 자기는 기분이 좋은데 엄마가 야단을 치면 숨어서 몰래 하려는 생각이 싹트기도 하고 엄마가 하는 일에 어긋나고 싶어 더 할 수도 있다.

만 두 돌이 된 자기 딸아이가 걱정스러워 찾아온 친구가 있었다. 사정인즉, 딸아이가 밥상이건 이불 개어놓은 데건 상관없이 모서리에 국부를 대고 비벼대곤 하는데 입술이 파래질 정도로 심각하다는 것이었다. 친구는 아이가 크면 큰일이라도 저지를 것 같아 걱정이 된다고 하였다. 그래서 나는 그 아이가 자위행위에서 느끼는 짜릿함보다 더 흥미로운 놀이를 할 수 있도록 다양한 활동을 함께하라고 권고했다. 모래장난·물장난도 하게 하고, 놀이터에도 가며, 밀가루 반죽을 만들어주기도 하고, 크레파스로 그림도 그리게 하라고 충고하였다. 친구는 그 귀찮은 일들이 파랗게 질리는 딸아이를 보는 것보다는 낫다고 생각해 충실히 이행했다.

아름답게 성장한 그 아이는 학교 다니는 동안 흥미가 풍부하고 영리하며 친구관계도 원만했다. 그런 자위행위를 한다고 매를 들거나 걱정하는 대신 아이의 흥미를 다양하게 이끌어주었던 것이 밑거름이 되었음이 분명하다. 35년이 지난 지금 그 아이는 훌륭한 치과의사로, 두 아들의 엄마로 행복하게 살고 있다.

아이들이 손장난을 할 때는 슬그머니 아이의 흥미를 다른 데로 돌리거나 바지를 입혀주는 것이 좋다. 바깥으로 산책을 데리고 가는 것도 좋다. 아이는 세 돌이 지나면서부터 자기의 신체구조보다는 친구들과의 교제나 놀이에 더 흥미를 느끼기 때문에 자위행위에 깊이 빠지는 경우는 드물다. 그러나 흥미롭게 할 일이 마땅치 않고 놀 친구도 없으며 대화를 나눌 사람조차 없을 때는 아이들의 손이 자연히 바지 속으로 들어가게 된다.

심리학자들은 자위행위 그 자체는 아이들에게 해가 되지 않는다고 한다. 자위행위를 했기 때문에 나중에 커서 성불능이 된다든지 임신을 못하는 일은 없다는 것이다. 그러나 자위행위를 하기 때문에 아이들이 느끼는 죄의식은 아이들의 인격을 좀먹는다. '나는 이다음에 벌을 받아서 아기를 못 낳을 거야' '나하고는 아무도 결혼하지 않을 거야' '사람들은 나를 욕할 거야' 등등.

두 돌을 전후해서 나타나는 아이들의 손장난을 너무 심각하게 받아들여 긁어 부스럼을 만들지 않도록 해야 할 것이다. 자연스럽게 지나가도록 도와주고 누구나 한 번쯤은 그런 시기를 거친다는 것을 이해해주자. 그리고 무엇보다도 중요한 것은 만 두 돌이 된 아이의 행동을 보고 사춘기에 일어날 일을 미리 걱정하지 않는 것이다. 장래를 위한 계획이 반드시 있어야겠지만, 지나친 걱정은 오히려 현재를 망가뜨릴 수 있다.

두 살 된 아이의 발달과정을 이해하고 그에 맞게 키우면 자연히 바람직한 세 살이 될 것이며, 세 살 된 아이를 가장 세 살답게 잘 키우면 훌륭한 네 살짜리 아이로 자랄 것이다. 10대 사춘기에 일어날 일을 걱정하여 두 살 아이의 순수한 호기심을 망가뜨리는 원인은 우리가 모든 사물을 어른들의 개념대로 해결하려 하기 때문이다. 어른의 눈높이에서 보는 집의 모양과 두 살 아이의 눈높이에서 보는 집의 모양이 아주 다른 것처럼, 아이의 처지에서 이해하는 사물에 대한 개념은 어른과 다를 때가 많다.

남자아이 여자아이

큰딸이 초등학교 1학년 때 골목에서 놀다가 엉엉 울며 뛰어들어와서 "엄마, 피구는 골목에서 내가 제일 잘한단 말예요. 내가 대장을 해야 되는데 남자아이들이 난 여자니까 졸병만 해야 한대요"라고 하소연을 했다. 타고난 성 때문에 여자아이는 순종적 · 수동적 · 내성적 · 비창의적으로 키우고 남자아이는 공격적 · 도전적 · 미래지향적 · 창의적으로 키우는 우리 사회의 양육 경향은 좀 생각해볼 여지가 있다. 뮈센의 발표에 따르면 남자아이가 여성적인 행동특징을 갖고 있을 때, 또 여자아이가 남성적인 행동특징을 갖고 있을 때 지적 성취도가 가장 높다고 한다.

여자아이는 여자답게 또 남자아이는 남자답게 키운다는 고정관념에서 벗어나 모두를 '인간답게' 기르려는 마음이 모든 부모에게 생기지 않는 한, 아이들은 무의식적으로 이를 배우게 되어 남녀를 차별하는 분위기는 사회 곳곳에서 사라지지 않을 것이다.

셋째 딸을 낳은 엄마에게 쏟아지는 동정어린 말을 들은 첫째 아이는 엉엉 울면서 "왜 나를 첫째로 낳았어. 셋째 딸만 시집 잘 간대요"라는 푸념을 하고, 둘째는 "난 이다음에 커서 아빠가 될 거야"라며 자기 자신의 능력을 키우려기보다는 남성세계를 동경하고 자기를 남자보다 낮은 위치에 내려놓는 심리상태에 놓이는 것을 경험한 적이 있다.

또 엄마에게 강압적이고 강하게 군림하는 아빠를 둔 다섯 살짜리 여자아이가 세 살 난 막내와 역할놀이를 하면서 아빠를 맡았는데, 막내가 큰 소리로 대들자 "엄마는 아빠한테 대들 수 없어. 남자는 아주 무서우니까 못 대드는 거야"라고 하였다. 지나치게 남성 중심적이고 남성 우위로 사는 아빠를 둔 다섯 살 난 남자아이가 "아빠를 약하게 키워라. 엄마를 강하게 키워라" 하며 소리치는 것을 들은 적도 있었다.

여성이라는 성을 갖고 태어나는 것이 자신의 의사도 아니며 그렇다고 부모의 책임도 아니고 보면, 태어날 때부터 자기의 노력이라든가 의지와 관계없이 성 때문에 차별대우를 받는 것은 불공평하다. 여성·남성이라는 성차에 따라 노력의 기회가 주어지는 것이 아니라, 인간으로서의 능력에 따라 동등한 기회를 부여받을 수 있어야 한다.

세 돌이 채 못 되는 막내에게 '세 마리 곰' 이야기를 해주곤 하였다. 본래 이 이야기는 아빠곰 엄마곰의 역할이 남성 중심적인 이야기다. 이 이야기를 바꾸어 하루는 엄마곰이 부서진 의자를 고치고 바깥일을 도맡아 하는 대신 아빠곰은 죽을 끓이거나 설거지를 하는 방향으로 내용을 바꾸

어 이야기해주었다. 그 다음엔 본래 이야기대로 바꾸어 해주었다. 처음에 아이들은 "아니야, 엄마는 죽 만들어" 하고 거부반응을 보이더니 나중에는 당연한 것으로 받아들였다. 한참 후에 "진이야, 넌 의사 될래 간호사 될래?" 물었더니 "의사" 하는가 하면, 자기도 군인을 하겠다는 등 다행스럽게도 여자니까 이런 것만 해야 한다는 개념이 없어졌다.

우리 집 식구들이 아빠가 운전하는 차를 타고 나들이를 나가는데, 만 여섯 살인 막내가 갑자기 "여자는 운전 못 하는 거야"라고 했다. 내가 "왜?" 하고 물었더니 아이는 "엄마 못 하잖아" 하였다. 딸들에게 성역할에 대한 편견을 심어주고 있다는 것을 깨달은 나는 그 즉시 운전을 배워여자도 무슨 일이든 할 수 있으며, 남자가 하는 일 여자가 하는 일 따로 있는 것이 아니라는 것을 보여주었다.

앞으로 우리 사회는 더욱 고도로 발전한 산업사회가 될 터이고, 고급 두뇌가 많이 필요해질 것이며, 여성이 '집안일'에만 매여 있을 수 없을 때가 반드시 올 것이다. 우리나라에 지사를 두고 있는 매킨지 컨설팅 회사가 2002년 여성부(2005년부터 여성가족부로 바뀜)의 위탁을 받아 조사한 바에 따르면, 우리나라가 여성인력을 적극 활용하지 않으면 경제발전이 느려질 것이라고 한다.

지금의 우리 어린 자녀들이 미래 사회에서 자기의 역할을 능히 감당해 낼 수 있도록 지금부터 마음을 준비시키자. 요즈음의 공상과학 프로그램을 보면 여자들도 우주선을 조종하고 어려운 과제를 과학적으로 해결해 나가도록 설정되어 있는데, 이는 아주 좋은 일이다.

성역할을
강요하지 않는다

12년 동안 매주 목요일마다 진행했던 KBS 방송국의 '자녀 교육상담' 시간에 "아들아이가 소꿉놀이를 즐겨서 아주 걱정이에요"라고 전화를 걸어온 어머니가 있었다. 사내애가 여자처럼 잔일을 하다가 커서 사회에서 낙오할까 겁이 난다는 것이었다.

또 어느 어린이집을 방문했을 때의 일이었다. 마침 주말에 지낸 일을 발표하는 시간이었는데, 한 남자아이가 일어나더니 자신감이 넘치는 목소리로 "나는요, 큰집에 가서요, 소꿉장난하고 놀았어요" 하였다. 아주아주 재미있었다는 뜻이었으리라. 그런데 젊은 여교사는 "에이, 남자아이가 소꿉놀이했대요. 남자아이는 씩씩한 놀이를 해야지요. 그렇죠?"라고 말하는 게 아닌가. 신이 났던 이 아이는 쥐구멍에라도 들어가듯 자기 자리로 돌아갔다. 예전과는 많이 달라졌지만 아직도 이렇게 생각하는 이들이 꽤 있다.

그러면 여성과 남성의 행동에서 나타나는 특징의 차이는 언제 확정될까? 또 선천적인 것일까, 후천적인 환경조건 때문일까?

영아심리학자인 보워는 타고나는 성 자체보다는 부모들의 양육태도 때문에 성역할 개념이 형성된다고 주장했다. 골드버그와 레위스는, 부모들이 무의식적으로 아기들의 행동특징 가운데 여성적인 특징이라고 여겨지는 특성이 여자아기에게 나타날 때면 강화해주지만 남성적인 특징이 나타날 때는 무시하거나 비난하는 것을 발견하였다. 마찬가지로 남성적인 특징이 남자아이에게 나타날 때는 강화해주지만 여성적인 특징이 나타나면 좋지 않게 생각한다는 사실도 발견하였다. 즉 부모들이 기대하고 있는 여성상 또는 남성상에 맞추어 아이들을 키워나간다는 것이다. 따라서 그 사회가 갖고 있는 남녀 차별의식이라든가 남녀 동등개념은 부모 또는 아이를 돌보거나 교육하는 어른들을 통해 어린 자녀에게 전달된다.

아기들의 성차^{性差}가 어떻게, 언제 많이 나타나는지를 연구한 미국의 심리학자 모니는 만 1세 때 벌써 남녀의 행동특징이 달라지고, 만 3세면 성역할에 관한 것을 거의 습득한다고 했다. 모니는 특히 선천적으로 양성을 갖고 태어난 아기들과 그들의 부모를 연구했는데 처음 부모가 생각한 대로 아기를 키우더라고 했다. 부모들은 실제로 남성이면서 겉모습이 여성처럼 보이는 아기를 남성상에 맞추어 키우지 않고 여자아이 키우듯이 했다는 것이다. 여성의 행동특징을 지니게 된 이 남자아이들이 호르몬 분비상 여성처럼 보였지만 실제로는 남자아이라는 것을 알고 만 3세 이후에 변화시키려 했으나 남자로서 행동하지 못했다고 한다.

아기들의 행동특징은 남자로 또는 여자로 태어났기 때문에 남자다워지거나 여자다워지는 것이 아니라, 부모들의 태도 때문에 그렇게 결정된는 이 연구의 결론은 우리에게 시사하는 바가 크다 하겠다.

6장
아이와 그림

말을 할 수 있기 전부터 아기들은 긁적거리기를 시작한다. 연필이며 크레파스, 심지어는 엄마의 립스틱으로 장판이건 벽지건 가리지 않고 낙서하기 시작할 때가 바로 그림 그리기를 시작했다는 신호다. 켈로그는 이때의 긁적거림이야말로 아기들 나름대로 무언가 표현해낼 수 있는 좋은 매체가 된다고 하여 중요하게 생각했다. 긁적거리며 낙서를 할 때 좌절감을 주거나 못 하게 말리면, 아이의 자신감이 손상되어 그림 그리기를 두려워하거나 아예 못 그리는 아이가 될 수도 있다고 했다.

아기들도 그림을 그린다

아기들도 그림을 그릴까? 그린다면 어떤 그림을 그릴까?

두 돌을 전후해서 아기들은 그림을 그리기 시작한다. 아기들은 이렇게 일찌감치부터 그림을 그리지만, 그 그림을 감상하고 수집하는 어른은 드물다. 유치원 또는 초등학교에서 그린 그림들은 액자에 넣어 걸어두기도 하고 스크랩북에 붙여주면서도, 아기들의 그림은 귀하게 여기지 않는 것이 보통이다.

막내가 16개월이 되었을 때였다. 갑자기 언니의 빨간 크레파스를 움켜쥐더니 방바닥에 놓여 있는 하얀 라디오 위에 칠하기 시작했다. 열심히 얼기설기 낙서처럼 그려놓은 뒤에는 장판 위에도 나름대로 열심히 칠했다. 이를 본 이모는 얼른 걸레를 가져다 라디오를 깨끗이 닦았고 장판도 닦았다. 그러자 막내는 "아빠(나빠), 아빠(나빠)"하며 울어댔다. 마침내 막내에게 큰 도화지를 주고 마음대로 그리게 한 뒤에야 울음을 멈추게 할 수 있었다. 자기가 열심히 그린 작품을 감상하지 못하는 어른들이 얼마나 야속했을까?

만 3, 4세 아이들도 마찬가지다. 유치원이나 어린이집 벽에 붙어 있는 그림을 보면 도무지 그림 같지도 않고 멋있는 구석도 없어 보인다. 그래도 선생님은 아이들의 그림을 이해할 수 있기 때문에 한 학기 동안의 그림을 정성껏 모아 책으로 묶어놓는다.

방학하기 전날 어떤 선생님이 이 '그림 모음책'을 나누어주었는데, 아

이들이 집으로 돌아가고 나서 뒷정리를 하다가 쓰레기통에 어느 남자아이의 '그림 모음책'이 버려져 있는 것을 발견하였다. 선생님이 그것을 다시 소중하게 꺼내서 그 이튿날 아이에게 건네주었더니 그 아이는 관심 없다는 표정으로 "우리 엄마는 쓰레기통에 넣어버려요"라고 했다. 선생님은 자기 그림을 엄마가 쓰레기통에 넣는 것을 보느니 아예 자기 손으로 버리겠다는 아이의 마음이 안쓰럽게만 느껴졌다.

미국에 유학하던 중 그곳 유치원에서 일할 때 있었던 일이다. 닐이라는 남자아이와 스코트라는 남자아이가 나란히 서서 화판에 그림을 그리고 있었다. 혀를 쏘옥 내밀고 열심히 그리는 모습이 무척이나 대견스러웠다.

밝은 색깔로 잘 그려나가던 스코트는 붓에 청색을 듬뿍 묻히더니 채 물감이 마르지도 않은 자기 그림 위에 칠하기 시작했다. 밝고 그림답던 것이 시커멓게 변하기 시작했다. 옆에 섰던 닐이 힐끗 보고 "스코트, 그게 뭐니? 난 싫어"라고 하자, 스코트는 아주 자신있는 소리로 "그래서? 난 상관없어" 하며 계속 자기 그림을 그려나갔다.

유치원이 끝나고 집에 돌아갈 때 스코트는, "선생님, 이 세상에서 가장 아름다운 그림 주세요"라고 말했다. 줄에 죽 걸려 있는 그림 중에서 어떤 그림이 세계에서 가장 아름답다고 생각하느냐는 내 질문에 스코트는 제일 엉망으로 보이는 자기 그림을 가리키며 "바로 저거"라고 했다. 그러면서 확신을 갖고 "엄마가 아주 좋아할 거예요"라고 덧붙였다. 자기 생각, 자기의 노력을 인정해주는 어머니는 아이의 마음에 자신감을 심어주게 되는데, 스코트의 엄마가 바로 그런 분이었던 것이다. 유치원이나 어린이집 또는 집에서 그린 그림들을 벽이나 냉장고 위에 붙여놓으면 '네 그림을 소중하게 여긴다'는 뜻을 전달하게 된다. 그림은 반드시 아이의 눈높이 정도에 붙이도록 한다.

미국의 켈로그는 세계 각 나라 아이들의 그림을 20만 장이나 모아서 분석한 끝에, 그림 그리기는 발달단계를 거쳐서 나타난다는 것을 알아냈다. 말을 할 수 있기 전부터 아기들은 긁적거리기를 시작한다. 연필이며 크레파스, 심지어는 엄마의 립스틱으로 장판이건 벽지건 가리지 않고 낙서하기 시작할 때가 바로 그림 그리기를 시작했다는 신호다. 켈로그는 이때의 긁적거림이야말로 아기들 나름대로 무언가 표현해낼 수 있는 좋은 매체가 된다고 하여 중요하게 생각했다. 긁적거리며 낙서를 할 때 좌절감을 주거나 못 하게 말리면, 아이의 자신감이 손상되어 그림 그리기를 두려워하거나 아예 못 그리는 아이가 될 수도 있다고 했다.

어른 눈에 비친 아기의 낙서는 별로 신통치 못하고 도통 그림 같지도 않다. 그러나 돌이 좀 지난 아기들에게는 굉장한 노력이 깃든 결정체다. 미술가들에게 작품이 중요하듯이 유치원 아이들에게는 얼굴에서 팔다리가 그려진 사람 그림이 중요하며, 두 돌 된 아이에게는 긁적거린 낙서 형태의 그림이 중요하다. 아이의 그림은 자기가 하고 싶어서 그릴 때 귀중한 표현이 이루어진다.

낙서가 해님이 되고, 해님이 사람 모양으로 변하고, 사람을 그린 뒤 토끼나 곰을 그리게 되는 것이 아이 그림의 발달단계다. 낙서를 하는 아기들에게 사람 그리기를 기대한다든지, 해님을 그리는 아기에게 곰이나 집을 그리기를 기대하는 것은 약을 모르는 어른에게 조제를 부탁하는 것과 마찬가지다. 어른 마음에 새겨진 상에 맞추어 아이에게 그림을 그리라고 요구하는 것은 아기 몸체에 어른의 머리를 올려놓는 것과 똑같은 일이다.

엄마, 내 마음은 오늘 빨강이에요

엄마들은 자녀들이 어릴 때부터 위대한 화가들처럼 멋있는 작품을 그려주기를 기대하는 경우가 많다.

"왜 사람 얼굴에 팔이 달려 있지?"

"왜 사과가 집보다 더 크니? 맹추 같으니라구."

"옆집 애 좀 봐라, 상 받았잖아. 너는 왜 그렇게 못 그리니?"

이렇게 계속 잔소리를 하는데, 그 잔소리 속에는 그림 그리는 자체를 즐기라는 격려보다는 비난과 핀잔만이 있다는 것을 알 수 있다. 이런 잔소리나 비난을 듣고 자라나는 아이들은 그림이라면 자신이 없을 뿐 아니라, 그림 그리는 것을 지긋지긋하게 여긴다. 훌륭한 화가가 될 수도 있는 어린 싹을 우리는 너무 쉽게 잘라버린다.

아이들의 그림은 어른들의 그림과는 질적으로 다르다. 생각과 경험과 표현방식이 어른과는 근본적으로 다르기 때문이다. 즉 아이의 그림에는 아이만의 독특함이 있는 것이다. 심지어는 두 살 된 아이의 끄적거리기도 그 나이에 걸맞은 훌륭한 그림이 된다. 유아 그림을 연구하는 미술교육자들은 겨우 만 두 살 된 아이가 미술학원에 가서 코끼리를 멋지게 그리고 배경을 칠했다고 해서 좋아하지 않는다. 오히려 긁적거리기 등 자기 나이에 맞는 그림을 그리지 못했기 때문에 어색하게 느낀다. 어른이 보기엔 그림 같지도 않은 형태들이 아이에게는 다 그림이다.

만 두 살이 되면 아이들은 대부분 벽에고 마당에고 간에 열심히 낙서를 하게 되는데, 이런 긁적거리기가 지난 뒤에는 동그라미 · 세모 · 네모 등 단일선單一線으로 된 모양들을 그리게 된다.

커다란 도화지에 동그라미 · 세모 · 네모 같은 것만 잔뜩 그려놓고는 아직 여백도 많은데 "엄마, 나 다 그렸어요" 하면 엄마는 아연실색한다. "아무래도 우리 아이는 미술에 취미와 소질이 없는 모양이에요. 삐뚤삐뚤한 동그라미 하나 겨우 그려놓더니 다 그렸다고 하지 뭐예요"라며 낙담하기 일쑤다.

둘째가 만 세 살 되었을 때 커다란 도화지에 열십╋자만 그렸던 적이 있다. 어떻게 하나 보려고 "유나야, 이 그림 다시 그려와" 했더니, 크레파스를 가지고 한참 생각한 다음 앞장은 있는 그대로 놔두고 뒷장에 또 열십자 모양을 그려왔다. "이거 그림 더 그려야 하지 않을까?" 했더니 "엄마, 다 그린 그림이에요"라며 나를 이상한 눈으로 쳐다봤다. 세 살 된 아이의 눈으로는 그림을 다 그린 건데 무얼 더 그리라는 말이냐는 듯이.

아이들이 세모 · 네모 · 동그라미를 그리는 단계를 거친 다음에는 해님을 열심히 그리게 된다. 이 해님이 변화해서 머리카락도 되고 손이나 다리도 된다.

이런 모양의 그림을 그리고 나서 아이들은 곧 사람 형태를 그릴 준비를 하게 된다. 서너 살 된 아이들이 그리는 사람은 대개가 동그라미의 변형이다. 팔 다리가 머리에 붙어 있거나 몸을 직접 얼굴에 이어서 그리는 것이 보통이다. 만 3~4세의 아이들이 이런 식으로 사람을 그리는 것은 정상이다. 아니, 이 시기에는 이렇게 그려야 한다. 그러나 만 7~8세 된 아이들이 계속 이런 식으로 사람을 그린다면, 발달이 좀 늦지 않은가 생각해볼 필요가 있다.

사람 모양이 점점 궤도에 오르게 되면 아이들은 차차 동물을 그리게 되고, 동물을 그린 다음에는 여러 가지 사물을 제대로 그리게 된다.

이러한 단계별 그림들 중 가장 기초가 되는 낙서하는 시기의 그림은 비록 그림이 그림 같아 보이지 않는다 해도 가장 중요한 기틀이 된다. 낙서하는 시기에 그림을 실컷 그린 아이들이 자신을 갖고 단일선으로 된 동그라미·네모·세모 등을 그리게 되고, 해님이나 사람도 자신 있게 그리게 되는 것이다.

미술학원에 1년쯤 다녀서 어른들 보기에 멋진 그림을 그리던 만 4세의 진이라는 여자아이가 있었다. 진이 어머니는 미술학원에서 그린 그림을 액자에 넣어 응접실 벽에 걸어놓기까지 했다. 그런데 어른이 그림을 가르치지 않고 도화지와 크레파스만을 주고 마음대로 그리게 하는 유치원에 간 뒤로 진이는 도화지에 제일 연한 색깔로 보이지도 않게 낙서만 조금 하곤 하였다. 진이 엄마는 유치원으로 달려가 미술학원에서 그렇게 멋지게 그리던 진이가 이렇게 못 그리는 것은 유치원에서 잘못 가르치기 때문이라고 항의했다.

아이의 그림은 마음에 있는 모든 것을 털어놓는 돌출구이자 '내 마음은 이렇습니다'라는 표현의 방식이다. 어른처럼 말로 표현하지 못하는 것들을 그려내는 것이다. 그렇기 때문에 예를 들어 "코끼리는 코를 길게 그려야 한다" "다 그린 뒤에는 배경을 칠해야지" "까만색으로 사람 둘레를 그려야 똑똑해 보이지" 이런 식으로 어른들의 생각을 강요하게 되면, 아이들은 그림다운 그림을 그리지 못할뿐더러 자신까지 없어져 그림 그리기를 회피하게 된다. 그림 그리기를 회피하는 것은 가장 훌륭한 정신과 의사를 잃는 것과 같다. 자기 마음을 털어놓을 수 있는 매체를 잃는 것이기 때문이다.

연령에 따라 아이들이 그림 그리는 태도는 달라지지만, 변하지 않는 것은 크레파스의 색깔이나 그림의 형태를 통해서도 아이들은 마음을 표현한다는 점이다. 계속 화만 내는 어머니를 둔 아이는 주로 검정색과 빨강색을 쓴다든가, 몸이 아프거나 무척 고독하게 느끼는 아이는 보라색과 노랑색을 많이 쓴다든가 하는 것이다. 그러나 늘 아이들이 그리는 그림을 보고 '이 애가 보라색을 쓰니까 병적이구나'라면서 아이를 병자 취급하거나 하는 것은 곤란하다. 아이들이 택하는 색깔은 시시때때로 변하기 때문이다. 예를 들어 엄마에게 야단을 맞고 화가 나서 까만 빌딩을 그린 뒤새빨간 색으로 불이 나는 모습을 그린 남자아이라도, 일단 화가 풀리고 나면 다시 정상적으로 색깔 선택을 하게 된다.

아이의 그림은 진단하는 자체보다, 또 가르치는 것보다 아이들 자신이 자유롭게 그릴 수 있도록 자료와 기회를 주는 것이 가장 중요하다. 많이 그릴 수 있는 기회를 가진 아이들은 자신의 느낌이나 생각, 관찰한 것을 표현해볼 수 있는 기회가 더 많아지기 때문에 정서적·사회적·지적으로 바람직하게 성장한다. 아이가 원할 때 그림을 그릴 수 있도록 A4용지 등을 마련해주고 색연필·크레파스를 옆에 놔두어 언제고 그릴 수 있는 분위기를 만들어줘야 한다.

아울러 그림 그리는 과정을 중요하게 생각하고 격려해주어야 한다. "참 열심히 그리는구나" "그렇게 재미있어?" "엄마한테 네가 무얼 그렸는지 얘기해줄 수 있겠니?" 하고 관심을 나타내주는 것이 좋다. "아니

아이가 그린 굴뚝

어른이 그린 굴뚝

넌 왜 사람 머리를 초록색으로 칠하니?" "넌 어째서 굴뚝을 비뚤게 그리니?" 이런 식으로 아이의 마음을 상하게 하는 것은 옳지 못하다.

위의 그림에서처럼 아이가 굴뚝을 그리는 것은, 아이가 집 전체를 보고 굴뚝을 똑바로 그리는 것이 아니라 지붕에 수직되게 그리는 것이 옳다고 생각하는 그들 나름대로의 논리 때문이다. 머리카락을 초록색으로 칠했거나 굴뚝을 비스듬하게 그렸다고 비난하기 전에, 왜 그렇게 그렸는지 이유를 이해해주는 자세가 중요하다.

그림에 나타난 한 가지 사실만 고치려 하는 것은 잡초를 없애겠다며 이파리만 꺾어버리는 것과 같다. 그림에 나타나는 표현이 멋지고 풍부해지게 하려면 무엇보다도 일상생활에서 다양한 경험을 많이 하게 하는 것이 효과적이다. 결과물, 즉 작품이 잘 나오게 하려면 그 바탕이 되는 경험이 중요하며, 많이 그려보고 그 나름대로 표현해보는 것이 더 중요하다. 그러기에 유아교육학자들은 아이들의 그림을 섣불리 진단하여 엄마와 아이 마음에 상처를 주기보다는, 그냥 그대로 내버려두고 기회를 많이 주어야 한다고 생각한다.

그림은 즐겁고 **기쁜 마음으로**

우리나라처럼 미술학원이 많은 곳도 드물 것이다. 젊은 부모들이 유치원·어린이집·학원을 구분하지 못할 정도다. 초등학교에 가서 미술 점수를 잘 받으려면 미술학원에 다녀야 한다는 강박관념이 부모들로 하여금 학원의 문을 두드리게 한다. 어려서부터 아이에게 특기교육을 시키면 좋을 것이라는 부모들의 생각과는 달리, 학자들은 그 반대 의견을 제시하고 있다. 너무 어려서부터 어른들 그림을 모방하게 하거나 색칠 노트에 색칠하게 하고 선생님이 그리라는 대로 그리게 하면 아이들의 창의성 발달을 막을 뿐 아니라 자발성까지 없애는 결과를 불러온다는 것이다.

어린아이들, 특히 초등학교 2학년 이전의 아이들에게 미술을 지도하는 사람이 꼭 미술가일 필요는 없다. 오히려 미술을 잘하는 부모나 교사들은 아이들에게 기대를 많이 하고 간섭을 자주 하기 때문에 해롭다.

어른들은 아이들이 다루어볼 수 있는 자료와 기회를 다양하게 마련해주고, 미술활동을 하고 싶다는 분위기를 마련해주면 된다. '난 뭐든지 할 수 있다' '참 재미있다' 하는 마음이 생기면, 아이들의 생각은 자연히 샘 솟게 된다.

아이들에게 그림 그리는 기술을 가르치는 것은 초등학생이 되었을 때 시작해야 한다는 것이 아동미술 전문가들의 이론이다. 너무 이른 나이에 훌륭한 가능성이 싹둑 잘려나가지 않게 해주는 것이 부모들의 일이다. 이 것저것 이렇게 저렇게 그리라고 아이들에게 계속 요구하고 잔소리하는 대신 아이들과 함께 각종 미술전람회를 구경한다면 아이들의 색감과 미 술 감상능력이 향상될 것이다.

재불 화가 정충일 선생은 "적어도 중학교 갈 때까지는 전람회 등을 많 이 보게 하고, 스스로 느끼고 생각하는 대로 그리게 하는 것이 좋습니다. 어려서부터 특정인에게 그림 그리는 방법을 배우면 그 사람의 화법에 매 이게 되는 결과가 옵니다. 장래 그림 그리는 사람이 되려면 자기 화법을 개발해야 되거든요"라고 하였다. 비록 화가는 되지 않더라도 훌륭한 화 가의 작품들을 감상할 수 있는 능력을 키워줄 필요가 있다.

어려서부터 아이들에게 값이 싼 종이(시험지로 쓰는 갱지나 다 쓴 컴퓨터 종이 뒷면)를 여러 크기로 충분히 마련해주거나 헌 잡지, 가위, 풀 등을 마 련해주거나 밀가루반죽을 주물러보게 하거나 크레파스 · 물감 · 포스터 컬러 등의 도구를 마련해주는 것이 특정 학원에 보내 기술을 익히게 하는 것보다 열 배 백 배 더 중요하다. 부모는 로봇을 제작하는 공장장이 아니 라, 가능성을 지닌 씨앗이 자기 나름대로 피어나도록 돕는 농부나 마찬가 지다. 싹을 빨리 트게 하려고 씨앗을 반으로 갈라 영양분을 준다고 해서 더 잘 자라지 않듯이, 아니 오히려 망가지듯이, 아이들의 가능성을 너무 인위적으로 조작하려 하면 도리어 아이의 마음에 깊은 상처만 준다. 아이를 키우는 사람이 미술가일 필요는 없다는 점을 잘 기억해두자.

아이들이 집이나 유치원 · 어린이집에서 미술활동을 끝낸 뒤에는 그 작품을 성의 있게 전시해줄 필요가 있다. 벽이나 냉장고 문에 붙인 자기 그림, 부서질세라 조심조심 점토 마른 것을 장식장 위에 놓는 엄마의 손길을 보며 아이들은 '역시 나는 우리 집에서 아주 중요한 사람이야' '엄마가 저렇게 조심스럽게 하는 걸 보면 내가 잘했나 봐. 다음에는 더 잘해야지' 하고 생각하게 된다. 아이의 작품이 어른들 기준에 들 만큼 잘되었기 때문에 전시하는 것은 아니다. 아이들의 자아개념과 자신감을 높일 수 있기 때문에 전시하는 것이다.

자기 딴에는 열심히 그린 그림을 엄마가 아무 생각 없이 쓰레기통에 넣는 것을 본다면 아이들의 자신감은 위축될 것이다. 아무리 하찮아 보여도 "애야, 이 중에 너한테 필요한 게 있으면 얼른 집어내라" "이걸 버려도 될까?" 하며 의견을 묻는 엄마를 통해 아이는 '내 생각은 중요하구나' '우리 엄마는 나를 존중해주셔'라는 생각을 하게 될 것이다.

아이 그림을 벽에 붙일 때는 아이의 눈높이에 맞추어 붙이는 것도 아이를 존중해주는 방법이다. 자기중심성이 강한 아이들은 자기 눈높이에 붙은 그림을 봐야 기뻐한다. 큰 노력이 들지 않는 이러한 작은 배려가 아이들의 자신감을 키운다는 것은 참으로 신기하고 고마운 일이다.

그림으로
아이의 마음을 읽어라

한 어머니가 근심스레 "선생님, 우리 둘째 아들녀석은 밖에 나가 놀지도 않고 말도 잘 안 해요. 하는 일이라곤 자기 방에 틀어박혀 그림 그리는 게 고작이에요. 그런데 꼭 보라색을 쓰거든요. 보라색을 쓰는 건 병적이라고 하던데, '이 애가 병적이구나' 하는 생각이 들어 크레파스 통에서 보라색을 전부 빼버렸어요"라면서 상담을 청해온 적이 있다.

나는 "어머니, 그 애는 엄마의 사랑을 형과 아우한테 뺏기는 것이 마음아파서 그림으로라도 표현하려는 거예요. 아이가 보라색을 쓰기 때문에 병적인 것이 아니라, 마음이 병들었기 때문에 보라색을 택하는 거예요. 계속 보라색을 사용해 그림으로써, 마치 굴뚝을 통해 연기를 내뿜듯 마음의 아픔을 보라색을 통해서 내뿜는 거지요. 그런데 보라색을 못 쓰게 하신다면, 굴뚝에 비닐을 덮어씌워서 연기가 못 나가게 하는 것과 마찬가지예요. 연기가 굴뚝을 통해 밖으로 나가지 못하면 그 연기는 다시 집 속으로 들어가 눈코 뜰 수 없게 만들어버릴 겁니다. 아이가 보라색이건 검정색이건 마음대로 쓸 수 있게 기회를 주는 것이 더 중요합니다"라고 대답해주었다.

큰아이가 만 네 살 때, 쓸데없는 일로 하도 고집을 부리기에 야단을 친 적이 있다. 별로 야단을 맞으며 자라지 않아서 그랬는지, 엉엉 울면서 크레파스로 그린 엄마 그림을 보니 새빨간 얼굴에 검은색 드레스를 입고 눈이며 귀도

까만색이었다. 이 아이가 엄마에게 공포를 느끼고 있구나 하는 생각과 함께 새빨간 얼굴의 엄마를 계속 그려내는 걸 혹시 누가 볼까 부끄러워 그리지 못하게 하고픈 마음까지 생겼다. 그래도 아이가 실컷 그리고 나면, 때려주고 싶지만 때릴 수 없는 엄마에 대한 분노를 해소시킬 수 있겠지 하는 생각이 들어 그냥 내버려두었다. 유미는 이틀 동안이나 계속 나를 빨간색과 검정색으로만 그리더니 사흘째부터는 다시 살색으로 그렸다. 그 사흘 동안 나는 야단을 맞아 상처받은 아이의 마음이 회복되도록 애를 많이 썼다. 그림을 보고 '아, 유미 마음속에 나에 대한 분노가 안 풀어졌구나' 하고 파악해낼 수 있었던 것은 다행이었다.

그림의 색깔·위치·형태 등을 토대로 아이의 마음 상태가 어떠한지 파악해낼 수 있다. 그러나 그보다 더 중요한 사실은, 그 그림에 나타난 색을 진단해서 못 하게 하기보다는 오히려 마음대로 그리게 함으로써 마음에 응어리진 모든 것이 발산되도록 해주어야 한다는 것이다. 병을 진단하는 것은 고치려는 데 그 궁극적인 목적이 있듯이, 그림에 나타난 색깔로 아이의 마음을 진단하는 것은 아이가 정상적으로 발달할 수 있도록 도와주자는 데 그 뜻이 있는 것이다.

* 엄마, 아빠

책 보신다.
우리도 책 볼까? ~

! 좋아,
누나! *

7장
'나' 라는 개념을 배워요
_사회성 발달

엄마들은 가끔 "우리 아이는 사회성이 부족해서 큰일이에요" "숫기가 없어요"라며 걱정하는데, 아이들은 엄마나 아빠를 떠나 남을 사귄다는 것이 무척 두렵기 때문에 못 하는 것이다. 아기 때부터 '나는 사랑받고 있다' 는 확신을 가질 수 있고, 가족 이외의 사람들과 사귈 기회를 많이 갖는 것이 매우 바람직하다. 이런 아이들은 새로 만나는 사람이나 다른 아이들과 자연스럽게 사귈 수 있을 뿐 아니라, 다른 사람들의 관심을 끌기 위해 꾸미는 행동 따위는 하지 않을 것이다.

사회성이란 무엇일까?

어떤 사람은 기본 생활습관을 올바르게 갖고 예의바르게 행동하는 아이가 사회성이 발달했다고 본다. 어떤 전문가는 정직, 책임감, 약속 지키기, 노동 중요시하기, 인내하기 등 사회적인 덕목을 갖춘 아이가 사회성이 있다고 한다. 또 어떤 이는 인간관계가 원만한 아이가 사회성이 있다고 말한다. 결론적으로, 사회성은 위에 말한 모든 것이 발달했을 때를 가리킨다.

그러나 갓 태어난 아기나 초등학교에 취학 전 아이들의 사회성 발달은 좀 특별하다는 점을 기억해야 한다. 봄에 씨를 심고 새싹이 돋을 때까지는 오래 걸리는 것처럼 전문가들이 말하는 사회성은 아기들에게는 나중에 생긴다.

영·유아기의 아이들은 주변 사람과 낯을 익히는 일을 먼저 해야 한다. 처음에는 엄마 아빠와 낯을 익히고, 그다음에는 형제자매와 이모·고모 등 친척, 나중에는 이웃의 어른이나 또래와 사귄다.

다시 말해서 영·유아들은 어른들이 생각하는 사회성을 몸에 익히기 전에 다른 사람들의 존재를 자신의 마음속에 받아들이는 것으로 시작한다. 처음에는 아기의 마음속에 엄마를 받아들여 엄마는 신뢰할 만한 사람이라고 생각하게 되고 다음에는 아빠, 할머니, 할아버지, 언니, 오빠 등 범위를 넓혀가게 된다. 순서는 각 가정마다 다를 수 있다. 엄마가 직장인이어서 자주 볼 수 없는 조건에서는 자기를 가장 많이 친절하게 돌봐주는 아주머니를 먼저 받아들일 수도 있고, 때에 따라서는 할머니를 먼저 받아들일 수도 있다.

아무튼 아기 주위에 아기를 있는 그대로 받아들여주고 사랑해주는 어른이 많은 것은 아주 중요하다. 전 국민이 유아교육 전문가가 되어 아이들을 이해해주고 사랑해주는 사회 분위기가 형성되는 것은 그래서 더 중요하다. 예를 들어 유럽을 여행하다 보면 어른들이 아이들을 존중해주고 친절하게 대하는 것을 많이 볼 수 있는 데, 이는 17세기 이후 유럽이 계속 아동 중심의 교육철학을 주창해온 코메니우스 · 페스탈로치 · 프뢰벨 · 몬테소리 등과 같은 교육학자들의 영향을 받았기 때문이라고 생각한다.

어른 모델

부모들은 종종 자녀들에게 "책 좀 읽어라" "너는 왜 책을 안 읽니?" 하고 야단치면서도, 정작 자기 자신은 일 년 내내 책 한 권 읽지 않거나 겨우 주간지 정도나 읽어볼 뿐인 경우가 많다. 책을 읽으라고 말로 잔소리하기보다는 부모 자신이 진지한 태도로 책을 읽으면 아이들은 어느새 곁에서 무엇이든 읽게 된다. 따라서 아이가 해주었으면 하고 바라는 것을 부모가 먼저 본을 보여주면 어느새 아이도 그렇게 행동하게 될 것이다.

초등학교에 다니는 자녀를 둔 어머니들이 모여 자기 아이 담임선생님에 대해 야단스럽게 이야기를 나누고 있었다.

늘 아이들의 모델이 되고 있음을 기억해야 한다

　두 살 반 된 딸이 소꿉놀이를 하고 있었다. 자기가 엄마이고 이모는 '여보' 란다. 부산스레 '여보'를 침대에 눕히고, 자기는 아기 팬더 인형의 자리를 방 바닥에 곱게 마련하고는 침대로 올라왔다. 이모가 "아기도 침대에 재워야지" 했더니 "여보는 침대 자, 아기는 방바닥 자" 하였다.

　오랜만에 놀러온 이모는, 두 살짜리를 통해 우리 일상생활의 단면을 아주 쉽게 알 수 있었다. 말로 표현하기 훨씬 이전부터 아기들은 주위 사람들의 몸 짓, 말하는 태도, 생각, 습관 등을 배우게 된다. 누가 지시하지 않았는데도 아 기들은 용케도 자기가 사는 집 식구들이 인간적인지, 물질중심적인지, 서로 존경하는지 아닌지를 알게 된다.

　미국의 심리학자 밴듀라는 관찰과 모방에 따른 학습이 어떻게 이루어지는 지를 연구한 것으로 유명하다. 그는 유치원 아이들을 비디오에 담아 아이들 의 공격성을 연구하였다. 플라스틱으로 만든 큰 오뚝이를 세워놓고 아이들 보는 앞에서 선생님이 오뚝이를 발로 차고 망치로 두들기며 공격적인 행동을 했다. 그러자 며칠 뒤부터 남자아이건 여자아이건 모두 그 오뚝이를 차고 두 들기며 공격성을 보였다. 비디오 화면에 나타난 모습은 그 선생님에 그 제자 라고 할 정도로 아주 똑같았다.

　연구 결과 밴듀라는, 아이들은 주위에서 자기들에게 영향을 끼치는 사람들의 행동을 많이 배운다는 결론을 얻었다. 아이들이 학습하는 행동 전체를 1 이라고 한다면, 3분의 2는 관찰에 의해 배운다고 결론지었다.

여기서 3분의 1이나 3분의 2를 관찰한다는 양이 중요한 것이 아니라, 우리 어른들이 알게 모르게 아기들의 모델이 되었다는 사실이 중요하다. '제까짓 게 뭘 알려구' '어린 게 배우면 얼마나 배우겠어' 하는 안일한 생각이 어른들 의 말이나 행동을 흐트러뜨리고 있다.

상소리를 많이 쓰는 아빠를 둔 어느 두 살짜리 여자아이가 밥상에서 또르 르 굴러가는 콩 한 알을 보고 "어, 이년이?" 하면서 집어먹었다는 실례를 통 해 우리는 무엇을 생각해야 할 것인가?

유치원 아이들의 소꿉놀이에서 늘 보는 일이지만, 아빠 역할을 맡은 남자 아이는 으레 신문을 펼쳐들고 느긋하게 앉아 있는 반면, 여자아이들은 발을 동동 구르며 여기저기 왔다 갔다 하며 밥상을 차려놓고는 식는다고 바가지를 긁는다. 이 세상에 태어나면서부터 호기심 많고 흡수력 강한 눈으로 무엇이 든 빨아들이는 아이들, 우리 문화와 가치관을 배우는 아이들을 위해 어른들 은 자신의 생각 · 몸짓 · 언어 · 행동을 가다듬어야 할 것이다.

책을 읽으라고 말로 잔소리하기보다는
부모 자신이 진지한 태도로 책을 읽으면
아이들은 어느새 곁에서 무엇이든 읽게 된다.

반장을 시키지 않았다느니, 아무개 엄마가 학교 다녀간 뒤에 그 애가
앞자리로 나앉았다느니, 찾아가보지 않았더니 아이에게 관심을 두지 않
더라는 등 불평·불만이 대단했다. 다른 집 아이들과 어울려 열심히 놀고
있던 딸애가 손짓을 하며 좀 나오라는 표시를 했다. 딸아이는 조그만 소
리로 "엄마, 아줌마들 생각은 엄마 생각하고 다른 것 같아요. 돈이 중요한
거예요?"라고 물었다. 여러 사람의 의견과 다른 엄마의 의견이 옳은지
그른지 알고 싶었던 것이다. 딸아이의 생각과 태도는 바로 엄마 아빠의
생각과 같았는데, 자기 생각을 확인할 필요가 있었던 모양이었다.

아이들이 무얼 알아들을까 싶어 별 생각 없이 내뱉는 말에 우리의 생각
과 가치관은 담겨 있게 마련이다. 의도적으로 가르치려 한 내용보다 부모
들이 생각 없이 내뱉는 말과 행동에서 아이들은 오히려 더 많은 것을 배

운다. 마른 스펀지 같은 아이의 마음은 주위 환경에서 무엇이든 흠뻑 빨아들일 준비가 되어 있다. 더러운 물이든 깨끗한 물이든 하여간 그 물은 스펀지를 흠뻑 적실 것이다.

자기중심적인 아이

큰딸이 유치원에 다닐 때였다. 식탁에 마주앉아 점심을 먹는데 아주 진지한 얼굴로 "엄마, 밥 먹는 손이 틀렸어요" 하더니 숟가락을 쥔 자기 오른손을 움직이며 "이쪽으로 먹는 거예요" 하는 것이었다. "네 생각에는 엄마가 틀린 것 같니? 그럼 숟가락을 든 채로 엄마랑 자리를 바꾸어볼까? 자, 엄마 오른손에 숟가락을 그대로 들고 간다" 하며 밥 먹던 자리를 바꾸어 앉았다. 나를 쳐다본 큰아이는 다시 고개를 갸우뚱거리며 "엄마 또 틀렸는데, 이상하다" 하기에 "그럼 우리 다시 자리를 바꿀까" 하고 바꾸었더니 또 틀렸다는 것이다. 이번에는 내가 숟가락을 든 채 그대로 뒤돌아 앉아서 큰아이 쪽으로 등을 돌렸다. "어떠니? 너하고 똑같이 오른손이지? 자, 이젠 엄마가 천천히 돌아앉을 테니 잘 봐. 엄마가 너하고 마주앉으면 손이 다른 것처럼 보이지" 그러자 참 신기하다는 듯이 아이는 고개를 갸웃거렸다.

서너 살 된 아이들이 놀며 배우는 유치원을 방문한 적이 있었다. 열 명 남짓한 아이들이 커다란 밥상에 옹기종기 모여 있었고, 그 가운데에는 큰 스테인리스 주전자가 놓여 있었다. 선생님은 가운데에 아이들과 함께 앉아 있었는데, 갑자기 선생님 바로 옆에 앉아 있던 아이가 "야, 여기 선생님 보인다" 하며 주전자를 가리켰다. 건너편에 앉아 있던 한 아이가 "어디, 나도 봐" 하면서 주전자를 뱅글 자기 앞으로 돌리더니 아주 실망했다는 듯이 "선생님 없잖아" 하였다. 다시 선생님 곁에 앉은 아이가 주전자를 가리키며 "여기 있는데" 하자 건너편에 앉았던 다른 아이가 주전자를 또 뱅글 돌리더니 "없잖아" 하였다. 결국 선생님 맞은편에 앉은 아이들이 선생님 쪽으로 몰려가 주전자에 비친 선생인 모습을 보고서야 그날의 간식시간을 시작할 수 있었다.

세계적으로 유명한 스위스의 심리학자 피아제는 이러한 특징을 '자기중심성'이라고 일컬으면서, 취학 전 아이들에게는 모두 이런 자기중심성이 있다고 하였다. 또 미국 · 일본 · 타이완 · 스위스 · 프랑스 · 중국 등 어느 나라 어느 민족을 막론하고 성장하는 과정에서 아이들은 자기중심성을 보인다고 했다. 이것은 사물이나 사건을 이해할 때 다른 사람의 입장에서 생각해보는 힘이 부족하고, 객관적으로 해석하는 힘이 부족하다는 뜻이다.

이렇게 자기중심성이 강한 아이들은 어른의 입장을 아무리 강조해도 이해하지 못한다. 만일 유치원 선생님이 "아니 그것도 몰라? 넌 반대편에 앉았으니까 그렇지" 하고 면박을 주었다면, 아이들이 그 상태를 이해하지 못하는 것은 물론이고 덤으로 자신감 없는 태도와 열등감, 교사에 대한 미운 마음 등을 얻게 될 뿐이다. 자기들 나름대로 주전자를 뱅글뱅글 돌려보고 나중에는 선생님 쪽으로 몰려감으로써 뭔지는 모르지만 선생님이 앉은 쪽에서만 선생님이 보인다는 사실을 경험하게 됐는데, 이런 경험이 쌓이면 나중에 직접 그쪽으로 가지 않아도 생각해낼 수 있는 능력이 생긴다. 비록 수선스러운 간식시간이었지만, 규율에 따라 엄숙하고 조용한 간식시간보다 얼마나 가치 있는가!

집에서 어린 자녀들과 생활하다 보면 이러한 자기중심적인 특징 때문에 곤란해질 때가 많다. 밤에 자다가 갑자기 일어나서 "내 바나나 어딨어? 누가 먹었어?" 하고 떼를 쓰기 시작하기라도 하면 "네가 꿈을 꾼 거야. 바나나는 사오지 않았거든" 하고 아무리 말해주어도 소용이 없다. 아이들이 자기 마음대로 믿어버린 것이 강하면 강할수록 고집과 떼는 더 심해진다. 진땀이 날 정도로 애를 먹이는 때도 있다.

그러나 아이의 발달 특징을 잘 이해하고 대처하면 쉽게 해결되기도 한다. 예를 들어 "그래? 바나나가 있었는데 없어졌니? 우리 함께 찾아보자" 이러면서 열심히 찾아보다가 "애, 없는데 네 생각에는 어디 있는 것 같니? 엄마는 안 먹었거든" 하면, 자기 생각을 이야기하며 "내일 사주세요" 하기도 한다. 이런저런 이야기를 해주어도 계속 떼를 쓰면 아이의 관심을 돌릴 수 있는 활동을 하는 것이 좋다. 떼쓰는 아이를 보며 "엄마 슈퍼마켓에 우유(또는 아이스크림 등등) 사러 갈 건데 너도 가고 싶으면 같이 가자"든가 하면 대부분의 아이들은 따라나선다.

큰아이가 다섯 살, 둘째가 세 살쯤 되었을 때 일이다. 우윳병에 우유가 반 정도밖에 없는데 큰아이가 우유를 달라고 했다. 컵에 약 3분의 2쯤 부어주니 우윳병엔 조금밖에 안 남게 되었다. 그런데 뒤따라온 둘째도 "나도 우유" 하는 게 아닌가. 똑같은 컵에 부으면 반도 안 되겠기에 가느다란 양주잔에 부어주었다. 그러자 큰아이가 갑자기 "엄마, 내 우유가 더 조금이잖아요" 하고 투정을 부렸다. 나는 얼른 둘째 아이 것과 같은 술잔에 우유를 부어주었더니 둘 다 아주 즐거워하였다. 큰아이는 자기 나름대로 높이에만 기준을 두어 판단했지 전체적인 양은 판단하지 못했기 때문이다. 엄마가 우유를 남기는 것을 봤으면서도 '이젠 우유가 똑같이 많다'고 생각하는 것은 아이의 자기중심성과 일엽중심성(한 가지로 여러 가지를 판단해버리는 발달 특징) 때문이다.

자기중심적으로만 생각한다고 아이를 야단치기보다는 아이의 처지에서 생각해보고 이해해보면, 부모와 자녀 사이에 일어나는 수많은 문제들도 꽤 많이 없어질 것이다. 세 살 또는 네 살짜리 아이와 사람들이 많은 거리에 갔다고 상상하며 아이의 입장이 되어보자. 어른들이야 키가 커서 별의별 것을 한눈에 다 볼 수 있지만, 이 아이가 볼 수 있는 것은 어른들의 다리뿐이다. 부모들도 자기 기대대로만 아이를 키우려는 자기중심성에서 벗어나야 한다. 아이의 눈으로 세상을 바라볼 수 있는 부모에게서 아이는 이해받는다는 안도감을 느낄 수 있는 것이다.

■ 두 살짜리의 고집

큰애가 두 살 때, 어느 날 밤 소스라치게 울어댄 적이 있었다. 얼른 달려가서 안아주니 가슴에 착 달라붙어 "엄마, 개, 개" 하는 것이었다. 꿈을 꾼 모양이라는 생각이 들어 불을 켜고 방 안을 둘러보게 해도 막무가내였다. 개가 분명히 방 안에 있다는 것이다. 꿈이 아닌 생시에도 두 살짜리들은 밥상에 자기 숟가락이 잘못 놓여 있다든지, 자기의 옷이 비뚤어졌다며 괜한 고집을 부리기도 한다.

이렇게 되면 아무리 논리적으로 설명해도 소용없고 엄포를 놔도 소용이 없을 때가 많다. 두 살짜리들뿐만 아니라 만 3, 4세 아이들도 자다 일어나 두 살짜리들처럼 고집을 부릴 때가 있다. 한번 울어대기 시작하면 전혀 그칠 것 같지 않게 그악스러운 이 두 살짜리의 생떼에 슬기롭게 대처하면 당당하고 자신감 있는 아이로 성장한다.

아이들이 떼를 쓰기 시작하면 '아기를 사랑해야' 한다는 것을 알면서도 먼저 화부터 치밀고, 심한 경우에는 '무자식 상팔자' 라는 생각도 들게 된다. 미국에서도 예외는 아니다. 엄마들이 얼마나 괴로운지 '지겨운 두 살짜리들terrible twos' 이라는 말까지 있다. 세상을 기껏해야 2년밖에 살지 않은 두 살짜리들이 모든 사물을 판단하는 데 바로 그 '경험'을 척도로 하므로 세상사를 이해하기 힘들기 때문이다.

엄마가 보기에는 이쪽 길로 건너야 안전한데 굳이 자기가 생각한 길로만 가겠다고 떼를 쓰고, 자기 의견이 받아들여지지 않을 때는 뒹굴고 울고 악을 쓴다. 아동발달학자들은 이 두 살짜리들의 고집이 누구나 그 나이에 이르면 나타나는 특징이라고 말한다. 자기 나름대로 밀고 나가려는 두 살짜리들의 고집을 부모들이 적절히 조절하면 사회에 적응하면서도

의지력 있는 사람으로 성장할 것이고, 고집을 꺾으려고 지나치게 야단을 치거나 매를 때리면 아예 권위에 복종해버리는 아이가 된다.

진땀이 바짝바짝 나는 이 두 살짜리들의 고집은 영원히 계속될 것 같지만, 만 세 살쯤부터는 몰라보게 달라지기 시작한다. 언제 그랬느냐는 듯 "예"를 연발하며 애교를 부린다. 시키지도 않았는데 "엄마, 안녕히 주무세요" "안녕히 다녀오세요" 하는 세 살짜리는 두 살 때보다 생각의 폭이 넓어진 것이 분명하다. 그래도 만 네 돌이 될 때까지는 때때로 고집을 부리기 때문에 진정 마음을 놓을 수는 없다. 단 몇 년 동안의 인생 경험으로 매일매일을 살아가려니 아이들도 힘겨울 때가 많을 것이다.

부모 되는 일이 결코 쉽지는 않지만, 아이들이 이렇게 변화무쌍하기 때문에 순간적인 기쁨이 큰지도 모른다. 부모인 우리가 두 살짜리의 끈질긴 고집과 세 살, 네 살짜리들의 달콤함에서 아이들의 발달 특징을 이해하고 현명하게 대처할 수 있어야 한다. 사실 막무가내로 울어대는 두 살짜리의 고집을 완력으로 꺾으려 하는 대신, 슬그머니 비누방울을 불어 관심을 돌리거나 얼른 아이의 손을 잡고 밖으로 나가 분위기를 바꾸면 성공할 때가 있다.

두서너 살 난 아이들이 심하게 고집을 피우는 이유는 사물을 이해할 수 있는 경험이 부족하기 때문이기도 하지만 모든 것을 자기중심적으로 생각하기 때문이다. 다른 사람의 처지에서 사물을 생각하지 못하고 자기 주장대로만 하려고 하기 때문이다. 다른 사람과 전화하거나 하면서 자기가 가겠다는 것을 "내가 올게"라고 표현하는 데서도 자기중심적인 측면을 알 수 있다.

그렇게도 자기중심적이던 생각이 제대로 길을 찾아 발전하게 되는 아이는 '나'라는 개념을 배우게 된다. 고집을 부린다고 나무라거나 야단을 치거나 때리면, 고집이 없어지지도 않을뿐더러 거부반응이 생겨 울보가 되거나 떼쟁이가 되기도 한다. 정도의 차이가 있지만 누구나 한 번은 거치게 마련인 '고집스러운 시기'를 바르게 지낼 수 있도록 돕자. 내내 계속될 것만 같은 지긋지긋한 시기도 육십 평생을 생각하면 아주 일부에 불과하며, 초등학교에 들어가면서부터 부모와 점점 소원해지는 자녀들을 생각하면 고집스런 두 살짜리도 실은 품안의 재롱둥이다.

또래 집단

이 집 저 집의 조카들이 모이면 올망졸망한 아이들이 열 명도 넘을 때가 많았다. 밥상을 차려주면 아이들은 키라든가 나이가 비슷한 또래를 서로 용케도 찾아내서 같이 앉곤 했다. 생후 15개월밖에 안 된 막내가 징징 울어 이유를 알아보니, 친척 중에 제일 어린 세 살짜리 여자아이 옆에 다른 사람이 앉았다고 비키라는 것이었다. 두 돌이 가까워오는 아기들도 비슷한 또래의 아이를 옆에 놔두면 싸우기도 하지만 옆에 있는 친구의 존재를 즐긴다.

위스콘신 대학의 할로 박사는 또래 집단이 얼마만큼 중요한 역할을 하는지를 알아보기 위해 엄마하고만 지내는 원숭이, 엄마하고 지내면서 또래 원숭이와 놀 기회를 가진 원숭이, 엄마 없이 실험실에서 혼자 자라는 원숭이, 여러 마리의 또래 원숭이들과 함께 지내는 원숭이 등 네 집단으로 나누어 원숭이를 연구했다.

이처럼 서로 다른 조건에서 일정한 기간 동안 기른 뒤 사회 적응성을 살펴보았더니, 엄마하고 지내면서 또래 원숭이들과 지낸 원숭이들의 사회 적응성이 가장 좋았다. 그 다음에는 비록 엄마는 없었지만 끼리끼리 의지하고 놀며 살 수 있었던 원숭이들이었다. 가장 적응하지 못한 원숭이는 따뜻하게 대해 주는 엄마도 없고, 함께 뛰어놀 수 있는 또래도 없었던 외로운 원숭이였다.

그래서 할로는 '사랑하는 방법도 배워야 한다'는 이론을 내놓았다. 아기가 세상에 태어나면 처음에는 엄마의 사랑을 흠뻑 받아야 하고, 그 다음에는 엄마 아빠를 사랑해보는 경험을 해야 하며, 그뒤에는 또래들끼리 싸우며 놀며 배우는 경험을 해야 한다고 주장했다. 엄마의 사랑만으로는 충분하지 않다는 것이다. 엄마 이외의 가족들과 사랑하는 방법을 익히고, 그 방법을 토대로 또래를 사랑해보며, 가족 이외의 어른들을 사귀어봐야 한다는 것이다.

엄마들은 가끔 "우리 아이는 사회성이 부족해서 큰일이에요" "숫기가 없어요"라며 걱정하는데, 아이들은 엄마나 아빠를 떠나 남을 사귄다는 것이 무척 두렵기 때문에 못 하는 것이다. 아기 때부터 '나는 사랑받고 있다'는 확신을 가질 수 있고, 가족 이외의 사람들과 사귈 기회를 많이 갖는 것이 매우 바람직하다. 이런 아이들은 새로 만나는 사람이나 다른 아이들과 자연스럽게 사귈 수 있을 뿐 아니라, 다른 사람들의 관심을 끌기 위해 부자연스럽게 꾸미는 행동 따위는 하지 않을 것이다.

외국에서는 두 살이 되면 벌써 유아원이나 유치원에 들어가 또래들과 사귈 기회를 갖는다. 어떤 아이는 아직 기저귀를 떼지 않았을 정도로 어린데도 유아원이나 유치원 생활을 즐기는 것을 보고 무척 부러워한 적도 있었다. 우리보다 앞서 OECD에 가입한 국가의 부모들은 유아원이나 유치원은 아이들이 무슨 위대한 지식을 배울 수 있어 중요한 곳이 아니라, 놀며 배울 수 있고, 또래들과 부대끼며 사귈 수 있는 기회를 가질 수 있기 때문에 꼭 필요하다고 생각한다.

아이들은 또래 집단에서 서로 사귀며 재미있게 놀려면 어떤 규칙을 지켜야 한다는 것을 배워야 한다. 네 살쯤 되는 아이들과 가위바위보를 하다 보면 웃음을 금치 못할 때가 많다. 똑같이 가위를 내도 자기가 이겼다 하고, 자기는 보, 상대방은 가위를 내도 자기가 이겼다고 한다. 가위바위보가 서로 얽혀 나올 때의 그 관계는 상관하지 않고 자기 나름대로 규칙을 만들어버리기 때문이다.

자기 나름대로 규칙을 만들어내다가 아이들은 점점 공동으로 지켜야 할 규칙들을 알아간다. 놀잇감을 아무리 갖고 싶어도 친구가 먼저 가졌으면 뺏어 가질 수 없다는 것을 알게 되고, 또래 집단에 끼어들려면 자기 고집만 부려서는 안 된다는 것도 배운다.

시간이 흐르면서 집단은 조직적이 되어, 지도자도 생기고 추종자도 생긴다. 재미있는 사실은, 처음에는 완력이 있는 아이가 또래 집단을 이끌지만 점점 완력보다는 머리를 쓰는 아이가 또래 집단을 이끌어간다는 점이다.

부모들의 마음은 똑같아서, 자기 아이가 또래 집단에서 우두머리 노릇을 해주기를 기대한다. 그렇지만 70, 80여 년 이상을 살아가면서 꼭 성공만 하고 남의 위에 군림만 할 수 있을까? 남을 이끌어가는 입장에도 서보고, 다른 사람의 의견이나 행동에 따라가보기도 하는 것이 삶이며, 또 민주적인 생활의 근본이기도 하다. 아이들은 이런 태도를 어려서부터 배워야 하는데, 이것은 바로 또래 집단을 통해 자연히 습득하게 된다.

또래들과 재미있게 놀다가 갑자기 싸우거나 다투게 되면 아이는 막 울면서 집으로 들어와 부모에게 이르곤 한다. 그때 아이가 하는 말만 그대로 믿고 "그런 애하고 다신 놀지 마라. 알았지?" 한다든가 "어디 가보자. 엄마가 야단 좀 쳐줘야겠다" 하며 역성을 들면 엄마는 자녀에게서 인심을 잃게 된다. 또 자녀는 또래들에게서 인심을 잃거나 '고자질쟁이'라고 따돌림을 받을 수도 있다.

속상해서 울고 들어왔을 때는 꼭 안아주거나 진지하게 이야기를 들어주면서 "그러니? 네가 얼마나 속상했겠니" "저런, 네가 져서 약올랐구나" 하며 아이의 마음을 이해해주는 것으로 충분하다. 아이는 자기 이야기를 들어주고 이해해주는 엄마 아빠가 있다는 것을 인식하고 마음 든든해지는 한편, 누구에겐가 이야기하는 동안 마음이 풀어져서 다시 또래 집단으로 돌아갈 수 있게 된다. 아이가 성장해가는 데는 부모 형제도 필요하지만 또래 집단에서의 경험은 필수적이다.

막내가 초등학교 1학년 때 친구와 함께 놀다가 갑자기 울면서 들어왔다. "○○ 아주 나쁜 애야. 다시는 걔하고 안 놀아" 하며 소리 소리를 질렀다. "무슨 일이 있었니? 엄마한테 얘기해봐" 했더니 놀다가 일어난 일을 두서 없이 이야기했다. 나는 "정말 속상했겠다. 어떻게 걔가 너에게 그렇게 말할 수 있어. 엄마도 화가 나는걸" 하면서 대꾸해주었다. 아이는 계속 이야기를 하고, 나는 막내딸 편이 되어 열심히 경청했다.

한 30분 동안을 그러던 막내가 갑자기 품에서 슬그머니 빠져나가더니 밖으로 나가겠다고 했다. "어디 가는데?" "○○하고 놀려고." "괜찮겠니?" 하고 물었더니 "괜찮아. 아까는 속상했지만 지금은 안 속상해" 하는 것이었다. 이렇게 아이의 말을 경청해주면 아이의 마음에 응어리가 쌓이지 않을 뿐 아니라 스스로 말하는 동안 문제가 됐던 상황을 정리하는 것으로 보였다.

요즘 부모들 중에는 자기 자녀가 맞고 들어오면 부르르 떨며 "왜 맞고 들어와. 넌 손도 없어? 나가서 때리고 와" 하며 아이를 밖으로 내보내는 이가 있다. 이런 부모는 두 가지 중요한 사실을 간과하는 것이다. 첫째, 처음부터 상대방이 공격적이어서 맞을 수밖에 없었을 경우, 밖으로 내보낸다 해서 그 아이를 때리게 될 수는 없다는 점이다. 오히려 아이의 무기력감만 커질 것이다. 둘째, 모든 문제에 폭력으로 맞서야 한다는 것을 간접적으로 가르쳤다는 사실이다.

젊었을 때 다른 사람과의 사이에서 문제가 생기면 공격적으로 강하게 대응하고 싶을 때가 많았고 또 그렇게 한 경우도 있었지만, 긴 세월을 보내고 나서 나는 그게 좋은 방법이 아니라는 사실을 깨달았다. 화를 내야만 하는 상황에서 화를 내거나 다른 사람에게 난폭하게 복수하는 것보다는, 물론 더 어렵고 큰 용기가 필요하지만, 무엇이 잘못되었으며, 그 상황에 화가 났다는 사실, 내가 바라는 것은 무엇인지를 상대방에게 당당하게 알리는 것이 훨씬 바람직한 방법이다.

유아교육기관의 필요성

아이를 어린이집에 보내야 할지 유치원에 보내야 할지, 아니면 학원(요즘에는 영어학원을 영어유치원이라고 잘못 아는 이들이 많다)에 보내야 할지, 부모라면 누구나 고민하게 된다. 영·유아기 아이들은 가정과 유아교육기관에서 무엇보다도 올바른 교육을 받아야 한다.

올바른 교육이란 수학·과학 등 각종 학습을 하는 것이 아니라 영·유아기 아이들에게 알맞은 교육적 경험을 뜻한다. 교육적 경험이란 아이들이 정서적으로 안정되고, 자신감이 있으며, 친구 사귀는 것을 좋아하고, 다른 사람에게 폐를 끼치지 않으며, 기본 생활습관을 기르는 기회를 갖는 것을 말한다. 올바른 보호와 교육은 아이들의 당연한 권리라는 것을 부모들은 인식해야 한다. 더군다나 요즈음처럼 급변하는 사회에 살고 있는 아이들에게 올바른 경험을 주는 유아교육은 꼭 필요하다.

그런데 요즘에는 이런 교육적 경험을 주는 유아교육기관은 학부모들에게 외면당하고 있다. 각종 학습을 시키지 않기 때문인데, 근본적인 이유는 조바심을 내는 젊은 부모들이 학습에 두각을 나타내는 아이를 보고 싶어하기 때문이다. 그러나 세 딸과 세 손주, 수많은 아이들이 성장하는 모습을 지켜보면서 부모들이 아무리 극성을 부려도 90%, 아니 95% 이상의 아이들은 그저 보통 아이들이라는 것을 알게 되었다. 부모의 기대가 크면 클수록 아이들과 부모 사이의 갈등은 깊어지기 때문에 아이들은 자신의 타고난 능력조차도 발달시키지 못할 수 있다. 중요한 것은 아이들이 주변 사물에 관심을 기울이게 하고 실수를 두려워하지 않으며 어려운 것을 열심히 하는 습관을 갖게 하는 것이다.

우리나라의 대표적인 유아교육기관은 유치원과 어린이집이다. 아이들을 유아교육기관에 보내야 하는 이유는 다음과 같다.

첫째, 가정 내에서 부모 · 형제 · 친척들하고만 지내던 아이들이 다른 어른이나 아이들과 사귈 수 있는 기회를 가져야 하고, 또래 친구들과 사귀는 기술을 배워야 하기 때문이다.

1960년대 이래 계속된 가족계획사업이 성공을 거두어 1980년대의 젊은이들은 딸 아들 구별 않고 둘만 낳아 잘 기르겠다고 생각하게 되었다. 심지어는 그 무렵 유치원에 다닐 만한 연령의 아이들까지도 "나는 이 다음에 결혼해서 아들 하나 딸 하나 낳을 거야"라고 말하고, 형제가 셋인 집에서는 셋째에게 "둘만 낳아 잘 기르라는데 막내 너는 필요없어. 도로 엄마한테 들어가"라고 말하기도 할 만큼 둘만 낳는 것을 당연하게 받아들었다.

그런데 이제는 가족계획이 성공하다 못해 저출산 시대로 접어들었다. 2006년 현재 우리나라는 1.08명이라는 세계 최저 출산율을 기록했고, 2005년 인구 센서스 결과 한 집당 2.9명의 식구만 살 정도가 되었다.

출생 순위에 따른 인성人性 검사를 실시해본 많은 학자들은 외아들·외딸보다는 여러 형제와 함께 자란 사람들의 사회 적응성이 좋다고 하였다. 따라서 아이들은 유치원이나 어린이집에 가서 또래들과 어울리며 사람 사귀는 방법을 배울 필요가 있다.

둘째, 유아교육을 전공한 교사들과의 생활을 통해서 바람직한 자극을 받을 수 있다. 교사들은 예를 들면 점토놀이, 화판 그림, 인형극, 재미있는 이야기, 곤충이나 동물에 관한 지식, 과자 공장이나 소방서 견학 등등, 가정에서 부모들이 마련해줄 수 없는 경험을 아이의 발달수준에 맞게 해준다. 아이의 지적 능력은 직접적인 경험을 통하거나 물건을 실제로 다루어볼 때 가장 잘 발달하는데, 이런 중요한 경험이 유치원과 어린이집에서 이루어진다.

한국교육개발원 연구팀은 유치원 교육을 받은 아이들과 받지 못한 아이들을 비교해본 결과, 유치원 교육을 받은 아이들이 개념을 형성한다든가 도형·색깔을 분별해낸다든가 수數 개념이 바르다든가 사물을 이해하는 등등의 학습 준비도가 더 좋다는 사실을 알아냈다. 다시 말해, 유치원에서 교육적 경험을 한 아이가 그러지 못한 아이보다 학습 준비도가 높아진다는 뜻이다. 부모들이 보기에는 유치원이나 어린이집에 가서 마냥 뛰어놀기만 하는 것 같아도, 활동에 참여하고 또래 친구들과 노는 동안 아이들은 새로운 개념들을 익히고 친구 사귀는 방법을 배우는 것이다.

셋째, 어린이집이나 유치원은 가정과 초등학교를 연결하는 다리 구실을 하므로 반드시 보낼 필요가 있다. 유치원을 거치지 않고 초등학교에 입학하면, 아이들은 가정이라는 제일 작은 사회집단에서 갑자기 커다란 사회로 던져지는 셈이다. 하고 싶은 것을 별 어려움 없이 할 수 있던 집에서와는 달리 학교에 가면 시간 맞춰 공부해야 하고, 갑자기 30~40명의 친구들과 사귀어야 하며, 자기보다 몹시 큰 상급생들에게 둘러싸이게 된다. 게다가 칠판에 적힌 교과 내용들을 공책에 써야 한다. 가장 비형식적인 가정생활에서 형식적인 학교생활로 접어들면 아이의 마음에 부담이 커지므로, 반은 형식적이고 반은 비형식적인 유치원이나 어린이집 생활을 경험하는 것이 바람직하다.

유치원이나 어린이집에 다니는 것은 아이들에게 부담스러운 일이다. 가기 전에는 희망에 차 흥분에 들떠 있지만, 일단 유치원 문에 들어서면 엄마 치마폭에 매달리는 아이들이 많다. 혼자서도 잘 뛰어노는 아이라고 믿고 있었는데 쭈뼛거리며 엄마에게서 떨어지지 않으려는 것을 보면 엄마는 창피한 생각이 들 수도 있다. "너 왜 이러니? 창피하게" 하며 떼어놓으려 해도 아이는 엄마에게 달라붙는다. 선생님이 뒤돌아 있는 틈에 얼굴을 사납게 찡그리며 "너 정말 이럴 거야? 너 이따가 맛있는 것 안 사줘"라고 겁을 주기도 하고, 찰싹 때리는 경우도 있다.

엄마가 이런 태도를 보이면 아이들은 의지할 기둥이 흔들거리는 것을 느끼고 더더욱 안 떨어지려고 한다. 무엇보다 중요한 것은, 유치원에 처음 간 그 아이의 마음이 얼마나 쑥스럽고 불안한가를 이해해주는 것이다.

아이들은 새로운 사회집단인 유치원, 새로 보는 선생님, 그리고 또래 친구들이 모두 낯설기만 하다. 이럴 때 엄마가 "겁나지? 걱정도 되고" 하며 이해해주면 아이들은 '우리 엄마는 나를 알아주는구나' 하는 마음이 생겨 쉽게 적응하게 된다.

어느 유치원에서 있었던 일이다. 할머니와 함께 온 남자아이가 할머니를 교실 밖으로 나가지를 못하게 했다. 그러자 할머니는 아이를 꼭 안아주더니 "○○야, 걱정이 많이 되는 모양이구나. 할머니 혼자 집에 가지 않고 널 기다릴게. 저기 유리창문 있지? 거기로 네가 노는 걸 보고 있을게. 나하고 가보자" 하며 손자를 데리고 부모 관찰실로 가서 유리창문을 통해 교실 안을 보게 하였다. "할머니 꼭 여기 있을게" 다짐한 뒤 할머니는 줄곧 그 자리에 있었고, 손자는 놀다가도 자주 그곳을 바라보았다. 처음에는 눈이 마주쳐야 안심하던 아이가 나중에는 놀이에 재미를 붙여 푹 빠질 수 있었다.

아이가 유치원에 처음 가서 엄마와 떨어지지 않으려고 할 때는 강제로 아이를 떼어놓으려 하지 말고 현명한 이 할머니처럼 우선 안심을 시켜야 한다. 자기가 제일 믿는 부모 형제나 친척이 아닌 다른 사람들을 신뢰할 수 있을 때까지 대들보가 되어주어야 하는 것이다.

할로 박사의 원숭이 연구에는 이런 것도 있다. 실험실에 원숭이를 넣어놓고 놀잇감을 많이 주었다. 물론 원숭이가 좋아하는 바나나도 있었다.

놀잇감과 함께 그 방에는 헝겊으로 싸놓은 대리엄마 원숭이가 있었는데, 처음에는 아기원숭이가 이 헝겊엄마에게 달라붙어 떨어지지 않으려고 했다. 놀잇감을 갖고 놀 때도 한 가지를 갖고 놀다가는 다시 헝겊엄마에게 매달린 뒤에야 다른 종류의 놀잇감을 갖고 놀았다. 사람도 이와 마찬가지다. 어른들은 낯선 곳에 처음 가서 힘든 아이의 상황을 헤아려 아이가 유치원은 무서운 곳이 아니라는 생각을 갖도록 도와야 한다. 학교에 대한 첫 경험이 행복해야 그 긴긴 학교생활을 즐겁게 해나갈 수 있다.

논리적인 귀결을 경험하게 하자

해방 후 우리나라에 들어온 서구문명은 그 동안 우리 부모들을 혼란스럽게 해왔다. 현대식·서구식으로 키우는 것은 바로 아이들이 하자는 대로 다 해주는 거라고 여기게 된 것이 좋은 예다. 손님들 앞에서 떼를 쓰며 칭얼거려도 "안 된다"는 말을 못하게 되었고, 다른 집 아이들을 마구 때려도 "그러면 못써" 하고 따끔하게 혼낼 수 있는 용기도 없어졌다. 무슨 이유에서인지 길거리에서 고래고래 소리지르며 떼쓰는 아이들을 멍하니 바라만 보고 있는 젊은 엄마들을 보면 안쓰럽게 느껴질 때가 한두 번이 아니다.

아이들이 배워야 할 바는 부모의 품 안에서 익혀야 한다는 성경 말씀은 지금도 지켜져야 할 중요한 양육 원리다. 다른 사람의 물건을 훔치지 말아야 한다든가 다른 사람에게 폐가 되는 행동을 하지 않는 일, 자기 마음대로 하고 싶어도 참을 줄 아는 일, 식탁에서 예의를 지키는 일, 존댓말을 쓰는 일, 공공질서를 지키는 일들은 바로 어릴 때 부모의 품 안에서부터 익혀야 할 것들이다.

이러한 일들을 어려서 몸에 익히지 못하면 나중에 커서 바로잡기가 힘들어진다. 어렸을 때부터 '안 되는 일은 무슨 일이 있어도 안 된다'는 것을 배우면 그런 것이 자연히 몸에 배어 바르게 행동하는 일이 힘들지 않을 것이다.

어떤 이들은 서구의 부모들이 어린아이들을 규범 없이 멋대로 자라게 한다고 오해하는데 전혀 그렇지 않다. 행동을 바르게 하지 않으면 다른 사람이 있어도 준엄하게 안 된다고 이야기한다. 식사시간에 밥을 제대로 먹지 않으면 아무 말 없이 음식을 치우면서 "네가 싫으면 그만둬라. 그러나 네가 칭얼거리지 않을 때 다시 먹을 수 있겠다" 이런 식으로 차분하게 이야기한다. 어떻게 행동해야 가정의 구성원으로 인정받게 되는지를 자연히 깨닫게 해주는 것이다. 그럼으로써 어떤 행동을 하면 어머니나 아버지의 마음을 속상하게 하는지도 알게 된다.

이런 행동들을 가정에서 익히면 아이들은 사회에서 용납해주는 행동, 용납해주지 않는 행동이 무엇인지 쉽게 알게 된다. 그러나 큰 소리를 지르거나, 매를 때리거나, 아이를 무시하는 방법으로 버릇을 기르는 것은 안 된다. 야단을 치더라도 부모가 합리적이고 객관적이어야 효과가 있다. 큰 소리보다는 '낮고 엄중한 소리'가 더 효과적이며, '매'보다는 '논리적인 귀결'을 경험하게 하는 것이 훨씬 효과적이다. 밥을 먹지 않겠다고 떼를 쓸 때 음식을 다 치우면 아이는 '배고프다. 다음에는 떼쓰지 말아야지' 생각하게 될 테고, 다른 집에 놀러 가서 그 집 아이를 때렸더니 다음에 엄마가 외출할 때 자기만 데려가지 않는 것을 알고 '그러지 말아야지' 생각하는 것이 바로 논리적인 귀결을 경험하는 것이다.

여덟 명이나 되었던 우리 집 형제들은 지금도 밥상을 차리자마자 군소리 없이 식사하는 것이 몸에 배었다. 형제가 많은데다 전쟁 후 경제적인 사정이 여의치 못할 때였기에 반찬투정이란 꿈도 꿀 수 없는 일이었다. 좀 떼를 부려본답시고 미적미적하며 밥상에 앉지 않으면 조촐한 반찬이나마 모두 없어지고, 어떤 때는 자기 몫의 밥까지도 안전하지 못하다는 것을 체험해야 했다. 누가 말해주지 않아도 논리적인 귀결을 경험했던 것이다. 논리적인 귀결을 경험할 때, 즉 몸으로 느끼고 피부에 와닿는 실제 경험을 할 때 아이들의 버릇은 제대로 형성된다.

▌책임감 있는 아이로

출근하려고 집을 막 나서는데 전화벨이 울렸다. 학교에 간 3학년 막내 딸이 집에 두고 간 포스터 그림 좀 가져다 달라고 했다. 그때 떠나야 9시 수업에 맞게 도착할 수 있었기 때문에 나는 마음이 몹시 급했다. 일단 학교 앞까지 가기는 했는데 3층까지 올라갔다 오면 내가 15분은 지각할 것 같았다. 마침 학교 정문 앞에 있던 아이 중에 막내 유진이를 잘 알고 바로 옆반인 남자아이가 나서더니 "제가 갖다 줄게요" 하는 것이었다. "정말 전해줄 수 있니?" 하고 물었더니 그러겠다고 하였다.

그런데 퇴근하고 집에 와서 보니 딸아이의 얼굴이 일그러져 있었다. "엄마, 그 포스터 받지 못했어요. 어떡하지?" 하며 눈물이 그렁그렁했다. 순간 나는 내가 직접 갖다 줄 걸 그랬다는 안쓰러운 마음이 들면서, 왜 그 남자아이는 자기 말에 책임을 지지 않았을까 곰곰이 생각해보았다. 만 아홉 살 된 서양 아이들이라면 어떻게 행동했을까도 생각해보았다. 객관적·합리적이며 책임감이 있는 아이라면 "할 수 있어요" "못하겠어요"를 분명히 말할 것이고, 자기가 할 수 있다고 했을 때는 분명 그 말에 책임을 지는 아이들이 많을 것이다. 그런데 그 아이는 왜 자기가 하겠다고 한 일에 책임을 지지 않았을까 생각하고 있는 차에 막내딸 유진이가 말을 걸어왔다.

"엄마, 자신감이 없어서 그랬을 거예요."

"왜 그렇게 생각하는데?"

"선생님께 야단맞을까 봐 그랬을 거예요. 선생님들이 어떤 땐 때리기도 하니까 무서웠을 거예요. 그런데 어떻게 다른 반 교실의 문을 열 수 있겠어요. 엄마, 그 아이 찾아서 야단치지 마세요. 불쌍해요."

아홉 살 난 딸아이의 판단이 옳았다. 아이들이 책임감을 갖게 되려면, 무엇보다 먼저 아이의 마음에 자신감이 있어야 한다. 그러려면 어려서부터 '나는 무엇이든지 할 수 있어요' 하고 생각할 기회가 많아야 한다. "엄마, 난 혼자 설거지할 수 있어요" "난 그림을 내 생각대로 그릴 수 있어요" "난 가위질이나 풀칠을 잘할 수 있어요" 등 어른에게는 사소해 보이는 이런 일들을 해보면서 아이들은 자신감을 갖게 된다.

여러 종류의 음식·간식·놀잇감 중에 한 가지만 선택하는 경험을 해보는 것도 자신감을 형성하는 데 중요한 역할을 한다. 자신이 선택하고, 선택한 것을 끝까지 해내게 되면 그것이 바로 책임을 다하는 태도다.

우리나라 아이들은 자기를 혼내줄 어른이 있을 때는 제대로 행동하고 책임감 있게 행동하지만, 어른들이 보지 않는 곳에서는 아무 데나 침을 뱉고 휴지도 함부로 버리며 남의 물건도 돌려주지 않는 편이다.

나라가 민주사회로 발전하고 서로 협력하는 살기 좋은 곳이 되려면, 국민 한 사람 한 사람이 올바른 행동을 해야 하고 책임감이 있어야 한다. 그런데 이런 책임감이 어린 시절에 형성되지 않으면 커서는 생기기 힘들다. 부모들은 자녀를 책임 있는 사람으로 키우기 위해 심혈을 기울여야 한다. 사회생활을 하다 보면 실력은 있는데 책임감이 없는 사람보다는 약간 실력이 없더라도 정직하고 책임감 있는 사람이 직장생활도 잘하고 다른 사람과 원만하게 지내는 것을 많이 볼 수 있다.

1983년 서울 시내 793명의 어머니를 대상으로 교육목표를 조사한 적이 있었다. 신체적·지적·정서적·사회적 발달 중에 어떤 면을 가장 중요하게 키워주고 싶으냐는 질문에, 어머니들은 사회계층이나 연령에 관계 없이 신체 및 지적 발달을 가장 우선적인 목표로 꼽았다. 이것은 사회성 발달을 교육의 제1순위로 삼는다는 영국 어머니들의 응답 결과에 견

주어볼 때 우리 모두 생각해봐야 할 점이라고 생각한다. 21세기에 접어든 지금도 우리나라 젊은 어머니들의 생각은 조금도 변하지 않았다. 방법과 수단을 가리지 않고 자녀를 똑똑하게 키우고 싶어하면서도 '사람다운 사람으로 키우기'에는 실패하고들 있다.

지나치게 머리만 똑똑하고 남은 전혀 배려하지 않으며 책임도 질 줄 모르는 사람만 많은 사회에는 권모술수와 모략이 난무할 수밖에 없을 것이다. 보통 사람으로 평범한 일에 행복을 느끼고, 아무리 사소해 보이는 일에도 책임감 있게 임하는 사람들이 사는 사회가 살 만한 곳이다.

직장을 다니다 보니 가사 도우미를 고용할 수밖에 없었는데, 그 과정에서 정말 여러 사람을 보게 되었다. 무조건 주인에게 적대감을 보이는 사람이 있는가 하면 이런저런 물건에 손을 대는 사람도 있었다. 약속한 시간에 오지 않아 제시간에 출근하지 못한 적도 있었고, 아이를 갑자기 맡길 곳이 없어 발을 동동 구른 적도 있었다.

여러 부류의 사람 중에 가장 마음에 흡족했던 이는 약속한 시간에 와주고, 사정이 생겨 오지 못할 때는 미리 이유를 말하며 다른 날 가서 일하겠다고 하며, 항상 웃고 긍정적으로 생각하고 행동하는 사람이었다. 이웃 부인들도 그분을 입에 침이 마르게 칭찬하였다. 나는 그분을 보며 사람이 사람답게 산다는 것은 공부를 많이 하고 사회적 지위가 높아야 되는 것이 아니라는 것을 절실하게 느꼈다. 경제적인 여유나 사회적인 지위 고하의 문제가 아니라 긍정적이고 밝은 인품과 정직, 책임감 있는 행동을 하는 것이 중요한 것이다.

우리 아이들이 살아갈 21세기의 사회가 더욱 바람직해지려면, 지금 바로 이 순간 우리 가정에서 바른 교육을 시작해야 한다. 유명한 교육학자인 정범모 박사는 21세기를 3T시대라고 정의하면서, 앞으로 고도의 기술 High Technology, 고도의 정감High Touch, 고도의 신뢰High Trust를 지닌 사람이 필요할 것이라고 말한 바 있다.

우리나라에 태어나는 모든 아이들이 고도의 기술을 습득할 수 있을 만큼 좋은 머리를 가지고 태어나는 것은 아니다. 대부분의 아이들이 보통의 머리를 가지고 태어날 것이기 때문이다. 그러나 머리 좋은 것만이 능사는 아니다. 고도의 기술이 아니더라도 고도의 정감과 신뢰를 가진 사람으로 키우는 것이 21세기를 건전하게 생존하게 하는 최선의 방법이라는 점을 잊지 말아야겠다.

이웃의 어려움을 생각하는 마음이
감성지수를 키운다

살아가다 보면 뜻하지 않은 재해로 고통받는 이웃을 종종 보게 된다. 그럴 때는 기회를 놓치지 말고 아이들에게 이웃을 돕는 일, 자신이 재난을 당했을 때 대처하는 방법 등을 가르칠 필요가 있다.

특히 이웃을 돕는 일은 어른들이 행동으로 모범을 보이는 것이 가장 효과적이다. 예를 들어 수해를 입은 이웃이 가까이 있을 때 아이들에게 "엄마는 지금 이웃의 ○○네 집에 가서 물 퍼내는 일을 돕고 올게."라든지, "우리 주위에는 물난리를 당한 분이 안 계시지만 수재의연금을 내러 가자. 모든 사람이 조금씩 모으면 큰돈이 돼서 그분들에게 도움을 드릴 수 있단다."며 함께 의연금을 내는 것도 한 방법이다.

어른들이 '이번에 내가 당하지 않았으니까 다행이다'는 생각만 하고 있다면 아이들의 감성지수EQ는 자랄 수가 없다. TV 뉴스를 보면서 "얼마나 놀랐을까" "장난감도 다 물에 떠내려갔을 테니 아이들이 속상하겠다" "쌀을 미리 준비하지 않았으면 굶을 수도 있을 텐데 큰일이네"라며 어려운 일을 당한 사람들의 상황을 아이들이 조금이라도 느껴볼 수 있도록 말할 필요가 있다. 아이들이 이해하지 못한다고 "알았어? 몰랐어?" "엄마가 이야기하는 뜻이 무엇인지 알아?"라며 확인하려 하기보다는 그냥 자연스럽게 말하고 직접 몸으로 행동에 옮기면 아이들은 안다. 그리고 그 즉시는 이해하지 못해도 언젠

가는 엄마 아빠처럼 따뜻한 마음을 가진 사람으로 성장한다.

　뉴스에서 구조대원이 고립되었던 사람을 끈으로 묶어 구조하는 것을 보면서 "계곡물은 갑자기 불어 사람들이 떠내려갈 수 있는 거야. 얼른 높은 산 쪽으로 올라가 휴대전화로 119에 도와달라고 알려야 해" "장마철에 물가에 천막 치고 노는 것은 아주 위험하단다. 밤에 갑자기 비가 오면 물이 금방 불어나니까"라는 등의 이야기를 하면 이 다음에 대학생이 되어 캠핑을 갔을 때 자연스럽게 대처할 수 있는 능력이 자란다. 물은 높은 곳에서 낮은 곳으로 흐른다든지, 비가 오지 않을 때를 대비해 비 올 때 물을 모아놓는 곳이 댐이라는 것, 홍수를 조절하기 위해 댐을 이용한다는 것도 이야기해주면 물에 대한 상식도 곁들여 갖게 할 수 있다.

8장
놀이는 아이들의
중요한 사업

어린아이들에게 놀이는 중요한 사업이다. 아마도 일생에서 맨 처음 대면하는 사업일지도 모른다. 놀이를 통해 아이들은 어른 사회에서 일어나는 일들을 모방해볼 기회를 갖게 되고, 그러한 모방을 통해 인간사회에서 살아나가는 방법을 터득하게 된다. 놀이의 또다른 중요한 기능은 아이들의 마음에 쌓이는 좌절이나 갈등을 해소해준다는 것이다. 동생을 미워하는 마음, 부모를 향한 섭섭한 마음을 놀이를 하며 발산하기 때문에 마음의 병이 생기지 않는다.

놀며 배우고 생각하고

어른들은 어린 시절이야말로 인생에서 가장 즐거운 시기라고 말한다. 자녀들이 불만을 표시할라치면 "네가 복에 겨워 그러지" 하는 것이 보통이다. 왜 어른들은 어린 시절을 행복한 것으로 느낄까? 나 또한 옛날을 돌이켜볼 때 가장 즐거웠던 시절은, 한국전쟁으로 학교를 못 다니게 되어 산으로 바닷가로 1년 반 동안 마음대로 돌아다니며 뛰놀던 때였다. 자유롭게 내 마음대로 뛰어놀 수 있었기 때문에 어린 시절이 마냥 행복하게 느껴진다.

영국의 교육자 닐은 "어린 시기는 놀이 시기다. 어렸을 때 충분히 뛰어놀지 못하면 커서도 놀아야겠다는 환상에 사로잡혀 생산적인 일을 하지 못한다"고 말한 바 있다. 미국의 유명한 교육학자 브루너는 "놀이는 유아들의 진지한 사업"이라고 표현하기도 했다. 자신의 생각과 상상을 자유롭게 표현하는 동안 아이들은 개념을 형성하며 새로운 아이디어도 얻게 된다.

아이들의 놀이는 태어날 때부터 시작된다고 봐야 할 것이다. 왜냐하면 아기들은 놀며 생각하고, 생각하며 놀고, 또 노는 동안 뭔가를 배워가기 때문이다. 그러기에 아기 때부터도 놀이가 필요하다는 것을 인식하고, 그때그때 아이들의 연령과 수준에 맞는 놀잇감을 마련해주고 함께 놀아줄 필요가 있다.

생후 2개월 반이 됐을 때부터 모빌을 걸어놓아 움직이는 것을 보여주거나, 아기를 가만히 뉘여만 놓지 말고 체조시키듯 팔다리를 즐겁게 움직여주거나 휘파람을 불어주는 등 다양한 방법으로 놀아줄 수 있다. 3개월쯤 된 아기에게는 딸랑이를 흔들어주거나 이쪽저쪽 소리의 방향을 알아차리게 하는 것도 놀이가 될 수 있다. 아이가 돌이 될 무렵부터는 이리저리 기어다니면서 쓰레기통을 뒤지거나, 찬장에서 그릇을 죄다 꺼내놓고 대신 들어가 있을 때도 있는데, 이것도 아이들에게는 놀이다.

아이에게 놀잇감을 줘야 한다고 말하면 특별히 시중에서 사는 것만 떠올리는 경우가 많은데, 사실 시중에서 사는 것뿐만 아니라 일상생활 용품 등 모든 사물이 다 아기의 놀잇감이 될 수 있다. 아이들에게 놀잇감을 사주면 처음에는 신기해하지만 곧 흥미를 잃고 아빠의 면도기나 엄마의 화장품, 부엌용품 따위를 만지고 싶어하는 것을 보면 아이들이 얼마나 실물을 원하는지를 알 수 있다.

아기가 자라면서 엄마 아빠의 구두와 옷을 입고 놀이에 열중하고, 또 베개·보자기 등을 총동원해서 놀이 환경을 마련하는 것을 보면 신통하다 못해 그 생각의 기발함에 놀랄 때가 많다.

아이들은 자기들끼리 놀다가 엄마 아빠를 놀이에 초대할 때도 있다. 아기에게는 상품화된 놀잇감은 물론이고 생활 주변의 모든 것이 다 훌륭한 놀잇감이다. 또한 아이들은 자기 주위의 어른들도 모두 아이다운 마음으로 함께 놀아주는 친구가 되어주기를 바란다. 18개월 된 아기와 숨바꼭질을 해보면 그들의 눈빛에서 기쁨을 분명하게 읽을 수 있다.

실컷 뛰어놀 수 있는
자유를 주어라

유치원 교사로 근무할 때의 일이다. 아이들이 자기가 하고 싶은 놀이를 마음대로 골라서 할 수 있는 자유 선택 놀이시간이었다. 소꿉놀이 영역을 보니 영훈이라는 남자아이가 식탁 위에 여자인형을 앉혀놓고는 후려쳐서 넘어뜨리고, 또다시 앉혀놓고는 후려치기를 5분 이상이나 하였다. 그렇게 노는 모습이 하도 심각하기에 멀리서 지켜보기만 하고 유치원 일과가 끝난 뒤 가정 방문을 했더니, 영훈이에게는 새로 태어난 여동생이 있었다. 내성적인 영훈이는 자기에게 주어지던 엄마 아빠의 사랑을 빼앗아간 여동생이 미웠고, 그 마음을 유치원에서 인형에게 퍼부었던 것이다.

아이들 마음속에 좌절과 아픔이 많이 쌓이게 되면 정서적인 문제아가 될 것이며, 그렇게 되면 고치기 힘들어질 수도 있다. 아무리 타고난 머리가 명석해도 마음에 정서적인 문제가 쌓이면 그 능력을 마음껏 발휘할 수 없다. 딥스라는 아이는 천재적인 머리를 갖고 있었는데도 정서적인 불안정 때문에 정신박약아로 취급받았었다. 만 여섯 살이 될 때까지도 바보 취급을 받았지만, 놀이를 통한 치료로 마음의 아픔·미움·고통을 해소할 수 있었다. 후에 딥스는 정상적인 아이로 돌아왔을 뿐 아니라 천재학교에 입학하기까지 했다.

어린 시절은 놀이를 통해 배우는 시기다. 아이들의 놀이를 관찰했던 에릭슨은 30년 뒤에 다시 찾아가 그들이 자라서 어떤 생활을 하고 있는지를 관찰하였다. 그 결과, 어렸을 때 연구소에서 재미있게 놀이를 했던 아이들은 어른이 되어서도 생활을 흥미롭고 재미있게 이끌어가고 있다는 것을 알았다.

놀이를 하는 동안 아이들은 앞에서 말한 삶의 방법을 배우거나 마음의 아픔을 해결하기도 하지만, 또 중요한 것은 개념을 형성하는 것이다. 놀이를 하면서 빨강 · 노랑 · 하양 등 색깔도 배우고, 큰 것 작은 것 긴 것 짧은 것 등도 배우게 된다. 이런 것을 공부하라고 강요하면서 가르치면 마음에 부담이 되어 잘 배우지 못하지만, 자유롭게 놀게 해주면 자연스럽게 배운다.

우리나라 엄마들은 아이가 밖에서 놀면 공부를 안 해서 큰일이라고 여기고는 대부분 "공부 안 하고 놀기만 하니? 어서 들어와 공부해라" 한다. 이것은 놀이를 하면서 더 잘 배울 수 있다는 사실을 모르기 때문일 것이다. 초등학교 2학년 정도까지의 아이들에게는 놀면서 교과 내용을 가르칠 수 있다. 더하기나 빼기 같은 셈 공부도 놀이처럼 하면 더 잘 배울 수 있다. 부모들이 '놀이 아니면 공부, 공부 아니면 놀이' 이렇게 구분짓고, 공부는 좋은 것이고 놀이는 나쁜 것이라는 인상을 주기 때문에 오히려 아이들은 부모 몰래 놀려는 생각을 하게 되는 것이다. 아이들이 어렸을 때는 실컷 뛰어놀 수 있는 자유를 주어야겠다.

놀이는 아이들에게 생명과도 같다

어린아이들에게 놀이는 중요한 사업이다. 아마도 일생에서 맨 처음 대면하는 사업일지도 모른다. 놀이를 통해 아이들은 어른 사회에서 일어나는 일들을 모방해볼 기회를 갖게 되고, 그러한 모방을 통해 인간사회에서 살아나가는 방법을 터득하게 된다.

소꿉놀이를 하며 "여보, 회사에 다녀올게" "엄마, 학교 다녀오겠습니다" "아가야, 밥 먹어라"라는 말들을 함으로써 직업에 대해 인식하게 되거나 아빠 엄마로서의 역할들을 익히게 된다.

침팬지를 연구한 라위크 굿올은 동물들에게도 놀이가 중요한 역할을 하는 것을 관찰하였다. 성숙한 침팬지들은 나무막대기에 침을 묻혀서 개미집에 넣은 뒤 개미들이 막대기에 붙을 때를 기다렸다가, 개미들이 우르르 붙으면 꺼내서 맛있게 먹는다. 아기침팬지들은 엄마 옆에 앉아서 엄마가 하는 대로 해본다. 나뭇가지를 개미집에 넣어보기는 하지만 아직 기술이 서툴러 엄마처럼 개미를 잡아먹지는 못했다. 그렇지만 큰 나무에서 나뭇가지를 자르는 일, 개미집의 크기에 따라 나뭇가지를 알맞게 자르는 일, 나뭇가지에 침 바르는 일, 개미집에 막대기 넣는 일 등을 놀이를 통해 배웠다.

굿올이 관찰하던 침팬지 가운데 생후 3년 만에 엄마를 잃고 형제들이 키운 침팬지가 있었는데, 생후 4년 반이 됐을 때 다른 침팬지와 비교해보니 개미 잡는 기술이 영 신통치 않았다고 한다. 굿올은 안심하고 놀 수 있게 해주고 놀이를 격려해주는 엄마가 없었기 때문이라고 해석하였다. 이처럼 어린 시절의 놀이는 부모나 다른 어른의 언행을 모방해보는 것이 중요해서가 아니라, 문제 해결능력을 기를 수 있는 기회가 될 수 있기 때문에 중요하다.

놀이의 또다른 중요한 기능은 놀이를 통해 아이들의 마음에 쌓이는 좌절이나 갈등을 해소해준다는 점이다. 동생을 미워하는 마음, 부모를 향한 섭섭한 마음을 놀이를 하며 발산하기 때문에 마음의 병이 생기지 않는다.

자발성을 살려주자

'배운다'라는 말을 들으면 곧 '가르친다'라는 말을 떠올릴 정도로 우리의 생각은 굳어 있다. 대학생을 대하는 교수며 유치원 교사, 가정의 부모들 모두 어떻게 하면 학생 또는 아이를 잘 가르칠 수 있는가에 골몰하고 있는 실정이다. 나도 다 자란 대학생들에게 나 나름대로 열심히 준비해서 강의하고 나오면 '내가 최선을 다했구나' 하는 마음에 은근히 뿌듯한 반면, 학생들로 하여금 준비하고 공부하게 하여 발표하게 했을 때는 공연히 교수로서의 역할을 제대로 못한 것은 아닌가 하여 찜찜한 생각이 들곤 했다.

그러나 30여 년 동안 가르쳐본 결과, 대학생들은 물론이고 아이들도 자기 스스로 공부할 수 있는 기회를 많이 가질 때 가장 잘 배웠다. 자기 스스로 문제를 해결해보고 진리를 터득하는 것이 힘들긴 하지만 제대로 학습할 수 있기 때문인 모양이다. 던져주는 진리를 받기만 하는 것보다 자기 스스로 구했을 때 더 큰 기쁨을 느끼는 것은 대학생뿐만 아니라 아이들도 마찬가지다.

영국의 심리학자 파푸젝은 작은 전구를 마련해 아기가 머리를 어느 일정한 방향으로 돌리면 불이 들어오게 해두었다. 처음에는 우발적으로 고개를 돌렸지만, 자기가 머리를 돌릴 때마다 꼬마전구에 불이 들어오는 것을 발견한 아기들은 의도적으로 머리를 많이 움직여서 불이 들어오게 하였다. 그러다가 불을 켜는 방법을 완전히 파악한 뒤에는 흥미를 잃었다. 실험 상황을 변화시켰더니 아기들의 머리 움직임이 다시 활발해졌다. 더욱 놀라운 것은 아기들이 불이 켜진 전구 자체는 별로 쳐다보지 않고 불을 켜기 위한 머리 움직임을 더 열심히 한 것이다. 이는 곧 결과 자체보다는 문제를 해결하는 과정에 더 많은 관심이 있다는 것을 뜻한다.

미국의 심리학자 헌트와 우츠기리스도 비슷한 실험을 하였다. 월령이 같은 갓난아기들을 두 집단으로 나누어 요람에 각각 모빌을 달아주었다. 이때 한쪽 집단에는 모빌을 천장에 달아서 아기가 그것을 볼 수는 있지만 자신이 움직이거나 건드려서 돌아가는 게 아니라 다른 사람이 돌아가게 해놓았다. 다른 집단 아기들의 모빌은 요람에 직접 달아놓아서 아기가 몸을 움직이는 데 따라 돌아가게 해놓았다. 다시 말해 아기가 몸을 움직이면 모빌이 움직이고, 요람이 흔들리면 모빌이 돌아가는 것이다. 자기 몸을 움직이면 모빌이 돌아간다는 것을 알게 된 아기들은 옹알이도 많이 하고 입가에 웃음도 많이 맴돌았다. 그러나 모빌이 다른 사람에 의해 돌아간 집단의 아기들은 옹알이도 하지 않고 거의 웃지도 않았다고 한다. 2005년 동연이가 태어났을 때 미국에서 이와 비슷한 장난감이 개발되어 시판되었다. 발을 이리저리 움직이면 동요가 흘러나오고 발의 위치에 따라 음악 소리도 달랐다. 그 무렵 생후 3개월이었던 동연이는 곧 그 사실을 깨닫고 아주 열심히 몸을 움직이며 소리를 들었다.

제네바 대학의 모니어는 파푸젝과 비슷하지만, 팔 다리를 이용해 모빌을 움직이게 하는 실험을 하였다. 그는 4개월밖에 안 된 아기들도 모빌을 움직이려고 평소보다 팔 다리를 훨씬 많이 움직이는 것을 발견했다.

이러한 문제 해결과정을 통해 지적 기쁨을 느끼는 것이 아기의 타고난 능력 때문인지 환경의 영향 때문인지는 아직 연구된 것이 없지만, 비록 아기일지라도 타인에게서 수동적으로 받는 것보다는 내면에서 스스로 우러나오는 지적 기쁨이 훨씬 강하고, 다음 단계의 행동을 유발하는 동기가 된다는 것은 분명하다. 이것은 아기들이 결과적인 사실을 보기 위해 행동하는 것이 아니라 문제를 해결해나가는 과정에서 더 많은 기쁨을 느낀다는 것을 뜻한다. 자기 자신의 힘으로 뭔가를 조정해보고 해결을 했다는 기쁨이 매우 중요하다는 뜻도 된다.

아이들은 모두 자기 스스로 무엇인가를 하고자 하는 강한 욕구를 지니고 세상에 태어난다. 자기 혼자 고개를 드는 아기, 배밀이를 할 때부터 여기저기 구석을 돌아다니며 무엇이든 만지고 입에 넣으려는 아기, 혼자 서고 걷기 위해 수도 없이 엉덩방아를 찧어가며 일어나곤 하는 아기들에게서 우리는 강한 호기심과 자발성을 본다.

자기 혼자 서보거나 걸어보려고 안간힘을 쓰는 아기들이 헤아릴 수 없이 엉덩방아를 찧는 것처럼, 아기들이 무언가 혼자 해보려고 하면 당연히 실수가 따르고 말썽을 일으키게 마련이다. 이때 어린 아기들에게 위험한 일을 미리 막아주는 것이 어른들의 몫이다. 어린 아기들이 스스로 해보도록 적극 배려해주고 실수를 해도 눈치를 보지 않게 해주면 아이들의 자발성은 점점 굳건해진다.

목욕탕에서 빨래를 하고 있는데, 그때 만 세 돌이 채 안 되었던 둘째가 들어오더니 "엄마, 나도 할 거야" 하면서 옆에 쪼그리고 앉아 빨래를 하나 꺼내어 주물주물하더니 얼른 아침에 입은 바지까지 벗어서 물에 적셨다. 비누도 칠하고 물에 흔들어 헹구고는 아직도 비눗물이 줄줄 흐르는 것을 그대로 베란다에 널었다. 그러면서 "엄마, 내가 도와주니까 힘들지 않지?" 하는 것이었다. 나중에 아이가 밖에 나가서 노는 동안 그 빨래를 걷어다 다시 헹구어 널었다.

사실 아이 나름대로 생각하여 도와주려고 하는 것이 도리어 엄마들을 거추장스럽게 할 때도 많다. 빨래도 늘어나고, 청소도 다시 해야 하고, 설거지도 두 번 해야 하고…. 그렇지만 "내가 할 거야" "나도 할래" 하면서 나서는 아이들의 마음과는 달리 행동은 어른들 마음에 찰 만큼 능숙하지 못하다는 것을 우리는 이해해야 한다.

아이들이 어렸을 때 이런 기회를 주지도 않고 아이들이 크면 엄마를 잘 도와줄 것이라고 생각해서는 안 된다. '나도 할거야' 하는 마음이 자라서 자신감이 생기는 것이므로 아주 어릴 때부터 마음이 내켜서 일을 하도록 기회를 주어야 한다. '나는 할 수 있어' '나는 꼭 할 거야' 하는 자신감은 삶을 이끌어가는 근본이 되며, 이 귀중한 재산은 자기 스스로 무언가 해볼 수 있을 때 생긴다.

아이들이 뭐라도 해볼라치면 어른들은 "말 좀 들어라" "왜 이렇게 말썽만 부리니" "왜 성가시게 그러니" "이다음에 크면 실컷 할 거야. 저리 가" "애들은 저리로 가" "왜 엄마 말 안 듣지? 그러면 나쁜 아이야" 하며 핀잔을 하는데, 어려서부터 이런 핀잔을 많이 듣고 자란 아이들은 자기도 모르는 사이 자신감을 잃어버린다.

어른들은 아이들 나름대로 뭔가 해보는 것이 어른 마음에 들지 않기 때문에 핀잔을 주는데, 그 많은 핀잔에 아이들은 자발성을 잃게 되고 그 자리에는 열등감이 자리잡게 된다. "나는 못 할 거야" "내가 하면 틀릴 거야" "나는 못 해" 하는 말을 하는 것은 바로 이 때문이다. 지나치게 부모 기대대로 움직이게 하려다 혹시라도 아이들의 자발성에 물을 끼얹는 것은 아닌지 늘 살펴보아야 한다.

그러려면 어려서부터 아기 나름대로 무언가 해보도록 해주고, 실수도 관대하게 봐줄 수 있어야 한다. 물론 그 전에 먼저 우리 어른들 마음에서 특상·특등·올백·반장 등등의 결과적인 개념이 사라져야만 그런 분위기가 형성될 것이다.

놀잇감 선택

어린아이들에게 중요한 놀이를 더욱 즐겁게 해주려면 놀잇감이 있어야 한다. '놀잇감' 하면 언뜻 울긋불긋한 빛깔로 칠해지고 멋지게 포장되어 백화점이나 장난감 가게에 진열된 상품을 떠올리게 된다. 그러나 그렇게 상품화된 것뿐만 아니라 우리 주위에서 볼 수 있는 모든 물건, 못 쓰게 되어버린 물건들도 모두 놀잇감이 될 수 있다. 소꿉놀이 그릇을 사주어도 부엌의 냄비나 그릇을 가지고 놀고 싶어하고 엄마 화장품을 가지고 놀려 하는 것을 봐도 알 수 있다.

아이들이 사용하고 있는 서랍을 보면 과자 포장지, 부서진 인형, 바람이 빠져 쭈그러진 공 따위가 잔뜩 들어 있다. 어른들이 보기에는 모두 쓰레기 같아서 버리고 싶을 뿐이지만, 아이들에게는 그게 다 놀잇감이고 장난감이다. 폐품이기에 전혀 쓸 수 없는 물건이라도 아이들의 상상력이 가미되기만 하면 훌륭한 놀잇감이 된다. 식탁 위에 담요를 씌우면 훌륭한 집이 되고, 의자를 몇 개 나란히 놓으면 멋진 고속버스나 기차가 된다.

아이들 주변에 있는 가구며 그릇·화장품·홑이불·스카프·보자기 등이 모두 놀잇감이 될 수 있다. 그러나 아이들이 가장 흡족하게 생각하는 것은 역시 함께 놀아주는 엄마 아빠다. 자신을 귀중한 인간으로 인정하면서 상호작용해주는 부모가 아이에게는 가장 귀중한 존재인 것이다. 값비싼 놀잇감이 가득 찬 집에서 외롭게 느끼는 것보다는, 놀잇감이 비싸지 않아도 또는 폐품으로 가득차 있어도 자기에게 관심을 쏟아주고 사랑해주는 친구와 부모 옆에 있으면 아이들은 즐겁고 행복하다.

아이들에게 놀잇감은 태어나서부터 주어야 하는데, 자신들이 직접 놀잇감을 찾아서 놀 때가 되기 전에는 부모들이 준비해주어야 한다.

놀잇감을 선택할 때는 무엇보다도 아이의 흥미를 돋울 수 있는 것이 좋다. 아이들이 즐겨 선택하는 밝은 빛깔이면 더욱 좋다. 그 다음으로는 놀잇감에 착색된 물감이 유해한지 아닌지를 파악해야 한다. 연령이 낮은 아이일수록 물건을 입에 넣는 경향이 있는데, 이는 자연적인 발달 특성이다. 따라서 놀잇감을 입에 넣지 말라고만 할 것이 아니라 위험한 물건은 미리 치워놓는 것이 중요하다.

취학 전 연령의 아이들이 갖고 노는 놀잇감은 우선 견고해야 한다. 쉽게 부서지는 놀잇감은 위험하기도 하지만, 다른 한편으로는 아이들에게 좌절감을 안겨줄 수도 있기 때문이다.

또 놀잇감을 고를 때 중요한 원칙은 아이의 연령에 맞는지 여부다. 아무리 좋은 놀잇감이라 해도 아이의 연령에 비추어 어렵거나 흥미를 느끼지 못하면 좋은 놀잇감이 아니다. 연령에 맞는 놀잇감을 갖고 놀 때에야 아이들이 지적·정서적·사회적·신체적으로 잘 성장하고 교육적인 효과도 거둘 수 있기 때문이다.

놀잇감을 갖고 놀 수 있는 연령은 태어날 때부터라고 보는 것이 합당하다. 아기는 태어날 때부터 무엇을 움켜잡으려 하고 자극을 찾고 능동적으로 뭔가 움직이려는 본능을 보여주는데, 이것은 이때부터 벌써 놀잇감을 갖고 놀 수 있다는 증거가 된다.

0~1개월 | 요람 근처에 여러 가지 그림을 붙여놓는다

이 무렵 아기의 요는 흰색보다는 꽃무늬, 동물 그림이 그려진 것이 좋다. 아기 요람 근처에는 밝은 빛깔의 그림을 붙여놓거나 봉제완구 같은 놀잇감을 놓아둔다. 이 시기의 아기는 대부분 잠을 자지만, 중간중간 깨어 있을 때는 이 놀잇감을 응시한다. 청각적인 기능을 도와주기 위해 기저귀를 가는 동안 딸랑이를 흔들어 들려주어도 좋고, 음악을 5분 정도 짤막하게 들려주어도 좋다. 그러나 음악을 들려주는 것이 좋다고 해서 24시간 내내 틀어놓으면 아기는 음악적인 자극을 아예 무시해버리므로 주의하도록 한다. 음악상자라든가 음악소리가 나는 봉제완구 등도 좋다.

1~3개월 | 아기의 눈 30cm 정도 위에 모빌을 달아놓는다

이 시기의 아기들은 움직이거나 소리가 나면 퍽 즐거워한다. 딸랑이도 아기 얼굴에서 30cm 정도 떨어진 곳에서 왼쪽에서 오른쪽으로, 오른쪽에서 왼쪽으로 포물선을 그리며 천천히 움직여주면 어려서부터 주의력·집중력을 길러주는 데 도움이 된다. 또한 지름 15~20cm의 빨간색 또는 노란색 원을 흰색 바탕 종이 위에 붙인 다음 아기의 얼굴 위 30cm쯤 되는 곳에 매달아 180도 각도로 왼쪽에서 오른쪽으로, 또 위아래로 왔다 갔다 하게 해준다. 이때 아기 딸랑이를 손에 쥐여주면 아기는 손발을 움직일 때마다 소리가 나는 것을 즐기게 된다. 처음엔 오른손, 다음번엔 왼쪽 손에 번갈아가며 쥐여주어도 좋다. 또 소리와 모양이 다른 시계소리를 들려주어 청각적 식별력을 길러준다.

4~5개월 | 풍선을 기저귀 끝에 달아준다

아기가 혼자 앉지는 못하지만 이불이나 베개를 쌓아놓으면 잠시 혼자서 앉아 있기도 하므로, 오전이나 오후에 한 번씩 10~15분 정도 시간을 정해 엄마와 아기가 함께 노는 것이 좋다.

이 시기의 아기들은 노끈 등을 좋아하므로 풍선에 묶어놓고 끌어당길 수 있게 해준다. 공중에 뜰 수 있도록 수소를 넣은 풍선에 끈을 매서 기저귀 끝에 묶어놓으면 갖가지 빛깔의 풍선을 쳐다보며 즐긴다. 다만 어른이 옆에서 풍선이 터지지 않도록 지켜보고, 터진 풍선조각이 아기에게 떨어지지 않게 해야 한다. 4, 5개월쯤에는 오뚜기가 좋은 놀잇감이 되는데, 쓰러졌다 다시 일어나는 것이 아기의 흥미 유발을 촉진시킨다.

6~8개월 | 욕조에 플라스틱 놀잇감을 띄워주고 거울도 보여준다

일상생활에서 구할 수 있는 것은 모두 놀잇감이 된다. 작은 냄비, 숟가락, 깨지지 않는 접시, 다 쓴 플라스틱 화장품통이 다 좋은 놀잇감이다. 특히 숟가락을 냉장고에 넣었다가 아기에게 주면, 이가 나기 시작하는 7개월경 근질근질한 잇몸을 시원하게 해주는 놀잇감이 된다.

커다란 그릇에 작은 그릇을 넣어보게 하면 크기에 대한 개념이 생겨 좋다. 크기가 다르면서도 포개 넣을 수 있는 그릇들이면 무엇이든지 좋다. 아이들에게 컵을 주고 컵 속에 작은 과자를 넣었다 쏟았다 하게 해보자. 아이는 눈과 손의 협응력이 아직 발달하지 못했기 때문에 조그만 과자를 컵에 집어넣는 것이 어색하고 힘들지만 반복하는 동안 능숙해진다. 목욕을 할 때는 욕조 속에 플라스틱 놀잇감을 띄워주는 것이 좋다.

또 이 시기의 아기들은 특히 '자기'에 대한 개념을 발전시키게 되므로, 거울을 보여주며 눈·코·입 등을 짚어가면서 이야기해준다. 아기는 작은 거울에 비친 자기 모습을 보면서 신체의 부분부분에 대한 생각을 다듬어간다.

6~8개월의 아기에게는 작은 집짓기 나무토막도 좋다. 면이 고르고 빛깔이 예쁜 것을 처음에는 두서너 개씩 주어서 왼손에서 오른손으로, 오른손에서 왼손으로 옮겨 쥐는 연습을 해보자. 아이들의 시각·촉각은 어릴 때 발달하기 때문에 부모들은 아기들이 기어다니는 이 시기를 이용해 라디오·CD·비디오 등을 통해 다양한 장르의 음악을 자주 들려주고, 꺼칠꺼칠한 사포를 비롯해 명주·깃털 등을 만져볼 수 있게 해준다. 특히 이 시기에 어머니는 아기가 다양한 경험을 하도록 세심하게 배려하여, 상업적인 놀잇감은 물론 주위에서 구할 수 있는 것은 다양하게 마련해줄 필요가 있다.

9~11개월 | 소리나는 놀잇감으로 음감을 키워준다

작은 놀잇감이나 숟가락을 냄비에 넣게 하고 뚜껑을 덮은 뒤 아기에게 뚜껑을 열고 놀잇감을 꺼내게 한다. 이는 아이로 하여금 원인과 결과에 대한 것을 인식하게 해주는 좋은 놀이다.

아기에게 탑쌓기나 컵쌓기 놀잇감 등을 준다. 처음에는 크기에 따라 물건을 쌓는 것이 어렵지만 자주 해봄으로써 아이들은 크기에 대한 개념을 배운다. 또한 이 시기에는 청각을 자극해 줄 수 있는 놀잇감으로 실로 폰 · 탬버린 · 북 등을 주어서 각각 다른 소리를 변별할 수 있게 해준다. 태어날 때부터 음치는 없으며, 다양한 음질의 소리를 많이 경험한 아이일수록 음감이 발달한다. 이런 음악적 감각이 먼저 발달해야만 자라서 피아노 · 바이올린 같은 악기도 쉽게 다룰 수 있다. 나아가, 자라서 영어 · 중국어 등 외국어를 쉽게 배우는 데도 도움이 된다.

엄마 · 아빠 · 맘마 등 간단한 단어를 이야기할 수 있는 이 시기의 아기들에게는 전화도 좋은 놀잇감이다. 엄마가 아기에게 "여보세요, ○○ 있어요?" 하는 식으로 말을 하여 아이가 소리를 내게 하며, 아기도 엄마에게 전화기로 하고 싶은 이야기를 하게 하면 어휘력도 생기고 상상력도 늘게 된다. 아기들의 신체 발달을 돕기 위해서는 플라스틱공이나 고무공을 주어본다. 아기들이 공을 마루 위로 굴리고 공을 따라 기어가서 또 굴리는 경험을 하게 해주는 것도 좋다.

이때쯤이면 아기들이 가구를 잡고 서거나 혼자 설 수 있으므로 흔들리지 않는 가구를 아기 키에 맞춰 놓아주는 것도 좋다. 단, 아기가 부딪힐 수 있으므로 모서리가 둥근 것이면 더 좋다.

12~14개월 | 생활용품으로 경험을 넓히고 시장 나들이도 함께 간다

이 시기의 아이들은 지퍼를 내린다든지 크기가 큰 단추 등을 혼자 채워보고 끌러보게 한다든지 스냅단추를 혼자 잠그고 떼어보게 하는 경험이 필요하다. 찍찍이로 된 운동화 끈도 혼자 붙여보는 등 가능한 범위에서 생활 체험을 하게 해야 한다. 상품화되어 있는 놀잇감도 있지만 일상생활 용품을 이용하는 것도 바람직하다. 실제로 영·유아기의 아이들은 어른 들이 쓰는 일상용품을 더 선호한다.

기다란 끈과 가운데에 구멍이 뚫린 구슬꿰기 놀잇감을 주면, 어렵지만 끈을 구멍에 맞춰넣어 길게 끼워보는 경험을 하게 된다. 시간이 많이 걸 리고 옆에서 보기에 몹시 답답하지만, 아기에게 기회를 주는 만큼, 그리 고 인내심 있게 기다려주는 만큼 아이의 자신감과 안정감이 자라날 것이 며, 더욱 슬기로운 아이로 자라날 것이다.

이 시기의 아이들은 말도 제대로 못 하고 다른 사람의 말을 다 알아듣 지도 못하지만, 아름다운 색채로 큼직큼직하게 그려진 그림책을 보여주 며 또박또박 읽어줄 필요가 있다. 그림과 사진이 화려한 어른들 잡지를 보여주면서 사물의 이름을 이야기해주는 것도 중요하다.

아이들에게 유리구슬을 주어서 컵에 담게도 해보고 경사진 곳에 굴려 보게 하는 것도 좋다. 다만 아이들은 아직도 구슬 같은 것을 입에 집어넣 으려는 경향이 있으므로 반드시 어른이 옆에 있을 때만 갖고 놀게 한다.

엄마들이 놀잇감을 주는 것과 똑같이 중요한 것은 아이들과 함께 나들 이를 하는 것이다. 슈퍼마켓·백화점·시장 등에 함께 가서 아이가 비록 이해하지 못한다 해도 여러 가지 물건들 이름을 가르쳐주면 그것이 바로 산 교육이요 좋은 놀이가 된다. 아이를 데리고 다니는 것은 힘들고 귀찮 은 일이기도 하지만, 나들이 경험을 통해 아이들은 많은 것을 배울 기회 를 얻는다.

15~20개월 | 놀이는 협동력을 길러준다

이 시기의 아이들은 걸을 수 있기 때문에 신체의 발달을 돕는 놀잇감을 주면서 지적능력 발달도 도와주어야 한다. 최근의 연구 결과들에 따르면 아이들의 신체적 발달과 지적 발달은 밀접한 관계가 있다고 한다. 이 시기 아이들에게는 작은 트럭, 자동차, 끌고 다닐 수 있는 마차 등을 주고 큰 봉제완구뿐 아니라 작게 만든 인형 등도 준다.

이 시기 아이들에게는 '유니트 블록'이라는 큰 나무토막들을 주어 건설적인 놀이를 해보게 하는 것도 필요하고, 밀가루로 만든 점토를 주어 여러 가지 형체를 만들어보게 하는 것도 좋다. 밀가루 점토는 밀가루 4컵, 샐러드유 2큰술, 소금 1.5컵, 물 1컵(반죽에 필요한 만큼), 식용물감 1봉지를 섞어서 직접 만들어보자. 식용물감 대신 포스터물감을 쓸 수도 있는데, 이때는 아이들이 점토를 입에 넣지 않도록 주의해야 한다.

또한 이 시기 아이들에게 물은 좋은 놀잇감인 동시에 또한 놀이이기도 하다. 여러 모양의 플라스틱 그릇과 함께 물을 주어 물놀이를 하게 하면 아이들은 무척 기뻐한다. 비록 옷을 다 적신다 해도 꼭 필요한 놀이이므로, 여름에는 밖에서 물놀이를 할 수 있게 해주어야 한다.

21개월~유치원 연령 | 그림 그리기와 그림 맞추기로 지적 발달을 도와준다

지금까지 줄 수 없었던 많은 종류의 놀잇감을 마련해줄 수 있는 시기다. 지적으로 많이 성숙해 있기 때문에 부모의 도움 없이도 자기 나름대로 재미있게 놀 수 있으며, 또래끼리 모여서 놀 때 더욱 흥미를 느끼게 될 것이다.

21개월에 들어서면서부터는 비록 긁적거리는 것으로 시작하지만 그림을 그릴 수 있는 단계에 들어서므로 크레파스와 도화지를 마련해주면 좋다. 이 시기부터 끝이 뭉툭한 가위를 주어서 종이를 오려볼 수 있는 기회를 주고, 또 '그림 맞추기(유아용으로 그림조각이 열 개 안팎인 퍼즐)'를 줌으로써 지적인 발달을 도와주어야 한다. 이 시기의 아이들에게는 특히 머리를 써서 뭔가를 만들어볼 수 있는 놀잇감(블록 등)을 주는 것이 바람직하다.

아이들이 성장함에 따라 직접 타고 끌고 밀고 물건을 실을 수 있는 놀잇감, 같은 또래끼리 함께 놀 수 있는 소꿉놀이 인형집, 가구 모양의 놀잇감을 주는 것이 좋다.

치우기와 정돈

아기들을 위해 딸랑이를 사게 될 때부터 놀잇감은 점점 늘어나게 마련이다. 처음에는 소쿠리로 하나, 그 다음엔 라면상자 여러 개, 놀잇감장에 가득 차게 된다. 자녀 수가 늘수록 놀잇감도 더 늘어나고, 집 안 구석구석이 어지러워진다. 집 안을 정돈해도 치운 것 같지 않고 하루 종일 동동거리며 왔다 갔다 해도 보람이 없는 경우가 많다.

처녀 시절에는 이토록 어지러운 집 안을 꿈도 꾸지 않았던 엄마, 아기

어린아이들이 갖고 놀다 한 방 가득 늘어놓은 놀잇감을 치울 때는,
빈 서랍이나 상자 따위에 넣어서 집 안을 정돈하는 것이 좋다.

자기하게 꾸미고 살고 싶은 엄마에게 영·유아기는 고통의 연속이다. 꿈
을 키우며 뒤적였던 실내장식 잡지를 보면, 거기에 나온 사진 속의 집들
은 너무도 정돈되어 있고 아름다우며 낭만적이다. 또 실내장식 잡지에 있
는 아이들은 얼굴에 웃음을 머금고 옷은 단정하며 그 아름다운 주위 환경
과 어울리는데 우리 집은 왜 이럴까, 우리 아이들은 왜 이렇게 극성스러
울까 생각하는 젊은 엄마들도 많을 것이다.

　정돈되고 곱고 예쁜 집 안과 상냥하고 행복한 모습의 자녀만을 상상하
는 젊은 엄마들에게 놀잇감으로 어지러워진 거실, 주체하기 힘들 만큼 쌓

인 빨래는 견디기 어려운 상황이다. 엎친 데 덮치는 격으로, 정돈되지 못한 집 안이 싫어 바깥으로만 도는 젊은 아빠들을 보면 엄마의 좌절과 갈등은 깊어만 간다. 엄마들은 '아무래도 난 살림에 소질이 없나 봐' '왜 우리 애들은 어지르기만 하는지 몰라' 하며 속상해하곤 한다.

아이가 살고 있는 집이 지저분한 것은 당연한 일이다. 행복한 아이들은 활동적이고, 그 활동에는 지저분함이 따른다. 하지만 그렇게 지저분하게 어질러놓던 아이들도 초등학교에 들어가면 놀잇감을 늘어놓거나 쌓아놓는 대신 학용품류나 책을 좋아하게 되어 집 안을 덜 어지럽힌다.

초등학교 들어가기 전의 아이들이 있는 집에서는 서랍장이나 큼직한 상자를 많이 준비해놓을 필요가 있다. 옛 어른들이 쓰던 반닫이처럼 생긴 가구들도 좋다. 어린아이들이 갖고 놀다 한 방 가득 늘어놓은 놀잇감을 치울 때는, 빈 서랍이나 상자 따위에 넣어서 집 안을 정돈하는 것이 좋다. 아이와 한 방을 쓰는 경우에도 마찬가지여서, 서랍장 맨 아래 서랍에 아이의 놀잇감들을 넣어두면 편리하다. 아이도 엄마의 배려가 좋아 행복해지고 엄마도 방 안이 정돈되어 행복해진다.

그러나 우리 엄마들이 기억해두어야 할 점은 정돈된 순간이 길게 지속되지는 않는다는 사실이다. 깨끗하다고 느끼는 순간이 지나고 나면 집 안은 또다시 놀잇감으로 가득 차게 된다.

세 살 난 예쁜 딸을 둔 미국인 친구가 "속상해 못 견디겠어. 방 안을 잔뜩 어질러놓은 세라가 놀잇감에 흥미를 잃었는지 놀잇감을 상자에 죄다 집어넣더라구. 집 안이 정돈됐다 싶어서 모처럼 한갓지게 커피라도 마시려고 했더니, 세라가 '엄마! 이것 봐. 개구리, 기차, 집짓기…' 하면서 하나 둘씩 다시 다 꺼내놓지 뭐야. 마치 새 놀잇감이라도 본 것처럼 말야" 하며 투덜거린 적이 있다.

아이들은 마냥 늘어놓지만 놀잇감이 늘 어질러진 채로 놓여 있으면 놀려고 하지 않고 다른 곳에서 새로운 것을 찾는다. 안방을 실컷 어질러놓고는 거실로 나가고, 그곳이 차면 건넌방으로 간다. 집 안이 어질러져서 더 이상 늘어놓을 데가 없으면 밖으로 나가고 만다. 놀잇감 상자나 서랍장 속에 물건이 뒤죽박죽 섞여 있으면 열흘이 되어도 한 달이 되어도 놀지 않을 때가 많다.

엄마는 집 안을 정리하면서 마구 섞여 있는 놀잇감을 종류대로 분류해놓아야 한다. 취학 전 아이를 키우노라면 놀잇감 분류해놓기, 어지러워진 방 치우기, 한없이 더러워지는 옷 벗겨 빨기 등의 사소한 일들이 그칠 새가 없다. 웬만한 인내심이 없으면 신경질이 날 수밖에 없는 때가 더 많다. 이를 이해하지 못하는 남편은 도움이 되기는커녕 불평만 늘어놓을 때가 많기 때문에 엄마는 더욱 피곤해진다. 그러나 학교 가기 전 어린 자녀들을 위해 투자한 인내와 노력은 그 당시에 보상받을 수 없지만, 몇 년 뒤 아이의 인생에 자리잡고 꽃피어난다.

아이들이 어지르는 것을 도저히 참을 수 없는 부모들은 아이 놀이방을 따로 마련해준다. '이 방에서만 놀아야 한다'고 제한하고 응접실이나 안방으로는 가지 못하게 한다. 그러나 아이들은 처음 얼마 동안은 놀이방에서 놀지 몰라도 그 방에서만 놀고 싶어하지 않는다. 엄마 아빠가 있는 곳에서 함께 뭉그적거리려 하고 참견하고 싶어한다. 책상을 사주어도 엄마 곁으로 다가와 엎드려 책을 보려는 아이들의 마음은 누구나 다 마찬가지일 것이다. 아이들 놀잇감이나 책들을 가족들이 자주 모이는 방이나 응접실에 바꾸어가며 놓아두면, 쉽게 놀이에 몰입할 수도 있고 책 읽는 습관도 기르게 된다.

아이들을 달리 취급하여 어른과 분리시키려 하면 할수록 아이들은 가까이 오고 싶어한다. 요즘에는 초등학교 3학년만 되어도 가족들을 따라가기보다는 친구들과 놀겠다고 할 정도로 독립적으로 행동하게 되는 것을 보면, 엄마 아빠 곁에서 어질러놓고 소리지르며 흥겹게 노는 것을 오히려 감사하게 생각해야 할 것이다. 그만큼 우리 부모들의 보살핌과 사랑을 요구하는 것이기 때문이다.

물놀이가 곧 교육

만물의 근원은 물이라고 역설한 옛 그리스의 철학자도 있었지만, 요즘 아동심리학자들은 물과 아이는 떼어놓을 수 없는 긴밀한 관계에 있다고 역설한다.

르부아예라는 프랑스 산부인과 의사는 아기가 태어나는 순간 태내의 양수와 같은 온도의 물에 아기를 담갔더니 그 아기가 여느 아기처럼 극성스럽게 울지 않고 평온한 미소를 띠었다는 연구 결과를 발표했다. 태내에서 물에 잠겨 10개월을 지내는 동안, 아기는 자기 나름으로 헤엄치는 것을 익히며 물 속에 있음으로써 편안함을 느끼게 됐기 때문이라는 것이다. 또 태어난 지 며칠 안 되는 아기를 물이 가득 든 유리관에 넣어놓으면 저 혼자 날렵하게 헤엄친다는 연구도 있다.

이처럼 아기는 물 속에서 최초의 성장을 한 탓인지 물을 무척이나 좋아하며, 또 물을 갖고 놀면서 많은 것을 배우기도 한다. 물은 단순한 것 같지만 촉감이 있고, 소리가 나고, 물건을 띄우기도 하고, 더러운 것을 씻어주는 등 물만의 독특한 성질이 있기 때문이다.

물놀이를 하면 빨랫거리가 많아지고, 집 안이 더러워지고, 감기나 배탈이 나고, 또 위험하다는 등 부정적으로만 보면서 말릴 게 아니라, 아이들이 손쉽게 즐길 수 있는 자연적 교재라고 생각해 적극 권함으로써 즐거움 속에서 많은 것을 배우게 해주는 것이 좋다. 외국에서는 기저귀를 찬 아기들을 위한 수영교육까지 널리 보급되어 있다. 수영복 대신 기저귀를 차고 엄마와 함께 풀장에 들어간 아기는 엄마라는 안정감의 근원이 있기 때문에 물이 무섭기는커녕 마냥 즐겁기만 하다. 어릴 때부터 물을 즐기면서 자란 아이는 물만 보면 공포를 느끼는 어른으로 자라지 않는다.

여름철 바다나 강에 가서 아이가 물가를 걷기만 해도, "아니 너 빠져 죽으려고 그래!" 하고 소리쳐 물에 대한 공포심을 심어주기보다는, 수심이 얕고 파도가 심하지 않은 곳을 찾아가 자연스럽게 놀게 해주면 아이들은 물에 익숙해지면서 물의 촉감을 통해 감각을 발달시킬 것이다.

물놀이는 반드시 바닷가나 강가에서만 할 수 있는 것이 아니다. 여름철

마당 한구석에 또는 물이 빠지는 아파트 베란다에 비닐 풀이나 커다란 고무함지, 플라스틱 설거지 그릇, 하다못해 큰 세숫대야에라도 물을 넣어주면 훌륭한 물놀이터가 된다. 공중목욕탕이나 집의 목욕탕도 좋은 물놀이터다. 물놀이를 할 때 빈 샴푸병, 작은 냄비, 양은그릇, 플라스틱통 등 일상생활에서 흔히 구할 수 있는 물건들을 주면 더욱 재미있는 물놀이가 된다. 가끔 액체비누를 조금 넣어서 거품을 만들어주면 아이들은 한결 흥이 날 것이다.

그렇지만 아이들이 물을 좋아한다 해도 절대로 방심해서는 안 된다. 아무리 얕은 물에서도 익사할 수 있는 일이므로 한시도 방심하지 말고 살펴봐야 한다. 아이들이 재미있게 노니까 그 동안 다른 일을 하겠다고 자리를 뜨는 것은 아주 위험하다.

미국에서 두 아이를 키울 때의 일이다. 뒷마당에 플라스틱 수영장을 마련해 물을 5㎝ 정도 넣어놓고 돌 지난 둘째를 놀게 했다. 물이 얕아서 혹시 넘어진다 해도 익사하거나 할 깊이는 아니었기 때문에 부엌에서 저녁을 준비하며 3분마다 내다보곤 했다. 둘째가 안전한 것을 보고 안심하고 부엌일을 하다 다시 확인하려고 돌아선 순간, 아이가 엎어져서 허우적거리고 있는 것을 발견했다. 그 3분 사이에 큰아이가 호스로 부어댄 물에 둘째가 둥둥 떠버렸던 것이다.

공중목욕탕에 가면 아이들은 악을 쓰며 울고, 엄마는 아이가 도망갈세라 움켜잡고 때수건으로 때를 미는 모습을 으레 보게 된다. 집에서도 목욕물 트는 소리만 들으면 십 리쯤 도망가는 아이들이 있는데, 대부분 깨끗한 것을 좋아하는 엄마일수록 어린 자녀가 더러운 꼴을 못 보고 때를 밀기 때문에 아이들은 물을 기피하게 된다. 아이들을 목욕시킬 때는 때 미는 데 초점을 맞출 것이 아니라 아이들이 즐겁게 노는 데 초점을 맞춰야 한다. 욕조에서 물놀이를 하는 동안 비눗물이 풀렸을 때는 눈이 매워서 아이가 목욕을 싫어하게 될 수 있으므로 머리를 감길 때 특히 주의해야 한다. 아이에게 "눈이 매워지지 않도록 엄마(아빠)가 조심할게" 이렇게 말해주고 실제로도 조심해가며 아이의 머리를 감긴다.

목욕탕 안에 빈 컵, 크고 작은 플라스틱 그릇들을 넣어주어 아이가 그것을 가지고 놀면서 자연스럽게 부피에 관한 개념을 익히게 할 수도 있다. 피아제의 연구에 따르면, 취학 전 아이들은 그릇의 모양이 달라지면 물의 양도 달라진다고 생각한다고 한다. 크기가 같은 A와 B 두 그릇에 같은 양의 물을 넣은 다음 B 그릇의 물을 목이 긴 C 그릇에 옮겨 담으면 아이들은 C 그릇의 물이 더 많다고 자신 있게 대답한다는 것이다. 또다시 B 그릇의 물을 D 모양의 그릇에 옮겨 담고 A 그릇의 물과 비교하게 하면 아이들은 이번에는 D 그릇의 물이 더 적다고 생각한다.

그러므로 이처럼 부피에 대한 개념이 불확실한 아이에게 여러 가지 크기의 그릇에 물을 담았다가 다른 그릇에 옮겨 부으며 놀게 하면 양에 대한 개념을 올바로 정립하는 데 큰 도움이 된다.

목욕탕 안에 깃털·플라스틱·탁구공·나무토막·구슬·숟가락 등 무겁고 가벼운 물체를 여러 가지 넣어줌으로써 물 위에 뜨거나 가라앉는 등 서로 다른 물체의 성질을 깨닫게 해주는 것도 좋다.

또한 아이가 자기 스스로 머리를 감거나 비누칠을 하려고 할 때는, 엄마가 직접 해줄 때보다 시간이 더 걸리고 번거롭더라도 인내심을 갖고 기회를 주면 아이가 자립심을 키워갈 수 있는 좋은 계기가 될 것이다.

물놀이는 개념 발달을 도울 뿐 아니라 바른 생활습관을 키우는 역할도 한다. 엄마가 빨래를 하거나 부엌일을 할 때 "엄마, 나도 할게요" "내가 도와줄게요" 하면서 쪼르르 달려오는 아이가 있다. 이렇게 자발적으로 엄마를 돕겠다는 마음이 싹트는 것은 아이의 습관이 바른 방향으로 자라나는 기본요소가 된다.

물론 아이의 도움이란 도리어 방해가 되기 십상이어서 귀찮겠지만 모처럼 엄마를 돕겠다고 나선 성의를 저버려서는 안 될 것이다. 아이가 한 빨래가 마음에 들지 않으면 몰래 다시 빨고, 설거지통에서 깨질 만한 그릇은 미리 치우면서라도 아이가 엄마를 돕게 하는 것은 훗날 엄마와 나아가 아내를 도와주는 마음의 바탕이 된다.

아이에게 인형을 목욕시키게 하거나 소꿉놀잇감을 씻어보게 하는 것도 일상생활의 좋은 습관뿐만 아니라 상상력을 키운다는 점에서 바람직하다.

아기랑 그림책을

17세기경 지금은 체코가 된 모라비아의 주교 코메니우스는 그림이 들어 있는 세계도록世界圖錄을 만들었다. 세계도록은 그 시대 아이들에게 라틴어를 쉽게 가르치기 위해 그림을 그려놓고, 그 그림에 대한 라틴어를 소개하고, 그것을 다시 모국어로 번역해놓은 일종의 사전이었다. 이때부터 아이들을 위한 책에 그림을 넣으면 좋겠다는 생각이 싹트기 시작했다. 책이 아무리 재미있다 해도 아직 글자를 읽지 못하는 아이들에게는 별로 의미 없는 종이에 불과하기 때문이다.

아이는 나이가 어릴수록 사물을 만져보고, 먹어보고, 놀이해보는 등 직접경험을 할 수 있을 때 많이 배울 수 있고, 또 이때 배운 것은 오랫동안 기억할 수 있다. 그 다음으로 교육적인 효과가 있는 것은 시청각적 교재를 통해 배우는 것이다. 그림책은 직접 경험하지 못할 경우, 또는 직접 경험한 것이라도 추상적인 능력을 키우려고 할 때 아주 좋은 매체가 된다. 예전에 비해 텔레비전이나 컴퓨터에 비치는 영상까지 보는 요즈음 아이들이 더 많이 알고 더 똑똑해진 것과 같은 이치다.

그림책은 아주 어릴 때부터 보여주는 것이 좋다. 백일이 갓 지난 아기에게 밝은 삼원색으로 그려진 큼직큼직한 그림들을 보여주면서 "아가야, 이건 빨간 사과란다" "이건 자동차야"라며 간단한 말로 이야기해주면, 아기들이 그 말은 이해하지 못해도 색깔에는 눈이 끌리게 된다. 나중에는 엄마 목소리와 그림도 연결할 수 있게 해주어야 하는데, 이때 처음에는 그림만 있는 것, 3~5세 정도가 되면 글자 수가 훨씬 많은 이야기책이 좋다.

아이들에게 그림책을 읽어줄 때는 그림 밑에 씌어진 글자를 또박또박 읽어주어야 한다. '비행기' '사과' '기차' 등을 두고두고 되풀이해주면, 아이는 '비행기'의 '기'와 '기차' '기린' 등의 '기'가 같은 글자임을 깨닫고는 "비행기 할 때 '기'자야, 엄마" 하며 신기하게 생각한다. 그러는 동안 아이는 자연스럽게 글자를 익히게 되는 것이다. 한 가지 주의해야 할 것은 "아까 읽어줬잖아. 바보, 그것도 몰라" 하는 식으로 면박을 주지 말아야 한다는 점이다. 면박을 주면 아이들은 잔뜩 긴장해버려 글자의 모양은 자세히 보지도 않고 달달 외웠다가 엄마가 물어보면 얼른 대답해버린다. 이렇게 되면 집중력도 없고 덜렁거리는 성격이 되기 쉽다.

아이들이 집중할 수 있는 시간은 만 3세 이전에는 한 번에 3분, 3~4세는 5~8분, 5~6세는 15분 정도다. 아이의 흥미가 지속되고 더 읽기를 원할 때는 시간을 연장할 수도 있다.

아이들은 가끔 혼자서 그림책을 보며 큰 소리로 이야기를 할 때가 있다. 이때는 대부분의 아이가 엄마가 읽어준 내용에다 자기 나름대로 붙이기도 하고 빼기도 하는데, 이는 유아 특유의 상상력 때문이다. 이럴 때는 "어디 그런 말이 씌어 있니"라며 간섭할 것이 아니라 마음껏 즐기게 내버려두는 것이 좋다.

그림책을 읽은 뒤에는 도화지와 크레파스 등을 주고 머릿속에 있는 이야기들을 그림으로 나타내게 해본다. 또 이야기를 식구들끼리 연극화하여 아이의 상상력을 마음껏 펴게 하는 것도 좋다.

아이의 독서력은 어려서부터 길러진다는 점에 유의하여 바람직한 독서 태도를 본받게 해야 한다. 즉 엄마 자신이 하루 한 번, 바쁘면 일주일에 한 번이라도 진지하게 독서하고 공부하는 태도를 어린 자녀에게 보여줄 필요가 있다. 엄마는 일 년 열두 달 책 한 권 안 읽으면서 자녀들에게만 읽으라고 하면 아이들은 그 말을 간섭으로 여긴다. 또 엄마가 미용실 같은 곳에서 월간지 정도의 책만 읽으면, 아이들도 쉬운 만화나 읽고 글씨가 잔 어려운 책들은 거들떠보지 않으려 할 것이다.

엄마 아빠가 책을 읽으면서 진지한 기쁨을 느끼면 아기들도 그 분위기를 느끼게 된다. 책읽기를 즐기려면 무엇보다도 마음으로부터 기쁨을 느낄 수 있어야 한다. 아이가 이해할 수 있는 책을 연령에 맞게 골라줌으로써, 책이란 어렵고 딱딱한 것이 아니라 재미있고 즐거운 것이라는 사실을 깨닫게 해주어야 한다.

책을 가까이하게 하려면

아이들이 컴퓨터에만 매달리는 요즈음 책을 읽게 하는 일이 더 어려워졌다. 그래도 책 읽기는 반드시 해야 할 일이므로 부모들은 더 유의해 아이들이 책과 가까워지도록 할 필요가 있다.

이를 위해 부모는 첫째, 자신부터 책 읽기를 즐겨야 한다. 프랑스의 작가 사르트르는 할머니 · 어머니에게서 이야기 듣기를 즐겼다. 어느 날 그는 어머니의 눈이 무릎에 놓인 어느 물건에 고정되어 있는 것을 보았다. 어머니, 할머니는 이것을 '책'이라고 불렀고 집은 책으로 가득 차 있었다. 사르트르는 재미있는 이야기들이 사실은 책에서 나왔다는 것을 깨닫고 글자를 배워 책을 읽기로 결심했다고 한다.

둘째, 문제가 생겼을 때 "가만 있자, 이걸 어떻게 해결하나? 지시 사항을 읽어보자" "책을 찾아보자"며 책에서 지혜를 얻을 수 있음을 모범으로 보여준다. "엄마, 이게 무슨 꽃이야?" 할 때 잘 모른다고 해서 "몰라"라고 하기보다는 야생화 식물도감을 찾아보는 것도 아이들을 책으로 이끄는 한 가지 방법이다.

셋째, 아이들의 발달에 적합한 책을 선택해 읽어주는 것이다. 돌이 되었을 때에는 아이를 무릎에 앉히고, 책장이 두껍고 한 쪽에 그림이 하나 정도 그려져 있는 책의 그림을 보며 이야기를 나눈다. 다음에는 글이 한 쪽에 두어 줄써 있는 동화책을 읽어주고, 유치원생이 되면 한 쪽에 한 문단 정도 있는 책을 읽어주면 된다. 아이들이 자라면서 자신이 선호하는 책을 읽어달라고 할 때, "위인 이야기나 과학 이야기 등 지식을 얻을 수 있는 책을 읽어야지, 왜 매일 신데렐라, 잠자는 공주니?" 하며 잔소리를 하기보다는 일단 읽어주어 아이가 책을 즐기게 한 다음 지속적으로 다른 종류의 책을 읽도록 분위기를 조성하는 것이 좋다.

넷째, 아이들이 책을 선택할 수 있는 기회를 준다. 그러면 책에 대한 아이들의 관심이 커진다. 정기적으로 서점을 방문해 책을 고르게 하는 습관을 기르면 많은 도움이 된다. 대형 서점도 좋지만 동네 가까운 곳에 있는 책방을 단골로 정해놓고 자주 들르면 좋다. 서점으로 향하기 전에 아이들하고 반드시 해야 할 약속은 "오늘은 한 권(또는 두 권)만 살 수 있어"라며 한계를 정해주는 것이다. 바른 소비 습관도 기르고, 선택한 책은 반드시 읽는 습관도 갖게 하기 위해서다.

9장
욕구 조절이 첫 걸음
_도덕성의 발달

남의 물건을 대하는 엄마의 뚜렷한 태도와 행동을 경험하면서 남의 물건을 함부로 가지면 안 된다는 개념을 터득하게 된다. 또한 '남의 것'을 가르치기 전에 '아이의 것'에 대한 소유 개념도 분명히 해주도록 한다. 아이의 서랍을 열 때는 허락을 받고 열어봐야 하며, 아이 앞으로 온 편지를 아이의 동의 없이 먼저 뜯어보거나 하지 않아야 한다. 비록 그 편지가 학원 같은 곳에서 광고용으로 보낸 것이라 할지라도 말이다.

엄마 아빠의 **모범**이 중요하다

둘째가 4년 6개월 됐을 때였다. 가사 도우미 할머니와 언니랑 목욕을 가게 했는데 헐레벌떡 돌아오더니 "엄마, 큰일났어요. 엄마한테 할 말 있어요. 하드 통(50×50×100㎝ 크기의 커다란 보온병으로, 1990년대 초반까지 아이스바라든가 아이스크림콘 등을 넣어놓고 팔던 통)을 깨뜨렸는데 할머니가 도망가라고 해서 왔어요. 무서워" 하는 것이었다.

뒤따라 들어온 할머니 말이, 둘째가 가게 앞에 놓여 있는 하드 통을 넘어뜨렸는데 주인이 보지 못했으니까 괜찮다고 했다.

내가 "엄마하고 그 가게에 가 보자. 만일 아이스크림 통이 깨졌으면 가서 미안하다고 말씀드리고 새로 사 드리자. 잘못한 것도 말할 수 있는 용기가 있어야 한단다" 하자 할머니는 "관둬요. 5천 원(1976년에 5천 원은 큰돈이었다)은 물어줘야 돼요. 깨졌으니까 갈 것 없어요" 하며 말렸다.

"엄마, 난 세뱃돈 은행에 다 넣었단 말예요. 엄마, 돈 많이많이 줘야 되나요?"

"글쎄…, 가봐야 알지. 돈을 많이 드려야 하면 네 돈 조금하고 엄마 돈을 합해서 갚아드리자."

두 달 된 젖먹이를 재우는 동안 둘째는 덜덜 떨면서 "엄마, 난 안 갈래요. 엄마, 난 엄마 옆에만 있을 거예요" 했다.

드디어 우리는 만 원을 챙겨들고 집을 나섰다. 문제의 그 가게가 가까워지자 첫째와 둘째는 슬그머니 뒤처지면서 골목에 숨으려고만 들었다.

"엄마하고는 괜찮아" 하며 태연히 앞서 걸어가니 두 아이는 치마폭에 휩싸이며 따라왔다.

"아주머니, 아까 우리 아이가 하드 통을 넘어뜨리고 겁이 나서 도망을 왔다는군요. 죄송합니다" 하며 사과하자 주인 아주머니는 "괜찮아요. 안 깨졌는걸요. 나와 보니 넘어져 있더라구요" 했다. 둘째도 그제야 "아주머니, 미안해요" 하며 나섰다. 우리는 모두 홀가분한 마음으로 즐겁게 아이스크림을 사가지고 돌아왔다.

자녀를 키우다 보면 이런 일이 수없이 일어나고, 어떻게 처리해야 할지 모를 때가 더 많다. 특히 돈이 드는 일일 때 부모들은 더욱더 망설이거나 아예 없던 일로 치고 아무런 조처를 취하지 않는다. 그러나 이런 작은 일을 처리하는 과정을 지켜보면서 아이들의 도덕성은 자란다. 미국에서 학교 청소일을 하며 학교를 다니던 분의 가정을 방문한 적이 있었다. 어려운 살림을 꾸려나가느라 종이 냅킨은 학교 것을 몰래 갖다 쓰는 것 같았다. 그 집 세 살짜리 아들은 아주 자랑스럽게 "이건 우리 아빠가 학교에서 갖고 왔다"고 이야기했다.

아이들은 일상생활에서 부모나 어른들이 행동하는 것을 보면서 도덕성을 형성해간다. 그러기에 부모들은 무슨 가치관을 길러주고 싶은지를 확고히 생각해서 말이나 행동을 할 때 그 뜻이 나타나도록 노력해야 한다. 아니, 특별히 노력하지 않아도 일상생활을 하는 부모의 행동에서 가치관은 배어나온다. 발달 특징상 아이들은 자기중심적이고 물질중심적이기 때문에 부모들이 조심하지 않으면 미국의 그 유학생 아들처럼 남의 물건을 집으로 가져와도 좋은 것으로 생각하는 엉뚱한 결과를 초래하게 된다.

인간의 도덕성이 어떻게 발달되는지를 연구해온 학자가 있다. 특히 물질적 손해와 의도적 행동의 정도에 대해 아이들이 어떻게 반응하는지를 연구한 콜버그는 다음과 같은 질문을 던졌다.

"한 어머니가 시장에서 컵을 열 개 사온 뒤 아이에게 엄마가 사온 컵을 치울 동안 잠깐만 부엌에 들어오지 말라고 했다. 그런데 아이는 엄마가 잠깐 나간 사이에 컵을 갖고 놀다가 하나를 깨뜨리고 말았다. 다른 경우는 어머니가 시장에서 컵 열 개를 사다가 부엌문 뒤에 놓아둔 것을 모르고 아이가 문을 활짝 열다 컵 열 개를 모두 깨뜨린 것이다. 어떤 아이가 더 잘못했다고 생각하니?"

연령이 어린 아이들일수록 열 개 깨뜨린 아이가 더 잘못했다고 했지만 초등학교 3학년쯤 된 아이들은 엄마 말을 듣지 않고 의도적으로 잘못을 저지른, 즉 한 개를 깬 아이가 잘못이라고 하였다.

우리나라 아이들에게 똑같은 질문을 던졌더니 연령이 어린 아이들은 물론, 초등학교 3학년 중에도 열 개 깬 아이가 잘못이라고 하는 아이들이 많았다. 왜 열 개 깬 아이가 잘못했는지 물어봤더니 "많이 깨뜨려서 엄마한테 혼난다"는 대답이었다. 미국 아이들에 비해 한국 아이들은 물질적인 손해에 따라 도덕적인 판단을 하는 경향이 있다. 그 이유는 우리 어른들이 경제적인 면에 치중하여 생활하다 보니 도덕적인 판단이나 양심적 사고에는 소홀하기 때문인 듯하다.

도벽

초등학교 1학년 아들을 둔 어떤 어머니가 아들의 도벽 때문에 걱정이었다. 분명히 돈을 준 적이 없는데 이것저것 잡다한 물건들을 많이 사들여오더라는 것이다. 아들을 다그치며 어디서 돈이 났는지 물으니 지나가는 어떤 아저씨가 주었다고 했다. 어떤 아저씨냐고 묻자 우물우물 얼버무리더란다. 결국 그 어머니는 아들이 어머니 지갑에서 돈을 몰래 꺼냈으며, 아파트 단지 안의 한적한 곳에다 돈을 숨겨두고 물건을 사오곤 했다는 것을 알아냈다.

아이들이 돈에 욕심을 내는 것은 부모의 관심을 제대로 받지 못하거나 어려워서 대화를 할 수 없을 때다. 용돈을 전혀 주지 않기 때문에 궁색해서 훔치기도 하지만, 용돈이 너무 헤퍼서 돈의 가치를 깨닫지 못하기 때문에 그런 일이 일어나기도 한다. 그러나 무엇보다도 아이들은 '남의 물건'이라는 개념이 희박하고 자기 욕구를 조절하는 능력이 부족하기 때문에, 또 엄마 아빠의 돈은 자기가 써도 된다는 생각 때문에 돈을 꺼내는데, 이런 일이 습관으로 굳어지면 훔치는 아이가 된다.

어른 자신이 금전 관리를 잘못해도 도벽이 생길 수 있다. 자녀교육 문제를 상담할 때 경험한 일이다. 만 세 살 아들과 그보다 어린 딸을 둔 어머니의 경우였는데, 그 집 아이들은 "돈이 예뻐" 하며 돈을 무척 좋아하였다. 엄마 지갑에서 돈을 모두 꺼내어 동그란 원을 만들어놓고 둘이 그 안에 들어앉아 좋아했다. 어느 날은 집에 온 손님들이 엄마와 이야기하는 동안 손님들 핸드백을 모두 열고 돈을 꺼내 누구 것인지도 모르게 섞어놓은 적도 있었다고 한다. 그런데 세뱃돈을 받으면 천 원이건 2천 원이건 엄마에게 주는 것을 보면 아직 돈에 대한 개념은 생기지 않은 것 같다고 해석했다.

그 어머니와 한참 이야기를 나누는 동안 원인은 어머니의 잘못된 금전관리에 있다는 사실을 알았다. 아이의 손이 닿지 않거나 모르는 곳에 지갑을 챙겨두어야 하는데도 귀찮다는 이유만으로 아무 데나 놓았던 것이다. 이보다 더 심각한 잘못은 아이의 도덕성 발달에 대한 무관심이었다.

그 어머니가 사는 아파트에 비슷한 또래의 두 아이를 둔 친구가 있었다. 자주 모여 커피를 마시며 이야기하는 것이 즐거움인데, 아이들이 달라붙어 대화가 제대로 이어지지 못했단다. 그런데 어느 날 네 아이가 지갑에서 돈을 꺼내어 놀면서부터 아이들이 달라붙지 않아 좋았다는 것이다. 그래서 두 엄마는 "그래라, 돈이나 갖고 놀면서 재미있게 지내라. 그동안 우리는 스트레스나 풀게" 하고 내버려두었단다. 나중에 혹시 이런 방법이 잘못된 것은 아닐까 싶어 돈을 가지고 놀지 못하게 했더니 떼를 쓰고 울었다. 이 집 아이의 문제는 '도벽'으로 연결될 가능성이 컸기 때문에 하루 빨리 그런 습관을 고치게 해야 한다고 권고한 적이 있다.

아이들에게 도벽이 생기지 않게 하려면 아기 때부터 자기 것과 남의 것에 대한 인식을 바르게 길러주어야 한다. 어릴 때는 다른 사람의 물건이라는 데 대한 인식이 없고 갖고 싶은 생각은 강하기 때문에 친척집이나 친구집에 갔다가 친구 놀잇감을 들고 나오는 수도 있다. 아이가 뭘 알까

싶어서 또는 갖겠다고 고집을 부리기 때문에 귀찮아서 그냥 가져가게 하는 경우가 있는데, 이것은 좋지 않다. 아이는 자기가 원하는 것이면 무엇이든 가질 수 있다고 착각할 수 있고, 그런 생각이 굳어진 뒤에는 고치기 힘들다. 그 집 어른들이 가져가라고 권해도 사양하고 "네가 그렇게 놓고 싶으면 다음에 또 오자"고 권유하고, 그래도 말을 안 듣고 떼를 쓰거나 하면 물건을 그 댁에 놓고 아이를 번쩍 안고 나오도록 한다. 막무가내로 고집을 부려서 물건을 빌려오게 될 때는 그 물건이 아무리 하찮은 것이라도 아이와 함께 그 집을 다시 방문해 돌려주어야 한다.

다섯 살 난 조카 수영이가 집에 놀러 왔다가 집짓기 놀이 나무토막 한 개를 주머니에 넣고 간 적이 있다. 마침 그 날 수영이네 집 근처에 있는 공장에서 밤에 도둑을 맞았다고 난리들이 났다. 도둑이라는 개념이 없던 수영이가 엄마에게 "도둑이 뭐예요?"라고 묻자 수영이 엄마는 "도둑은 남의 물건을 가져가는 사람이야"라고 대답해주었다. 수영이는 얼굴이 새하얘지면서, "그럼 내가 도둑이구나"라고 하였다. 수영이 엄마는 수영이와 함께 그것을 가지고 일부러 큰이모집을 방문하였다. 그 작은 나무토막을 돌려주고 나서야 수영이는 마음을 놓았다.

아이들은 '내것'인지 '남의 것'인지 판단하지 못할 때가 있다. 그러나 남의 물건을 대하는 엄마 아빠의 뚜렷한 태도와 행동을 경험하면서 남의 물건을 함부로 가지면 안 된다는 개념을 터득하게 된다. 또한 '남의 것'을 가르치기 전에 '아이의 것'에 대한 소유 개념도 분명히 해주도록 한다. 아이의 서랍을 열 때는 허락을 받고 열어봐야 하며, 아이 앞으로 온 편지를 아이의 동의 없이 먼저 뜯어보거나 하지 않아야 한다. 비록 그 편지가 학원 같은 곳에서 광고용으로 보낸 것이라 할지라도 말이다.

'내것' '남의 것'에 대한 개념을 기르는 방법으로 용돈의 사후 관리도 빼놓을 수 없다. 용돈이 어떻게 쓰였는지 지출을 파악해보는 것이 좋다. 어른들이 준 액수보다 비싼 물건을 사들여올 때는 어디서 돈을 구했는지 살펴보아야 한다.

다섯 살 난 유나에게 용돈으로 일주일에 30원을 주던 때였다. 분명히 돈이 없다는 것을 알고 있는데 50원짜리 아이스바를 들고 있었다. "유나야, 그 아이스바 어디서 났니?" 하고 묻자 "가게 아저씨가 착하다고 줬어" 하는 것이었다. "그러니? 그럼 엄마하고 아저씨께 인사하러 가자" 하며 앞장서서 나갔더니 "엄마, 할머니가 줬어" 하였다. 그래서 "그래? 그럼 할머니께 여쭤봐야겠구나" 하며 부엌 쪽으로 갔다. 그제야 유나는 "엄마 가방에서 꺼냈어요" 하고 실토하는 것이었다. 나는 엄마 가방은 엄마 것이니까 허락을 받고 꺼내야 한다는 것을 인식시켰고, 꼭 사고 싶은 것이 있으면 엄마나 아빠에게 의논하라고 말해주었다. 그 뒤로 유나는 엄마 가방에서 돈을 꺼내지 않았다.

장사를 하는 가정에서는 많은 돈이 왔다 갔다 하기 때문에 아이들이 돈에 대한 유혹을 많이 느낄 수 있다. 처음부터 금전 관리를 잘해서 아이들에게 도벽이 생기지 않도록 해야 한다. 어떤 어머니들은 아이가 돈을 가져가는지 아닌지 알아보려고 돈을 일부러 방바닥에 놔두는 경우가 있는데, 이것은 좋은 방법이 아니다.

루소는 그의 저서 《에밀》에서 자녀를 교육할 때 욕망을 줄일 수 있도록 가르치는 것이 중요하다고 했다. 욕망은 커질수록 채워지기 힘들고 좌절과 불만을 이끌어온다. 아이들은 자기 수준에 맞게 욕망을 조절할 수 있는 방법도 배워야 한다. 어려서부터 사달라는 것은 다 사주고, 떼쓰고 울기만 하면 안 된다고 했던 것도 다 해준다면 욕망을 조절할 수 있는 능력을 기를 기회를 놓치게 된다.

아이의 소비 태도는
부모로부터 나온다

　젊은 시절 유대계 미국인 가정에서 몇 달 동안 지낸 적이 있었다. 딸 하나 아들 둘을 둔 엘렌은 아이들에게 일주일에 한 번씩 용돈을 주고 있었다. 3학년 보브에게는 75센트, 1학년 데이비드에게는 50센트, 유치원 다니는 데비에게는 25센트였다. 아이들은 매일 자기들 능력에 맞는 일을 책임지고 있었다. 남자아이들은 하루 걸러 번갈아가며 집 안의 쓰레기통을 내다 비웠고, 데비는 식탁에 스푼과 포크·접시를 차려놓았다. 그 주간 동안 자기 책임을 다하지 못했을 때는 받아야 할 용돈을 주지 않거나 적게 주는 것을 당연하게 여겼다. 삼형제는 미리 무엇이 필요한지 나름대로 생각했다가 자기 용돈으로 사거나, 살 것이 없을 때는 각자 자기 통장에 입금해달라고 엄마에게 부탁했다. 계획하는 모습, 돈을 귀중하게 여기는 모습, 저축하는 태도, 저축한 돈이 모이면 엄마 아빠의 생일 선물을 사거나 뉴욕에 있는 할머니에게 선물을 보내는 등, 몹시 부러운 생활태도였다.

　이런 일에 익숙지 않았던 나는 놀라움을 감추지 못했다. 유치원 다니는 아이까지 어쩌면 저렇게 성실하게 금전을 관리할 수 있으며, 돈을 목적이 아닌 수단으로 이용할 수 있을까 감탄스러웠다.

　용돈은 필요할 때마다 우발적으로 주는 것보다는 정기적으로 주어서 아이들 스스로 금전을 관리하는 기회를 마련해주는 것이 바람직하다. 어른들 보기에는 쓸데없어 보이는 물건들이나 종이인형·문방구류·아이스크림 등이 아이들에게는 귀하게 느껴질 때가 많다. 필요하다고 여겨지는 물건이나 간식을 모두 마련해주고 아이에게는 전혀 돈을 사용해볼 겨를을 주지 않는다면, 아이 마음에 부러움과 부족함을 쌓이게 한다. 필요한 문구류를 모두 사주었고, 간식도 유명 메이커 것만 사다가 먹인 부잣집 아이가 천 원짜리 얼음과자가 먹고 싶어 동네 쓰레기통에 버려진 것을 주워 먹으려는 것을 발견하고 경악한 초등학교 선생님이 있었다. 그런 행동은 용돈을 쓰려고 계획하는 동안 자기 나름대로 느끼는 기쁨, 필요한 물건을 자기 손으로 샀을 때의 만족감을 느끼지 못했기 때문에 얼마든지 나올 수 있다.

용돈을 주는 것도 중요하지만 무엇보다도 중요한 것은 사후관리다. 검사처럼 "너 그 돈 다 어디에 썼어? 말해봐" 이렇게 말하기보다는 아이가 무슨 물건을 샀으며 은행에는 얼마만큼이나 저금했는지 등을 살펴보고 바람직하지 못한 낭비습관이 들지 않도록 도와주어야 한다. 용돈 관리를 위해 자녀와 이야기를 나눠보면 아이의 흥미·친구관계·욕구 등을 파악해낼 수도 있다. 자녀가 지금 먹는 것에 흥미를 느끼는지, 친구들을 사귀는 데 신경을 쓰는지, 장식품에 관심이 있는지 등을 알아낼 수 있게 된다.

아이의 바람직한 소비 태도를 기르는 데 가장 중요한 것은 역시 부모들의 금전 관리 태도다. 부모 자신은 사치스러운 외제 물건을 사재기하거나 돈을 펑펑 쓰면서 자녀에게만 검소하게 절약하며 살라고 한다면, 부모에 대한 불신감만 자랄 뿐 바람직한 금전 관리 태도는 형성되기 어려울 것이다.

경쟁과 협력

현대사회는 경쟁사회다. 유치원에 들어가려 해도 추첨으로 경쟁해야 하고, 초등학교에 들어가서도 경쟁을 해야 하며, 대학엘 들어가려면 특히 피나는 경쟁을 치러야 한다. 경제상황이 좋지 않을 때에는 좁아진 취업문에 도전하기 위해 끝없는 경쟁을 해야 한다. 바람직한 교육을 받아야 하는 것은 모든 인간의 당연한 권리인데도 불구하고 모두 교육이라는 미명 아래 치열한 경쟁 속에서 아이들을 불행하게 만들고 있다.

부모들은 아이가 유치원에 들어가기 전부터 이웃집 아이보다 더 잘하게 하려고 온갖 일에 경쟁하도록 부추긴다. 다른 아이보다 그림을 더 잘 그려야 하고, 노래도 더 잘해야 하고, 영어도 더 잘해야만 한다. 초등학교에 들어가면 반드시 반장을 해야 하고 올백을 받아야 한다. 그래야 부모들은 안심한다. 이런 현상은 도시일수록 더 심하다.

어느 유치원에서 두 아이가 이야기를 나누고 있었다. 잘사는 집 아이가 가정형편이 좋지 못한 친구에게 "넌 좋겠다. 가난해서"라고 말하자 그 친구는 "너네 집은 뭐든지 다 있으니까 네가 더 좋잖아" 하고 말했다. 그러자 부잣집 아이는 "넌 가난하니까 유치원 끝나고 미술학원, 음악학원, 태권도장에 가지 않고 놀아도 되잖아"라며 자기 심정을 말하는 것이었다.

발달심리학자 이선인 교수는 미국인 교수와 함께 서울·대구·안동에 거주하는 아동들을 대상으로 아이들의 협동심에 대해 연구하였다. 그 연구에 쓰인 실험기구를 묘하게 만들었는데, 가운데에 구슬이 들어 있는 상자가 있고, 양쪽에서 줄을 잡아당기면 문이 열려 구슬이 하나씩 굴러나오게 되어 있었다. 단, 둘이 양쪽에서 한꺼번에 잡아당기면 문이 닫혀 구슬이 굴러 내려온다. 안동에 사는 아이들은 한 번쯤 해보고 서로 협력해야 한다는 것을 깨닫고 번갈아가며 줄을 잡아당겨서 구슬을 얼마만큼 가졌는데, 대도시에 사는 아이들일수록 그런 협동이 이루어지지 않고 서로 잡아당겨 자기가 먼저 가지려고 했다. 이는 과도한 경쟁의식이 습관화되어 나타난 행동이 아닌가 싶다. 어릴 때부터 수단과 방법을 가리지 않고 경쟁해야 한다는 것을 배우는 대신 최선의 노력을 하되 서로 협력할 수 있는 마음의 자세를 지니게끔 이끌어야 한다.

경쟁시대를 사는 오늘날, 수단과 방법을 가리지 않고 남을 이기려는 경쟁자는 제풀에 불안해지고 만족을 찾지 못한다. 자기 능력의 한계 내에서 최선을 다하는 사람들이 일에 만족하고 성취감도 맛보게 된다. 똑같이 경쟁적으로 잡아당기기만 했기 때문에 아무도 구슬을 갖지 못했던 실험의 결과처럼, 경쟁은 어렵게 했는데도 마음이 불안하고 얻은 것도 없는 결과와 같다. 경쟁하는 것만 배우고 협력하는 것을 배우지 못한 아이, 성공하는 것만 배우고 실수하는 것을 배우지 못한 아이는 평생 불행하다.

나는 시험을 볼 때 한 문제도 틀린 적이 없었나? 늘 반장만 하고 다른 친구들보다 잘하기만 했었나? 자녀들보다 적어도 20년은 더 살아온 우리 부모들은 한 번도 실패하지 않고 성공만 해왔는지 돌이켜보면 이 질문에 대한 답은 명백해진다. 아무리 성공한 부모라 해도 성공만 거듭한 것은 아니며, 실수도 하고 잘못 판단할 때가 분명히 있었다. 실수했다고 해서 너무 실망하지 않고 다시 노력한 결과 우리는 지금 우리 나름대로 살아가고 있다.

다른 사람과 비교한 뒤 그를 따라가려고 경쟁하다 보면 오히려 일을 그르칠 때가 있다. 경쟁은 늘 자기 자신과 해야 한다. 내 능력의 한계는 60인데 능력을 100으로 갖고 태어난 사람과 비교하여 100이 되려고 노력하기보다는, 이 60이라는 한계를 최대한으로 계발하는 노력을 기울여야 한다. 예전의 나는 10 정도의 노력을 했을 뿐인데 지금은 30 정도 노력하고 있으며, 앞으로는 60 정도의 노력을 하겠다는 식의 경쟁을 해야 하는 것이다. 100의 능력을 가진 사람이 자기 능력을 40 정도만 계발했고, 능력이 60인 사람이 50 정도의 능력을 계발했다고 하자. 과연 누가 자아를 실현한 것일까?

사람은 이 세상에 태어날 때 저마다 다른 능력을 갖고 태어나며, 재능의 종류 또한 사람마다 다 다르다. 그런데 치열할 경쟁을 벌이고 있는 우리 사회는 '다르다'는 것을 인정하지 않고 모든 사람을 똑같이 만들려고만 하고 있다. 또 수능 성적이 높은 사람, 법대나 의대에 입학하는 사람이 우수하고 인격이 좋은 사람이라는 규격화된 개념을 갖고 있다. 그릇가게에서 큰 그릇만 팔고 간장종지 같은 작은 그릇을 팔지 않는다면 세상이 얼마나 재미없고 융통성 없겠는가? 세 딸을 키우면서, 또 이 세 아이가 장성하여 낳은 아기들이 자라는 것을 보며, 사람도 그릇처럼 모양과 크기와 쓰임새가 다른 재능을 갖고 태어난다는 것을 터득했다. 규격화된, 즉 공부 잘하는 아이로 만들려고 아이를 불행하게 하기보다는 능력에 맞는 자신의 일을 하며 행복과 즐거움을 느낄 수 있게 해주어야 아이들이 자신의 삶을 스스로 계획하고 실행하며 잘 자란다.

'서머힐'이라는 자유로운 학교를 설립하여 세계적으로 유명한 닐은 "신경증을 가진 학자를 교육해내기보다는, 행복한 마음으로 거리를 청소하는 청소부를 교육해내야 한다"고 역설하였다. '남보다 더 잘해야지' 하는 마음으로 경쟁하다 보면 학교공부·음악·미술·무용 등 모든 분야를 다 잘해야 한다는 강박관념이 생기게 되고, 그 결과 자신이 어느 방향으로 가는지도 모르고 갈팡질팡하게 되고 만다. '내가 바라는 것'이 무엇인지를 설정하고, 어려서부터 자신의 과거·현재·미래와 경쟁하는 습관을 들이도록 해야 한다. 아이들이 시험지를 받아왔을 때 "너희 반에서 너보다 잘한 아이가 몇 명이니?" 하며 다른 아이들과 비교하기보다는 "지난번보다 잘한 걸 보니 이번엔 좀더 노력한 모양이구나" 하는 말로 아이가 노력한 과정과 그 결과로서 성취한 바를 인정해줘야 한다.

타인과 경쟁하게 할 수밖에 없는 현실이 아니냐고 부모들은 반문할 것이다. 이게 다 아이를 위해서인데, 누군들 하고 싶어서 그러냐면서…. 그러나 혹시 너무 지나치게 기대하고 있는 것은 아닌지? 너무 완벽한 것을 요구하지는 않는지?

아이에게 실수할 수 있는 권리를 주자. 그리고 그 실수를 딛고 일어서도록 도와주자. 또 내 실수뿐 아니라 친구의 실수를 이용해 경쟁하려는 대신 잘못했을 때 도와주는 마음도 갖게 해야 할 것이다.

이웃끼리 친척끼리 서로 도우면서도 물질적인 보상을 바라지 않았던 우리의 옛 풍습은 아주 아름다운 관습이었다. 지나치게 친밀하다 보니 말이 많아지고 싸움도 하는 폐단이 있었지만 인간적인 측면이 더 많았던 것이 확실하다. 이웃집에 아기를 잠깐만 맡겨도 시간당 얼마라는 돈으로 계산하여 보상하고, 또 상대방도 그것을 당연하게 여기는 미국인의 태도를 동양인으로서는 도저히 몸에 익힐 수 없었건만, 그 슬픈 습관이 어느새 우리나라의 큰 도시에서도 만연하여 안타까울 따름이다.

최근 미국의 유아교육학자들은 협력과 관련해 동양인과 서양인을 비교 연구해보았다. 유치원 아이를 대상으로 한 연구에서 동양 아이들은 서로 돕는 일이 자연스럽게 이루어지는 반면 서양 아이들은 집단보다는 개인을 먼저 생각하더라고 했다. 이것은 동서양의 독특한 문화 때문인데, 미국 학자들은 '협동적 개인주의cooperative individualism'를 배워야 한다며 이를 강조하기에 이르렀다.

이미 우리가 지니고 있는 훌륭한 정신적 전통은 가정에서부터 지켜져야 한다. 어쩔 수 없이 현대를 살아가야 하지만, 서로 돕는 좋은 가치관을 살려나가노라면 '협동적 개인주의'는 우리가 먼저 실행하게 될 것이다.

자기의 타고난 능력을 최대한으로 발휘하되, 꼭 '누가 누구보다 잘해야 한다'는 경쟁심리는 버려야겠다. 모두 똑같이 생긴 꽃·나무·풀만 있다면 이 세상이 얼마나 재미없고 싱거울까를 생각하면 어린 자녀를 저마다 다르게 키워야 할 것이다. 누구나 다 공부에서 1등 하기 위해 줄달음치고 남보다 공부 하나 잘한다는 것으로 만족하게 키운다면 체육은 누가 하며, 그림은 누가 그리며, 발레는 누가 하며, 또 발명은 누가 할까?

아이들은 모두 저마다 다른 능력을 갖고 태어났으며, 그에 걸맞게 각자 다르게 발전시켜줘야 한다. 부모에게는 서로 다른 아이를 다르게 키우는 예지가 꼭 필요하다. 그러나 36년 동안 내 아이와 내 아이의 아이들을 키우면서 느낀 것은 이런 양육 원칙을 지키기가 정말 어렵다는 사실이다. 그러나 이 원칙들을 지켜 아이의 자율성과 선택권을 지켜주려 했던 피나는 노력의 열매는 달콤했다.

싸움의 심리학

'전쟁과 평화' '사랑과 미움' '다툼과 화해' 등 싸움이 곁들여진 반대어는 퍽 많다. 심한 부부싸움을 보거나 형제들끼리 지독하게 다투는 모습을 보면, 이 세상에 싸움이 없으면 얼마나 평화로울까 생각하게 된다. 그러나 싸움이 없는 세상이 존재할 수 있을까? 어떤 때 싸움을 하고 나면 자기도 모르게 후련함을 느끼는 경우도 있다. 싸움이란 어쩌면 필요악인지도 모른다.

'싸움'에는 여러 종류가 있다. 치고받는 싸움, 던지는 싸움, 악을 쓰며 욕을 해대는 싸움, 진지하게 심중을 털어놓는 싸움 등등….

그러면 부부싸움은 어린 자녀들에게 어떤 영향을 주는가?

하루 걸러 싸우는 부모를 둔 아이들은 심리적으로 불안해진다. 바깥에 나가서도 '혹시 집에서 난리가 난 건 아닐까' 걱정하게 되고, 그러다 보면 집에 돌아가기 싫은 심정이 된다. 형제들끼리의 싸움도 치열해질 수밖에 없다. 어디엔가 불안한 심정을 털어놓아야 하니까.

그렇다면 아이들이 보는 동안에는 싸우지 않고 밤에만 살짝 싸우는 부모를 둔 아이는 어떻게 느낄까? 이탈리아계 미국인 친구 캐런은 이렇게 이야기한 적이 있었다. "나는 아직 엄마 아버지가 싸우는 것을 본 적이 없었어요. 그래서 부부란 싸우는 게 아니구나 하고 생각했지요. 그런데 막상 결혼하고 보니 다혈질인 남편 피터는 화가 나면 때와 장소를 가리지 않고 싸우려 하거든요. 처음엔 가슴이 철렁하더니 차츰 싸움을 잘 해결하는 방법을 배웠어요. 어렸을 때 부모들이 싸우는 것을 보기도 하고 해결하는 방법을 배우기도 해야 할 것 같아요."

7년 동안 미국에서 살다가 귀국한 직후, 나는 남편의 늦은 귀가시간을 좀처럼 참아내기 힘들었다. 결혼한 지 사흘 만에 유학을 떠난 터라 한국인으로서의 생활을 터득하기보다는 등교 및 출근 전에 서서 마시는 커피와 토스트로 하는 아침식사, 정확한 저녁식사 습관에 더 잘 길들여진 나로서는 저녁을 해놓고 이제나 저제나 하며 기다리는 한국인 아내 노릇이 꽤나 힘들었다. 전통적으로 남자는 가정 바깥, 여자는 가정에서 일해야 한다는 생각이 지배적이어서 우리나라 남편 가운데 많은 이들이 자녀 양육이나 집안일을 아내에게만 떠넘기기 때문에 싸움을 안 할 수 없는 상황이 지금도 계속되고 있다.

아이들이 어릴 때 남편은 명절 전후에는 밤새도록 친구들과 어울리고 싶어했고, 그렇게 남편이 외박하고 온 새벽에는 부부싸움을 했다. 새벽녘에 서로 따지고 설명하는 것을, 애들이 자다가 들은 모양이었다. 그 날 저녁, 다섯 살이었던 큰애가 안심한 표정으로 식구들에게 "있잖아, 엄마하고 아빠하고 막 싸워서 무서웠다. 근데 나중엔 친해졌어" 하며 호들갑을 떨었다. 부모가 싸우면 혹시 이혼이라도 할까 싶어 겁내는 것이 아이들이다. 싸움을 하더라도 하루 해를 넘기지 않고 화해하는 것을 아이들이 배우게 해야 한다. 싸움이란 격투가 아니라 '의견을 조정하는 과정'이라는 점을 알릴 필요가 있다.

부부간의 싸움이 장기적이 되면 대화가 끊기게 되고, 드디어는 팽팽한 심리적 거부반응이 생긴다. 교육 정도가 높은 부부 사이에서 일어나기 쉬운 이 상태는 무척 해롭다. 부모들은 아이를 통해 상대에게 메시지를 전달하고, 상대도 그 답변을 아이를 통해서 하게 된다. "얘, 아버지 진지 드시라고 해라" "돈? 난 모른다. 아빠한테 가서 얘기해" "엄마한테 가서 아빠 양말 달라고 해" 등등 그런 예는 수없이 많다.

피스톤처럼 이쪽 저쪽을 다녀야 하는 아이의 마음은 어떨까? 아이가 재미로 받아들일 수 없다는 것만은 확실하다. 아이의 인격을 존중한다면 어른들 싸움에 어린 자녀를 무기 또는 방패로 사용하지 않는 것이 바람직하다. 화가 나거나 다른 사람과 의견 충돌이 생겼을 때 자기 혼자 힘으로 해결하지 못하고 타인의 힘을 빌려 해결하려는 행동, 또 모든 잘못을 타인에게 돌리는 태도, 다른 사람을 절대로 이해하지 못하는 태도를 은연중에 가르치는 결과가 된다.

세상을 살아가다 보면 기쁨과 평화와 동의만 있는 게 아니라 좌절과 갈

등과 의견의 차이 등이 반드시 있게 마련이며 또 일어나야만 할 때가 많은데, 이런 상태를 해결하는 능력과 포용하는 능력이 어릴 때부터 조금씩 자라나야 할 것이다. 부부싸움을 효율적으로 한다면, 아이들에게 효과적인 문제 해결 태도를 형성시켜주는 계기가 될 것이다. 가장 사랑하는 사람끼리도 의견이 서로 다를 수 있고, 그 의견 차이는 대화를 통해 합의점에 도달할 수 있음을 배우게 될 것이다. 서로 다른 것 사이에서 조화를 찾는 것이 바로 민주주의이며, 민주주의의 씨앗은 가정에서부터 뿌리내려야 한다.

형제간의 갈등

아이 싸움이 어른 싸움 된다는 말이 생길 정도로 예전에는 동네 아이와 싸우는 자녀를 역성하는 부모가 많았는데, 요즘에는 눈에 띄게 줄어들었다. 바깥에서 일어난 아이들 싸움은 저희끼리 해결하게 해야 한다는 생각이 부모들 마음에 자리잡았기 때문인지도 모른다. 그렇지만 집 안에서 북새통을 치며 "내 거야" "아니야, 내가 먼저 가졌어" "넌 왜 날 때리니? 난 안 때렸단 말야" "엄마, 애 보래요. 날 마구 못살게 군대요"라며 다퉈대는 자녀들의 싸움을 객관적으로 처리할 수 있는 부모는 아주 드물다.

이 밖에도 우리 엄마들은 얼마나 많은 불평·투정·투쟁의 언사를 듣는가? 하루를 지내고 저녁이 되면 두통이 날 만큼 심할 때도 많다.

"우리 아이들은 형제끼리 너무 싸워요. 싸우지 않게 할 수 있는 방법은 없을까요?" 하는 질문을 종종 받는다. 그러면 과연 자녀들로 하여금 싸우지 않게 하는 방법은 없을까? 불행하게도 싸우지 않는 형제는 없으며, 또 부처님처럼 도통할 수 있는 아이도 없다. 또 있어서도 안 된다.

프로이트 학파 심리학자들은 형제간에 싸우는 이유는 자기가 차지해야 할 엄마의 젖 또는 사랑을 동생이나 형에게 빼앗겼기 때문이라고 한다. 무의식적인 세계에서 바로 위의 형이나 아래 동생은 '심리적인 적'이라고까지 표현했다. 형과 동생 사이가 '심리적인 적'인지는 실험을 통해 증명된 사실이 아닌 가정에 불과하지만, 바로 밑 또는 위의 형제끼리 심하게 다투는 것은 주위에서 흔히 볼 수 있는 일이다.

큰아이가 다섯 살, 둘째가 세 살이었을 때다. 외출했다 현관에 들어서자마자 서로 먼저 안기려고 싸움이 시작되었다. 얼른 한 아이씩 양 팔에 끌어안고 "엄만 너도 사랑하고 너도 똑같이 사랑해"라고 말해준 뒤 둘이 하던 놀이를 계속하게 하여 싸움이 더 커지지 않았었다. 그 날 밤 잠자리에서 셋이 '역할놀이'를 하였다. 엄마인 나는 큰애, 둘째는 엄마, 큰애는 둘째 역할을 맡기로 했다. 나는 큰애가 하듯 "엄마, 나만 봐. 여기 봐" 했고, 큰애는 막내가 하듯 징징 우는 소리를 하며 칭얼거렸다. 그러자 둘째가 가운데 누웠다가 벌떡 일어나더니 부산스럽게 내 이마와 언니 이마에 뽀뽀를 하며 "네 엄마도 되고 네 엄마도 돼"라고 말했다.

싸움의 근본 원인이 아이들 자신에게 있을 때도 많지만, 취학 전에는 부모의 사랑을 더 얻고 싶고 인정받고 싶다는 욕망 때문에 형제끼리 싸운다.

그런 소망을 이해하고 채워주려 노력하면 싸움이 줄어들 수도 있다.

미국의 어느 동네에 한 집은 형제가 둘밖에 안 되는데도 날이면 날마다 싸움을 하는 반면, 건넛집은 형제가 다섯인데도 싸움 횟수가 적고 화목하게 지냈다. 두 아이의 어머니가 다섯 형제의 어머니에게 비결을 물었더니, "하루에 한 번쯤 아이 한 명 한 명에게 내가 그 아이에게 관심이 있고 그 아이를 사랑한다는 표시를 한답니다" 했다. 부모가 자기를 인정해주고 사랑해준다는 확신을 갖게 되면 인정이나 사랑을 더 받기 위한 싸움을 하지 않아도 되기 때문이었다.

우리 어머니들이 자녀들끼리의 싸움 횟수를 줄이지 못하는 원인 가운데 하나는 잘못 강화를 하기 때문이다. 다시 말해서 자녀들이 싸움을 하면 시끄러우니까 곧 "너희는 왜 만날 싸우기만 하니?" 하고 꾸중은 잘하면서도, 서로 협력해서 잘 놀 때 "너희들 참 사이좋게 잘 노는구나" 하며 인정해주는 데는 인색하다. 싸울 때는 부모가 관심을 보이고 잘 놀 때는 무관심하면, 아이들은 그 관심이 옳건 그르건 간에 부모의 관심을 얻기 위해 싸우게 되는 것이 당연하다. 부모 자신이 먼저 "잘 노는 것을 보니 마음이 기쁘다"든지 "노는 데 뭐 필요한 건 없니"라며 관심을 보이면 아이들이 싸우는 빈도는 분명히 줄어든다.

아이들 싸움은 가끔 부모들이 개입해서 어느 한쪽의 편을 들어주기 때문에 커지는 수가 많다. 싸움의 원인이나 과정도 모르는 채 덮어놓고 개입하게 되면 아이들은 서로 자기 편을 들어달라고 고자질을 하러 온다.

자녀들의 싸움이 위험한 상태가 되지 않는 한 아이들 스스로 해결하게 하는 것이 좋다. 싸움의 원인이 누구에게 있는지는 아이 자신이 잘 알고 있으며, 타협을 해야만 다시 즐겁게 놀 수 있다는 것도 잘 안다. 단지 물건을 던지거나 신체적인 해를 입히지는 않는지 유의해서 보아야 하며, 때리지 말고 말로 싸우라는 것을 이야기해준다. 말로써 효과적으로 싸우는 방법을 배운 아이들은 합리적으로 따질 줄 아는 능력도 배우게 된다.

아이들이 싸울 때 스스로 문제해결을 하지 못하면 어른이 개입해서 중재하여야 한다. 먼저 한쪽 아이의 말을 들어본 후 다시 다른 쪽 아이의 이야기를 들으면서 문제를 일으킨 상황, 원인제공자, 이에 대응한 방법의 부적절성을 파악하여야 한다. 그런 후에는 미안하다고 해야할 아이는 "미안해" 이야기하게 하고 상대방은 "괜찮아"라고 반응하는 사회적 합의 과정을 경험하게 한다.

부모의 사랑을 더 얻고 싶고
인정받고 싶다는 아이들의 소망을
채워주려 노력해야 한다.

엄마 좀 도와줄래?

여기 이 그릇들에
맞게 뚜껑을 골라
담아줘라!

좋았어!

10장
아이를 위한
생활 중심 학습

일상생활 속에서 개념을 가르치면 아이들은 쉽게 배운다. 공부라는 것은 책상에 앉아 심각하게 하는 것만을 뜻하지는 않는다. 생활 속에서 배우고 그 배운 것을 생활에 다시 적용시켜볼 때 배움은 참다운 빛을 발하게 된다. 용돈을 줄 때도 "여기 500원이 있다. 100원짜리 하나, 둘, 셋, 넷, 다섯 개" 하며 의식적으로 말해주면, 아이는 '100원짜리 다섯 개면 500원이 된다'는 개념을 익힐 수 있다.

뇌의 두 기능

100이니 140이니 하며 아이들의 등급을 나누는 지능검사가 요즈음은 많은 비판을 받고 있다. 지능검사를 만든 사람들이 대부분 중류계층의 문화를 향유하고 있어 중산층 문화에 기준을 맞춘 검사이기 때문에 전 국민의 문화를 포괄적으로 다루지 못한다는 것이 비판의 이유이기도 하지만, 허드슨 박사는 다른 이유에서 지능검사의 효율성에 의심을 품게 되었다고 한다.

허드슨 박사가 영국의 학생 가운데 15~17세의 똑똑한 학생 600명을 집중적으로 연구해본 결과 종래의 지능검사로는 학생들의 똑똑하기를 측정해낼 수 없었기 때문이었다. 학생들은 두 종류로 명확히 구분되는데, 한쪽 학생들은 객관적이며 외곬의 자질을 지닌 반면, 다른 집단 학생들은 다양한 자질을 지녔다는 것이었다. 객관적이고 외곬인 학생들은 과학적인 성향이 강해서 기계나 비인간적인 것에 관심이 많은 데 반해, 다양한 자질을 갖고 있는 학생들은 수학이나 과학은 못 하지만 예술에는 소질이 있었다고 한다. 과학적이고 객관적인 자질을 가진 학생들은 종래의 지능검사에서 좋은 결과를 보였지만, 예술 방면에 뛰어난 자질이 있는 학생들은 결과가 나빴다는 것이다. 그렇다고 해서 예술에 뛰어난 학생들이 과학적인 자질을 지닌 학생들보다 못하다고 할 수 없다는 것이 그의 주장이다.

허드슨의 주장을 뒷받침할 수 있는 것은 뇌생리학자들의 이론이다. 1950년 마이어스가 고양이의 뇌는 크게 두 종류로 나눌 수 있다는 실험

결과를 발표한 이래 많은 학자들이 조심스럽게 사람을 대상으로 연구해왔다. 1970년대에 이르러 인간의 뇌는 두 가지로 기능한다는 사실이 확실히 밝혀졌다. 왼쪽의 대뇌반구는 언어적·상징적인 면에서 우세한 기능을 발휘하기 때문에 상징적이고 분석적인 것을 잘해내는 반면, 오른쪽의 대뇌반구는 시각적이고 공간적인 것을 잘 파악해내고 부분보다는 전체적인 것을 알아내는 데 더 기능을 발휘하는 사실이 발견된 것이다.

사실 1960년대까지만 해도 오른쪽 대뇌의 기능은 별로 중요하지 않고, 왼쪽 대뇌의 기능이 공부를 잘하는 데 가장 중요하다고 생각해왔다. 그래서 학교 과목도 외우는 것, 추상적인 것, 논리적인 것을 중요하게 다루고, 다양하게 생각하는 방법이나 예술적인 것을 다루는 오른쪽 대뇌의 기능은 중요하게 생각하지 않았다. 2000년대의 뇌생리학자들은 인간이 가진 두 종류의 대뇌 기능이 골고루 균형있게 발달해야 한다고 주장한다. 왼쪽 기능만 편파적으로 강조되고 오른쪽이 무시되면, 결국 왼쪽 기능도 제대로 발휘될 수 없다는 것이다.

그러나 우리나라의 정서교육은 오른쪽 대뇌의 기능을 발달시키는 데 적절하지 않다. 미술교육의 예를 봐도 아이 마음대로 색과 형태를 다양하게 그리도록 내버려두는 것이 아니라 어른이 본떠주는 대로, 그리라는 대로 그리게 하는 경우가 많다. "선생님, 뭐 그려요?" "선생님, 다음에 뭐 해요?" 이런 식으로 어른의 도움을 청할 뿐, 자기 생각을 여러모로 굴려본 뒤에 표현하지는 못한다. 이른바 창의성이 부족해지는 것이다. 부모나 선생님이 시키는 것은 잘해내지만 자기 생각대로 하는 것은 엄두도 못 내는 그런 아이가 되는 것이다. 우리나라 부모들이 유아의 발달 특징과 아동미술이론을 올바르게 이해하게 될 때 비로소 학습을 지도하는 방법도 달라지게 될 것이다.

어릴 때일수록 오른쪽 대뇌의 기능을 충분히 발휘할 수 있어 매우 창의적이므로, 말로 표현하는 것과 함께 그림이나 나무 · 진흙 등으로 생각이나 느낌을 표현하는 기회를 주는 것이 좋다. 또한 벌써 나타난 사실을 잘 기억하는 것과 함께 자기 나름대로 다양하게 생각해보는 기회도 주어야 한다. 그저 어른이 묻는 말에 기계적으로 대답하는 로봇이 되게 하기보다는 자발적으로 무엇이든지 해볼 수 있는 기회, 궁리하는 기회, 상상의 날개를 펴볼 기회를 꼭 주어야 한다. 이런 기회는 가정에서부터 마련해주어야 한다.

지능은 생활의 적응력이다

지능이라고 하면 시험 점수를 잘 받아오는 것이라든지, 교과서를 달달 외는 것 등 기억력의 정도가 높은 것으로 생각하는 어른들이 많다. 초등학교에 입학한 뒤부터는 여러 과목에서 외우기를 잘해야 하지만, 궁극적으로는 창의적으로 사고하고 정보를 수집 · 분석할 수 있어야 하며 시의적절한 판단을 내리는 사람이 성공한다.

피아제에 따르면, 지능이란 아이들이 그들이 처한 환경에 잘 적응해서

순조롭게 생존할 수 있는 능력이다. 아무리 기억력이 좋아도 자기 속으로만 알고 있을 뿐 어떤 문제를 해결하는 데 사용하지 못한다면 지능이 높다고 할 수 없다. 흔히 우리는 '학교에서 우등생이 사회에서 열등생'이라는 말을 하는데, 이러한 현상은 지능을 기억력 좋은 점수 따기 정도로 생각했기 때문에 생긴 모순이라고 할 수도 있겠다.

학자들은 아이들의 지적 능력은 그 기초를 유전으로 받고 태어나지만 환경에 따라 많이 개발될 수 있다고 말한다. 여기서 지능을 계발한다는 의미는 아이가 타고난 유전적인 요인을 전혀 다른 모양으로 바꾼다는 것이 아니라, 타고난 가능성을 최대한으로 계발해준다는 것을 뜻한다.

어떤 아이는 자기가 처한 환경이 나쁘기 때문에 그 가능성을 다 발휘하지 못하는 한편, 어떤 아이는 좋은 환경에서 태어나 기대 이상의 능력을 발휘하기도 한다. 환경은 아이의 발달을 촉진시키기도 하고 방해하기도 한다. 아이를 둘러싼 환경이 촉진적인데다가 그 아이의 인성이나 적응능력이 건강하면 발달은 최적 수준에 도달하게 된다. 반면 아이의 환경이 촉진적이라도 인성이나 적응능력이 취약하면 발달이 더딜 것이다.

가장 나쁜 경우는 환경도 아이의 발달에 적절하지 않고 아이 자신의 적응력도 취약할 때다. 이때 아이의 발달은 최저 수준에밖에 미치지 못한다. 그러므로 좋은 환경이란 좋은 놀잇감과 좋은 가구로 가득 찬 곳이 아니라, 부모와 자녀 사이의 상호작용이 긍정적으로 일어나고, 부모의 양육태도와 교육방법이 아이의 발달에 적합하게 일어나는 곳을 말한다.

하버드 대학의 화이트 박사는 아이들의 지적 능력은 생후 10개월쯤부터 차이가 난다는 연구결과를 발표한 바 있는데, 20년 동안 부모와 자녀를 계속해서 관찰한 결과 지적 능력에 차이를 주는 가장 중요한 원인은 양육태도라는 사실을 발견했다. 그래서 보다 행복하고 슬기로운 아이로 키우기 위해 화이트는 다음과 같은 양육방식을 권고하고 있다.

① 환경은 아이들이 쉽게 활동할 수 있는 개방된 곳이어야 한다

취학 전 아이들은 주변 환경에 호기심을 느끼며, 이에 대해 탐색하고 싶은 마음을 갖고 있다. 자유스럽게 탐색해볼 수 있는 기회를 갖게 되면 아이들의 호기심은 자극을 받아 더 차원 높은 지적 개념으로 발달한다. 마음대로 탐색해볼 수 있는 기회를 마련해준 어른들에 대한 신뢰감도 생겨 대인관계가 부드러워진다.

지나치게 깨끗하고 정리정돈이 잘된 가정에서 자라야 하는 아이들은 불행하다. 그 집 안이 아이를 위한 곳이 아니라, 아이가 그 집 안의 장식품이 되고 말기 때문이다. 만 6세 이전의 아이들이 사는 집은 실험실이나 화실 같은 기능을 발휘하는 곳이어야 한다.

아이의 집을 가정방문하고 돌아온 유치원 선생님은 엄마의 난蘭사랑에 아이가 밀려난 것을 속상해했다. 만 5세의 이 남자아이는 유치원에서 선생님의 말을 경청하지도 못하고 집중해서 놀지도 못했을 뿐 아니라 유치원을 여기저기 돌아다니기만 해서 엄마와 이 문제를 의논하기 위해 가정방문을 한 것이었다.

아파트 문을 열자마자 보이는 거실은 각종 난 화분으로 가득 차 있어서

발 디딜 틈이 없었다. 선생님은 "난초 기르는 게 취미이신가 봐요. 참 예쁘네요. 그런데 우리 ○○는 어디서 활동하며 놀 수 있나요? 놀 공간이 부족한 것 같아서요"라고 했다. 그러자 그 애 엄마는 "아유, 난 그 애 포기했어요. 그 앤 너무 부산스러워요"라고 대답했다. 물론 꽃을 사랑하는 사람이면 아이도 사랑하겠지만, 한창 활동적인 시기의 남자아이의 발달 특성을 이해하는 엄마는 아니다. 아이가 어느 정도 자랄 때까지 엄마는 화초 기르기를 포기하는 것이 옳다고 생각한다.

② 아이들이 다루어볼 수 있는 놀잇감이나 자료는 충분하고 다양하게 주어라

놀잇감은 반드시 상품화된 것만을 가리키지는 않는다. 집에서 사용하는 모든 생활용품, 병뚜껑이 있는 플라스틱병, 주방용 물비누병, 작고 재미있는 물건들이 들어 있는 상자, 이런저런 다양한 그릇이 들어 있는 부엌 찬장이 모두 훌륭한 놀잇감이다. 특히 생후 7개월에서 18개월 사이의 아기들은 작은 물건에 특별히 관심이 많다. 이 시기의 아기들은 여러 종류의 물건들을 밀어보고 떨어뜨려보고 굴려볼 때 어떻게 되는지 알고 싶어한다. 주위에 있는 물건이나 사건이 모두 아이를 위한 학습교재가 될 수 있다는 사실을 부모들이 아는 것으로는 충분하지 못하다. 아이가 쉽고 안전하게 접근할 수 있도록 배려해줘야 하는 것이다.

아무리 다양한 놀잇감을 사주고 수집해주어도 아이들은 곧 싫증을 느끼기 때문에 다양성과 변화를 주어야 한다. 다양성을 주라는 말은 늘 새로운 것을 사줘야 한다는 뜻이 아니다. 이웃의 친구들과 서로 빌려오고 빌려준다든지, 장난감 대여 센터 등을 이용해 변화를 줄 수 있다는 뜻이다.

다양한 놀잇감이 있어도 아이들이 제대로 놀지 않을 때는 어른이 개입해 놀이를 시작하게 해주어도 좋다. 손님이 되어 밥을 해달라고 한다든지 커피를 마시고 싶다고 할 수도 있고, 폐품을 활용해 미술작품을 같이 만들어볼 수도 있다. 그러나 일단 아이들의 놀이가 활성화되면 어른은 슬그머니 놀이 상황에서 빠져나와 아이들 스스로 놀이를 해나가게 해야 한다.

③ 아이가 깨어 있는 시간의 반 이상을 함께 지내도록 노력한다

이 말은 잘 새겨들어야 한다. 아이가 하는 행동마다 간섭하며 함께 있으라는 것이 아니라, 아이 스스로 활동이나 놀이를 하다가 도움을 필요로 할 때 또는 어머니에게 인정받고 싶을 때 잠깐씩 응답해주라는 뜻이다. 아이들은 자신의 호기심을 뒷받침해줄 수 있고, 어휘의 부족 때문에 어쩔 줄 모를 때 적절한 말로 표현해주며, 다른 사람과 사귀거나 도움을 받는 것을 격려해주고 도와주는 경험 많은 어른을 필요로 한다. "엄마, 이게 무슨 색깔이에요?" 할 때 "그건 빨간색이야" 또는 "엄마, 이건 뭐예요?" 할 때 "그건 바로 지렁이야" 하며 도움을 주는 사람이 있을 때 아이들의 몸과 마음은 쑥쑥 자란다.

직장에 다니는 엄마들은 이 양육원칙을 지키기가 아주 어렵다. 그러나 직장에 나가기 때문에 아이들이 엄마를 원하지 않는 것은 아니다. 아이들은 엄마가 자아실현을 위해 또는 경제적인 이유 때문에 일을 해야 한다는 사실을 이해할 수도 없고 이해하려고도 하지 않는다. 오로지 영·유아기 아이들이 원하는 것은 엄마 아빠가 집에 있으면서 자기들이 도움을 청할 때 가까이에 있다가 도와주는 것이다.

그러나 이 세상 모든 엄마 아빠들이 집에만 있는다면 가정생활이 제대로 영위될 수 없을 것이다. 다만 영·유아기 동안 맞벌이 부모들이 아이들의 이러한 심정을 이해하고 최선을 다해 아이와 시간을 보낼 수 있도록 생활계획을 세워야 할 것이다. 귀가했을 때 아이들이 달라붙고 칭얼대면 "엄마 힘든데 왜 이렇게 달라붙어? 그러면 엄마 일찍 안 들어올 거다" 할 것이 아니라 가슴에 폭 안아주면서 "엄마 보고 싶어서 힘들었구나. 엄마도 회사에서 너만 생각했단다" 하면 아이들은 엄마의 상황을 이해하려고 노력할 것이다.

④ 아이들에게는 되도록 상황이 일어날 때마다 즉시 반응한다

아이가 흥미를 보일 때 즉시 반응해주는 것은 중요한 의미가 있다. 아이들의 호기심은 시시때때로 변하고, 자기가 원하는 것을 말로 정확하게 표현할 수 있는 능력도 부족하며, 의문을 오랫동안 품고만 있다가 재차 질문할 수도 없기 때문이다. 그렇기 때문에 어린아이를 교육할 때는 아이가 처해 있는 상황을 잘 관찰하다가 문제가 발생하거나 질문을 받게 되면 '지금 여기서Hear and Now' 라는 원칙을 적용해야 한다.

아이 질문에 즉시 응답을 보이면 아이의 호기심은 다양하게 발전해간다. 아이가 그릇된 행동을 할 때 "아빠만 오셔봐라. 너 혼날 테니까 두고 봐" 하는 것은 어머니가 자녀양육의 책임을 회피하는 것이나 마찬가지다. '지금 여기서'의 원칙을 지킨다면, 왜 그런 행동이 어머니의 마음을 아프게 하는지, 그런 행동이 타인에게 어떤 영향을 주는지 그 즉시 깨닫게 함으로써 다음에는 그런 행동을 하지 않게 할 수 있다. 사회인으로서 취해야 할 태도, 지적인 개념 모두 '지금 여기서'의 원칙을 적용할 때 가장 잘 발달한다.

맞벌이 부모를 둔 아이들 중에는 표현력이 부족한 아이들이 많다. 그것은 엄마 아빠가 아이의 상황을 그때그때 파악한 뒤 아이의 말을 경청해주지 못하는 바람에 아이들이 상황을 있는 그대로 표현해보는 기회를 갖지 못했기 때문이다. 어른이 아이가 처한 상황을 구체적으로 파악하면서도 모르는 척하고 있다가, 아이가 이 말 저 말 생각해내며 어눌하게 말하려 할 때 가장 적합한 단어와 문장을 골라 아이가 이해할 수 있도록 아이가 의도했던 말을 해주려고 노력하면 아이의 발표력은 서서히 좋아진다. 어른들은 항상 아이의 행동과 상황을 관찰하고 있다가 적절한 시점에 개입하고 도와주어야 한다.

⑤ 격려 · 인정해주는 말을 쓴다

인간은 나이가 많고 적고 상관없이 다른 사람한테 인정이나 격려를 받고 싶어한다. 마음에도 없이 떠벌리는 입에 발린 말이 아니라 진심으로 인정해주는 말을 듣고자 한다. 반드시 언어적인 표현일 필요는 없다. 고개를 끄떡여주는 행동, 따뜻한 눈길, 잔잔한 미소로 충분할 때도 많다. 우리나라 부모들은 사실 아이들을 인정하고 격려하는 데 인색한 편이다. 부모 자신들이 기대하는 바 또는 요구하는 바가 더 강하기 때문에 아이의 행동에서 인정해줄 만한 점을 찾는 데 인색하다고 볼 수 있다.

그러나 아이가 아무 노력도 하지 않았는데 너무 쉽게 인정하거나 격려하면 어려운 상황에 처했을 때 아이는 아무런 시도해보지도 않고 칭찬만 받으려고 한다. 아이의 행동을 지지하고 지원해주면서도 앞으로 닥칠 힘든 일을 최선을 다해 극복하려는 마음가짐을 갖게 하는 일이 중요하므로, 아이가 노력한 만큼만 너무 과장하지 말고 인정해주고 격려해준다.

⑥ 아이의 행동이 그릇되면 엄중히, 일관성 있게 바로잡아준다

아이를 인정해주고 격려해준다는 것은 응석이나 떼를 그대로 받아주라는 말이 아니다. '하면 안 되는 것'은 하지 않게끔 버릇을 들여야 한다. 또 부모의 기분에 따라 어느 날은 되고 어느 날은 안 되는 일이 있어서도 안 된다. 일관성 있게 원칙을 수행해나가야 아이들이 버릇없는 아이가 되지 않는다. 아이의 행동에 대한 제한이나 규제는 아이의 발달 수준에 맞아야 한다. 지나치게 무리한 요구를 하면 아이는 아예 포기해버린다.

⑦ 아이와 대화할 때는 아이의 수준보다 약간 어려운 어휘들을 사용하며, 되도록이면 긍정적으로 대한다

어휘는 아이들의 사고思考와 학습의 기초가 되기 때문에 풍부할수록 좋다. 어려운 말은 쉽게, 쉬운 말은 어렵게 표현해줄 필요가 있다. 아이들은 자기가 벌써 알고 있는 것을 계속 가르치려 하면 아예 주의를 집중하지 않는다. 그러나 또 자기가 이해하고 배울 수 있는 수준보다 너무 어려우면 아예 그 내용을 배우지 않으려는 경향도 있다. 불교에서 이야기하듯이 부모들은 줄탁동시茁啄同時의 지혜를 갖고 아이의 양육에 임해야 할 것이다. 줄탁동시란 어미닭이 알을 품고 21일쯤 지나면 계란 속에서 병아리가 밖으로 나오겠다는 소리를 작지만 낸다는 것이다. 그 소리의 음높이가 처음에는 아주 작다가 나중에는 하이 소프라노 정도로 급하고 높은 소리를 내는 순간이 있는데, 그때 어미닭이 계란을 톡 치면 예쁜 병아리가 태어나는 것이다. 만일 어미닭이 계란을 너무 일찍 깨뜨리면 병아리가 되지 못할 테고, 게을러서 오랫동안 계란을 깨뜨리지 않고 놔둔다면 아마도 영양분이 부족해서 죽어버릴 것이다. 적절한 시점에, 적절한 자극을, 적절한 양만큼 주는 것은 아이들의 잠재능력을 한껏 발휘하며 학습할 수 있게 하는 현명한 양육방법이다.

⑧ 아이의 생명이나 안전에 지장이 없는 한 모험을 하게 한다

물론 사고가 일어나지 않도록 옆에서 잘 보살펴주면서 다양한 경험을 하게 해야 한다는 뜻이다. 조금만 위험해도 못 하게 하면 아이는 주변 세계를 탐색할 수 있는 기회를 놓치고 새로운 상황에 도전하는 것을 그칠 수 있다.

독일의 어느 심리학자의 연구에 따르면 아파트 고층에 사는 아이일수록 바깥에서 활동하는 시간이 적고, 나이 많은 조부모가 길러주는 아이의 활동량도 적은 것으로 나타났다. 젊은 부모라도 만사에 조심성이 지나친 사람은 아이에게 위험한 일이 벌어질 것을 미리 걱정해 활동을 제한하는 경향이 있다. 생명에 지장을 받지 않는 한 아이들은 다양한 경험을 많이 해야 탐구능력, 문제 해결능력, 주의 집중능력이 높아진다. 영·유아기 동안 각종 과목을 가르치는 것은 하지 않는 것이 좋지만, 각종 과목을 배우는 데 기초가 되는 탐구능력, 문제 해결능력, 주의 집중능력은 반드시 길러주어야 아이들이 성장해가면서 지치지 않고 자발적으로 공부를 해낸다.

화이트가 밝힌 이상의 원칙들은 부모와 자녀 사이의 상호작용에 필수적인 것들이다. 엄마 아빠와 상호작용이 없어서 비참한 결과를 초래했던 어느 지방 영아보육원을 예로 들어보자. 만 3세까지의 아이들을 돌보는 영아원이 있었는데, 아이들이 세 살이 되었는데도 하는 말이라고는 '마, 마'가, 가' 두 마디 말밖에 없었다. 이처럼 두 단어밖에 말하지 못했던 이유는, 이 아이들이 어렸을 때 일손이 모자라는 보모들이 우윳병을 줄 때 "맘마" 했고, 다른 아이가 옆으로 오면 귀찮다고 "가"라고 한 말을 제일 많이 들었기 때문이었다.

아이들은 생활 주변에서 가장 많이 들었던 말을 하게 된다. 따라서 아이들의 어휘력이나 말하는 태도 또는 수 개념 등을 기르는 것은 역시 생활을 통해 이루어져야 할 것이다. 생활 속에서 그러한 개념을 파악하지 못한 아이는 아무래도 기초가 약해서 학교에 들어가고 나서도 사람들의 말을 빨리 이해하지 못하게 된다.

어린아이들은 본래 읽으려는 욕망, 알고 싶어하는 욕망 등이 강한 호기심으로 자리잡고 있기 때문에 언제나 "왜" "이게 뭐야?"를 묻는다. 이러한 호기심이 일어나는 때를 놓치지 않고 지도하면 아이의 지식과 어휘력, 수 개념, 읽기 능력 등은 자연히 계발된다.

"엄마 이름은?"

"아빠 이름은?"

아이가 이렇게 물어올 때 원하는 것을 정확하게 가르쳐주면 '가나다' '아야어여'를 야단치며 가르치지 않아도 자연히 한글을 깨치게 된다.

"엄마, 노란 사탕 열 개만 줘."

이럴 때는 덮어놓고 사탕을 열 개 집어줄 것이 아니라 "한 개, 두 개…" 하고 세어서 주면 아이는 생활의 이런 작은 경험을 통해 문제 해결의 방법이나 수 개념을 익히게 된다.

아이들은 자기 주변에 있는 사람들의 태도를 모방하고 관찰하면서 가장 많이 배운다. 별로 질문이 없는 아이라면 어머니가 먼저 "왜 나무는 물에 가라앉지 않을까? 이상하지?"라고 호기심을 불러일으키도록 노력할 것이며, 주위에 재미있는 그림도 바꾸어 붙여주고, 그림책들도 늘 한 군데로 몰아서 쌓아놓지만 말고 자리를 이리저리 바꾸어놓음으로써 계속 호기심이 생기도록 환경을 조성해줘야 할 것이다.

루소는 "아이에게 가장 좋은 교사는 어머니다"라고 했다. 왜냐하면 어머니는 아이의 생활주변에서 가장 가까이 있는 사람이며, 아이의 일상생활을 통해 가장 쉽고 자연스럽게 자녀를 가르칠 수 있는 존재이기 때문이다.

아이들은 생활을 통해 가장 잘 배운다.

호기심과 질문

큰애가 돌 반이 됐을 때, 두 블록쯤 떨어진 슈퍼마켓에서 먹을거리를 사가지고 돌아오는 길이었다. 그런데 큰딸이 갑자기 길에 쪼그리고 앉더니 눈을 반짝이며 "아이, 예뻐!" 하면서 손가락으로 집어올린 것은 바로 꿈틀거리는 지렁이였다. 미혼일 때 하던 대로 소리를 꽥 지르려다가, 아이의 호기심을 최대한으로 길러줘야 한다는 게 생각나서 꾹 참았다.

그런가 하면 둘째는 두 돌이 될 무렵 아파트 앞 보도 위를 걸어가다가 바닥에 엎드리더니 보도 위를 연결하는 블록의 무늬를 곱게 손으로 닦았다. "더러워. 어디에 엎드리니?" 하는 할머니의 꾸지람은 아랑곳하지 않고 "아냐, 안 더러워. 동그라미야" 하며 한참을 그러고 있었다.

셋째 딸도 예외는 아니었다. 돌이 채 되기도 전인 어느 날 점심을 먹을 때였다. 점심상에 빨간 고추장 그릇이 놓인 걸 본 유진이가 손가락으로 찍어 먹으려고 했다. 나는 그 손가락을 저쪽으로 비켜놓으며 "유진아, 그건 매워"라고 했다. 세 번이나 손을 치워준 나는 '이젠 포기했겠지' 생각했다. 그러나 옆에 있던 유나와 이야기하느라 고개를 돌린 순간 유진이는 재빨리 고추장을 찍어서 입에 댄 모양이었다.

"맵지?"라고 물으며 물을 먹이는 나에게 셋째는 자기 행동에 책임을 진다는 듯이 눈물을 글썽이면서도 울지는 않았다.

우리 집의 세 아이가 이런 호기심을 보인 것처럼, 이 세상에 태어나는 모든 어린아이들의 마음에는 호기심이 가득 차 있다. 호기심 때문에 달걀을 깨뜨리고, 호기심 때문에 아빠 서랍을 몽땅 뒤집어놓고, 호기심 때문에 송충이도 만지고 죽은 새도 주물럭거린다. 개가 무서워 피하고, 쥐를 겁내어 소리를 지르며, 거미만 보아도 소름이 돋는 어른들과 달리 아이들은 편견이나 선입견이 전혀 없는 순수한 호기심에 차 있다.

호기심이 많기 때문에 아이들은 또한 질문이 많다. "이게 뭔데?" "실험이 뭔데?" "공기가 뭔데?" "한강물은 왜 저런 색깔이야?" "하느님이 어디 있어?" "눈은 왜 와?" "천사가 어디 있는데?" 하는 등의 '왜?' '어째서?' '어떻게?'를 알고자 하는 질문을 하루에도 수십 번 반복한다.

만 세 돌이 되면서부터 뒤를 졸졸 따라다니며 묻는 아이들의 질문을 자세히 듣고 있노라면 참신한 생각이 들 때가 많다.

"엄마, 나는 엄마가 낳았어?"

"엄마는 누가 낳았어?"

"그럼 외할머니는 누가 낳았어?"

"맨 처음에 할머니는 누가 낳았어?"

이런 질문에 하나하나 대답하다 보면 궁극적으로 인간의 근원을 생각해보게 되고, 종교에 대한 여러 갈래의 이념들도 떠올리게 된다.

수없이 많이 질문하는 아이들은 장래의 아인슈타인이며 에디슨이며 러셀이며 칸트다. 비록 세계적으로 유명한 사람들은 되지 못한다 해도 자기 생활을 생동감 넘치게 끌고 나가는 활기찬 사람들이 될 것이다.

감리교의 창시자 웨슬리의 어머니에게 자녀들을 모두 훌륭하게 키운 비결이 무어냐고 물었더니, 자녀에게서 똑같은 질문을 하루에도 수십 번

받지만 정성껏 대답해준 덕분이라고 했다는 얘기는 잘 알려진 사실이다.

아이들의 질문에는 간단하고 솔직하게 답변해주는 것이 바람직하다. 경우에 따라서는 질문에 적절한 답을 할 수 없을 때가 있다. 그럴 때는 얼버무리거나 엉뚱하게 대답할 것이 아니라, 솔직하게 모른다는 것을 이야기하고 백과사전이나 참고서를 같이 찾아보자면서 지식을 캐내는 방법을 알아내도록 한다.

"그런 걸 누가 아니?" "나중에 대답해줄게" "그런 건 다음에 학교에 가서 물어봐" "원 별걸 다 묻는구나" 하는 식으로 대답을 피하거나 타인에게 그 책임을 미루면 아이들의 호기심은 갈 길을 찾지 못한다. 나무에 왜 꽃이 피는지, 눈은 왜 오는지, 사람은 왜 옷을 입고 살게 되었는지 등 아이들이 묻는 것은 우리 어른들이 일생 동안 추구하는 것들이기도 하다. 호기심이야말로 모든 배움의 근원이며, 호기심이 있는 곳에는 반드시 질문이 뒤따른다. 호기심과 질문이 많은 사람들일수록 앞으로 뭔가 이루어내며 인간의 삶에 도움을 줄 것이다.

신체 활동이 곧 학습 활동

생후 8개월째, 의사 표시는 할 수 없었지만 유진이는 세상이 재미있기만 한 모양이었다. 가만히 살펴보니 마룻바닥, 부엌의 비닐장판, 또 그 틈 바구니 구석에 조금 비어져나와 있는 시멘트 부분을 번갈아 만져보는 것이었다. 하는 행동을 계속 지켜봤더니, 유진이는 부지런히 방으로 가서 다섯 손가락을 쭉 펴서 장판의 표면을 만져보고, 다음에는 텔레비전 화면을 똑같은 방법으로 만져보았다.

아기들이 아무 일 없이 기어다니기만 하는 것 같아도 사실은 그 나름대로 자기의 주위를 조사해보고 탐색해본다. 이 구석 저 구석 다니면서 신기하기만 한 세상을 알아보려고 한다. 무얼 만져보려 하거나 쓰레기통을 뒤지거나 서랍을 열어 양말을 다 꺼내고 대신 들어앉기도 한다. 이런 일들이 아기에게는 재미있지만, 어른 처지에서 보면 귀찮고 지저분한 일일 뿐이다. 그러기에 아기가 부산스러워질 기색이 보이면 엄마가 얼른 등에 업거나 또는 다른 사람에게 안겨주게 된다. 등에 업히면 아이가 정서적으로 안정감을 느껴서 좋긴 하지만, 주위를 탐색하려 할 때 업어주거나 하는 것은 아이에게서 발견의 기회를 박탈하는 것이다.

미국의 심리학자 헬드와 하인 두 사람은 다음 그림에서와 같이 빙빙 돌아가는 막대기 양쪽에 고양이를 묶어놓았다. 이때 하얀 고양이는 허리에 벨트를 묶어서 발로 바닥을 짚고 방향을 마음대로 바꿀 수 있게 해주었고, 검은 고양이는 완전히 고정시켜 매달아둔 상자에 넣어 얼굴도 앞면만 보게 하고 움직일 수 없게 해놓았다. 검은 고양이는 완전히 수동적이어서 하얀 고양이가 움직이는 데 따라 위치가 옮겨질 뿐이었다. 하얀 고양이가 앞쪽으로 가면 검은 고양이는 그 반대편으로 움직일 수밖에 없었다. 검은 고양이는 자기 마음대로 행동할 수 있는 기회를 완전히 박탈당한 셈이다.

실험실에 풀어놓은 뒤 두 고양이에게 자극을 주고 어떻게 반응하는지

미국의 심리학자 헬드와 하인의
활동의지 박탈에 대한 고양이 실험

관찰했더니, 검은 고양이는 시각 조직이 정상인데도 반응을 일으키지 못
했다고 한다. 실험이 진행되는 동안 계속 수동적인 상태에 놓여 있던 검
은 고양이는 정상적인 상태로 돌아간 뒤에도 수동적이고 활동성이 없었
다고 한다.

　아기들은 몸을 움직이며 배우고, 놀면서 배운다. 무얼 배운다는 말만
들으면 금세 노트라든가 연필 같은 것만 상상하게 되는 어른들은 아기들
에게 놀이와 신체활동이 중요하다는 것을 인정하지 않을 때가 많다. 열심
히 뛰어노는 아이들에게 "그렇게 놀기만 하면 되니? 공부 좀 해라" 하는
가 하면, 아기 때부터 연필을 들고 무얼 끄적거리면 앞으로 공부 잘할 것

을 예견이나 해주는 듯이 기뻐하곤 한다. 아이들은 뛰어놀 수 있을 때 한껏 뛰어놀면서 자기 나름대로의 생활 적응력을 기를 수 있도록 자유롭게 놔주어야 한다.

자신의 세 자녀에 대한 발달단계를 깊이 연구한 것으로 유명한 스위스의 학자 피아제는 여름에 태어난 큰딸은 신체활동을 자유롭게 한 덕분인지 겨울에 태어난 아들보다 사물에 대한 반응이 더 예민하더라고 발표한적이 있다. 피아제가 자녀를 키운 시기는 1920년대쯤이므로, 아무리 서양이라 해도 난방이 잘 되지 않았을 것이다. 따라서 난방이 잘 되지 않은곳에서는 아기들을 꼭꼭 싸놓았을 테고, 그렇게 되면 활동에 제한을 받은아이들은 사물을 실험해볼 수 있는 기회를 박탈당했을 것이다.

갓 태어난 아기들은 손발을 허우적거리는데, 눈 앞에 밝은 색깔의 장난감이나 물건을 보여주면 손발을 더 많이 움직인다. 처음에는 눈 앞의 물건을 움켜잡지도 못하고 건드리지도 못하지만 시일이 흐르면서 물건을두 손으로 움켜쥐고, 다음에는 한 손으로도 실수 없이 물건을 움켜잡게된다.

피아제는 어린 아기들의 신체적인 활동이 곧 지적인 발달과 연결된다고 중요하게 생각하였다. 지적 발달 하면 무엇보다 먼저 공부를 생각하고, 공부 하면 책과 공책 · 연필부터 떠올리는 우리나라 어른들은 신체를움직여 놀거나 활동하는 것이 곧 배우는 것이라고 생각하기 힘들겠지만, 연령이 어릴수록 아이들의 신체활동은 배움으로 연결된다.

텔레비전은 겉똑똑이를 만들 수 있다

어린 시기는 가장 감수성이 예민하고 미래를 향해 발돋움할 수 있는 때이다. 그런데 텔레비전을 지나치게 많이 보면 자기도 모르게 '남이 어떻게 하는가'에만 관심이 쏠리기 때문에 모방심이 늘게 되고, 모방심이 과해지면 창의성이 없어진다. 이런 상태야말로 아이들이 자기 나름대로 똑똑해지는 것을 막는 근본요인이 된다.

아이들이 어떻게 생각하고 있는지, 얼마나 똑똑한지 등을 아이들이 직접 그린 인물화를 통해 알아보는 방법이 있다. 어느 교수님 말씀이, 우리나라 초등학교 아이들을 대상으로 이 검사를 해봤더니 아이들이 텔레비전에서 볼 수 있는 '우주인'을 개인차나 특수성은 거의 나타내지 않고 모두 똑같이 그렸다고 한다.

그 동안 우리 아이들이 모두 똑같이 똑똑해졌기 때문일까?

이러한 현상은 두 가지 중요한 사실을 이야기해준다. 첫째, 아이들이 자기 나름대로의 문화와 인품을 독특하게 형성하지 못하고 겉으로만 똑똑해졌다는 것이다. 즉 그들 나름대로 지녀야 할 아이다움을 잃었다는 증거가 된다. 둘째, 아이들이 혼자서 문제를 생각해보고 문제를 다루어보며 고민하다가 문제가 해결될 때 얻는 그 순수한 기쁨을 맛볼 기회를 많이 빼앗겼다는 것이다. 이는 속칭 '바보상자'에 압도당했다는 말과도 같다.

그렇다고 해서 텔레비전의 영향을 전적으로 배제하자는 것은 아니다. 반복되는 상업광고 노래의 명쾌한 음률을 듣노라면 음감도 정확해질 수 있고, 화면에 보이는 큰 글자들이 반복되는 동안 글을 깨치는 아이들도 있다. 옆에서 관심을 기울이며 대화를 나누는 부모를 보며 아이들은 텔레비전을 통해 무언가 배우기도 한다. 텔레비전을 효과적으로 사용할 수도 있고, 바보상자로 전락시킬 수도 있는 것은 그것을 사용하는 부모의 양육 태도에 따라 결정된다.

부모들이 아이들을 제대로, 그 나름대로 창의적으로 키우려면 아이에게 알맞은 프로그램을 골라서 보여주도록 하고, 텔레비전 광고나 상상적인 방송극을 볼 때면 실제는 그렇지 않지만 재미있게 만들기 위해 저렇게 꾸민 것이라는 보충설명으로 아이의 판단력이 흐려지지 않게 해준다. 그러나 무엇보다도 바람직한 것은 텔레비진과 마주하고 있기보다는 자기 나름대로 탐색하고 경험하게 하는 환경과 기회를 마련해주는 것이다.

한 집의 예를 들어보자. 그 집에서는 어려서부터 아이들과 협의해서 무슨 텔레비전 프로그램은 보고 어느 프로그램은 보지 말자고 결정했다. 그 규칙을 꼭 지키도록 부모들도 협력해주어 이 집 자녀들이 텔레비전을 보지 않는 시간에는 자기가 꼭 하고 싶은 일, 꼭 해야 할 일들을 하게 했다. 과외도 하지 않으면서 자기 혼자 알아서 공부한 이 아이들은 모두 이른바 명문대학에 합격했으며, 졸업한 뒤에는 직장도 잘 다니고 있다.

텔레비전은 아이를 똑똑하게 하기는 한다. 그러나 겉똑똑이로 만드는 경우가 많다. 왜냐하면 아이들은 어릴수록 직접 자기 손·발 등 신체를 움직여서 물건을 만져보고, 고쳐보고, 만들어볼 때 가장 잘 배우기 때문이다. 텔레비전 앞에만 앉아 있다 보면 언제 자기의 몸을 움직여서 깊고

넓게 배워본단 말인가.

텔레비전을 현명하게 활용하고, 부모는 아이를 위해 좋아하는 연속극
도 꺼버릴 수 있는 태도를 길러야겠다.

읽기는 자연스럽게

자녀들이 아기티를 벗어나기 시작하면 부모들의 관심은 아이가 언제
글을 깨칠 것인가에 집중된다. 성급한 어머니는 초등학교 1학년 교과서
를 사서 미리 연습시키기도 하고 열심히 읽어주면서 한글을 깨치기를 바
란다.

유치원 교사 시절 가정방문을 했을 때 경험한 일이다. 어머니가 부엌에
서 차를 준비하는 동안 여자아이는 〈백설공주〉 책을 가져오더니 한 자도
틀리지 않고 처음부터 줄줄 읽어내려갔다. 쟁반을 들고 들어서는 어머니
의 눈빛은 자랑스러움에 가득 차 있었고, 그러자 아이는 더 큰 소리로 읽
어갔다. 아이가 다 읽고 나자 나는 궁금한 마음에 책의 이곳저곳을 손으
로 짚으며 "이건 무슨 글자일까?" 하고 물었더니 아이는 망연히 쳐다보기
만 할 뿐이었다. 글자가 뜻하는 것이 무엇인지, 또 우리가 원하는 것을 글
자로 표현할 수 있다는 생각이 채 자리를 잡기도 전에 어머니가 읽어주는
동화 내용을 고스란히 외워버린 것이다. 그 아이의 부모는 으레 아이가
글자를 깨쳤기 때문에 읽는다고 생각해버리고 만 것이다. 내 아이는 꽤

총명하다는 만족감에 젖어 현실을 파악하지 못한 경우라 하겠다.

그러면 아이들에게 글자 가르치는 것은 전혀 하지 말아야 하는 걸까? 이탈리아가 낳은 훌륭한 의사이자 유아교육에 크게 공헌한 몬테소리 여사는 "아이들이 글자에 흥미를 느낄 때가 반드시 있는데, 이 시기를 놓치거나 무시하는 것은 바람직하지 못하다"고 하였다.

아이들에 따라 개인차가 있지만, 만 네 돌이 넘으면 글자에 흥미를 느끼게 된다. "엄마, 이거 무슨 글자예요?" "엄마, 내 이름 어떻게 써요?" "아빠 이름은 어떻게 쓰는데요?" 등 귀찮을 정도로 물어올 때가 있다. 이럴 때 어떤 어머니들은 "지금은 몰라도 돼. 유치원(또는 학원) 가서 배울 테니까" 하며 미루기도 하고, 돌봐줄 여유가 없다고 짐작해서 건성으로 대답하기도 한다. 자신이 없는 엄마 아빠는 학원에 보내거나 학습지를 시키면서 다른 집 아이보다 빨리 한글을 깨우쳤으면 하고 바란다.

젊은 엄마 아빠들이 서두르지 않고 기다려주고, 아이의 흥미가 일어나는 순간을 포착하여 아이가 이해할 수 있는 정도의 글자를 소개하며, 다른 집 아이와 비교하지 않는다면 보통 정도의 능력이 있는 아이들은 한글을 깨치고 쓸 수 있게 된다. 너무 급한 마음에 학습지를 시키면 글을 읽게는 되지만 스스로 탐색하며 배우는 기술은 터득하지 못한다. 이런 아이들은 계속 누군가가 가르쳐줘야 공부가 된다는 생각을 한다. 커서 책읽기를 싫어하는 아이가 될 수도 있다.

또 젊은 엄마 아빠들이 기억해두어야 할 사실은 이 세상에 태어나는 아이들이 글자를 깨치는 방법은 저마다 각각 다르다는 것이다. 어떤 아이는 텔레비전 광고를 보며, 어떤 아이는 공룡 이름의 글자를 한 자씩 알아가며 한글을 깨친다. 이런 개인차 때문에 책을 자유롭게 읽을 수 있는 시기는 아이마다 달라진다.

아이들이 글자에 흥미를 느끼기 시작하면 무엇이든 물어본다. 텔레비전 화면에 나오는 글씨, 신문, 잡지, 광고 용지 등 끝이 없다. 아이들이 흥미를 보일 때는 아무리 바빠도 어떤 글자를 묻는지 정확히 보고 손가락으로 짚어가며 가르쳐준다. '호돌이'면 "호-돌-이" 하고 또박또박 짚으면서 발음해야 한다. 또 아이가 '호빵' 중의 '빵' 자 하나만 짚고 물어봤다면 "빵"이라고만 이야기해주지 그 밖에 "이건 '호'" "이건 속엔 팥이 들어 있을 때도 있고 채소가 들어 있을 때도 있어" 하며 한 번에 많은 것을 가르치려 들지 말아야 한다. 아이가 궁금해하는 글자만 가르쳐주고 같은 글자를 100번 질문해도 친절하게 답해주어야 한다. 아이가 글자에 흥미를 느끼는 것이 신통해서 한꺼번에 많은 것을 가르치려 하면 도리어 겁을 먹거나 자신감을 잃을 수도 있다.

아이의 '시간 개념' 발달

서너 살 난 아이들이 모여 놀면서 이야기하는 것을 들어보면 무척 재미있다.

"내일 우리 아버지가 빨간 자동차 사왔다."

"우리 아빠 모레 예쁜 장난감 사왔다."

"어저께 난 아침밥 먹고 간다."

이런 표현을 보면 어제·오늘·내일의 개념이 형성되어 있지 않다는 것을 알 수 있다. 어제 일어난 일을 오늘 일어난 일처럼 말할 뿐만 아니라, 오늘 하루 중에도 아침·점심·저녁·밤 등이 있다는 사실을 잘 모른다.

나이가 좀 들면 아이들은 밤이 되면 자기 싫어도 자야 한다는 사실을 안다. "엄마, 밤이 돼서 자야 해. 난 지금 자고 싶지 않지만, 밤이 또 오고 또 오고…" 하며 투덜거리던 다섯 살 때의 딸아이가 생각난다.

반면 돌이 안 된 어린 아기들은 아직도 시간 개념이 몸에 배어 있지 않기 때문에 낮에는 실컷 자고 새벽 한 시쯤부터 일어나서 놀겠다며 부스럭거리거나 우는 것을 볼 수 있다.

아기들이 시간 개념을 갖지 못하고 혼동을 일으키는 것은 이 세상 사람이면 누구나 거치게 되는 정상적인 발달과정이다. 따라서 우리 아기의 머리가 좀 모자란다거나 또는 발달이 늦기 때문이라고 걱정할 일이 아니다. 다섯 살 된 아이들이 날·달·해·사계절 등 시간을 이해하는 방법은 어른들과는 아주 다르다. 아이들은 어디서나 일정하게 돌아가는 시간이 있고, 그 시간에 맞추어 사람들이 행동한다는 사실을 이해하지 못하는 것이다.

아이의 시간 개념 발달을 위해서는 무엇보다도 먼저 여러 가지 사물에 대한 일반적인 개념부터 생겨야 한다. 시계를 볼 줄 알기 전에 1, 2, 3, 4…11, 12의 숫자를 읽을 수 있어야 한다. 또한 1, 2, 3, 4…를 읽을 수 있기 전에 1이라는 숫자는 놀잇감·귤·사과 등 물건 하나를 대신해서 써놓은 기호라는 사실도 알아야 한다.

다시 말해서 시간 개념을 잘 가르치려면 아주 어린 아기 때부터 많은 경험을 하게 함으로써 기초공사를 잘해야 한다. 이를 위해서는 매일매일의 생활을 통해 아주 작고 사소한 일이라도 놓치지 말고 어린아이가 알고 지나가게 하는 것이 좋다. 예를 들어 아침에 밥을 먹으려고 할 때는 "자, 아침이니까 아침밥을 먹자" 한다거나 "아침밥을 먹으면 곧 점심이 될 텐데, 그 전에 산책을 하도록 하자" 또는 "저녁때가 되면 아빠가 오실 거야" "이 만화영화 끝나면 잘 시간이다" 하는 등 가까운 미래에 일어날 일들을 분명히 말해준다. 처음에는 이해하지 못하지만, 그뒤로 엄마가 말했던 일이 실제로 일어나고, 차차 경험이 쌓이면 희미하게나마 시간 개념이 생긴다.

하루에 일어날 일을 대강이라도 아이에게 말해주면서 지나가면 아이들은 "점심을 먹었으니까 낮잠 잘 시간이야" "저녁을 먹었으니까 이젠 잘 시간이야"라고 말할 수 있게 된다. 이런 식으로 하면 시간 개념이 머릿속에 의식적으로 자리잡기 전에 자연히 몸에 밴다.

일상생활에서 자극을 주는 것도 중요하다. 크기가 각각 다른 손목시계를 아이 귀에 대주어서 소리가 다르게 나는 것을 들려주어도 좋다. 3, 4세쯤 되면 책상이나 문갑 위에 모양이 다른 시계들을 여러 종류 나열해주면서 소리를 들어보게 하고, 박물관·공원 등에 설치되어 있는 해시계·물시계·모래시계 등을 관찰하게 하고, 옛날 사람들은 시간을 어떻게 알았는지 이야기해주는 것도 좋다.

아이가 시계를 읽을 줄 몰라도 "자, 9시다. 자자" "우리 5분만 더 있다가 10시가 되면 공원에 가자" 하며 시계를 활용한다. 이때 아이들에게 "큰 바늘은 분을 가리키고 작은 바늘은 시간을 가리켜"라고 할 필요가 없다.

유치원 연령이 되면 모래시계 같은 것을 만들어보는 것도 좋다. 햇빛이 날 때는 바깥에 나가서 아침에 생기는 자기 그림자, 낮 12시쯤 생기는 그림자의 크기·방향 등을 주의 깊게 살펴보게 하면 아이들은 시간에 따라 그림자의 크기와 방향이 달라진다는 것을 알게 된다.

딸아이가 유치원에 다닐 때 다음날 영화를 보러 가기로 미리 약속을 했다. 그런데 다음날 갑작스런 일이 생겨서 못 가게 되었다. 그래서 사정을 이야기하며 다시 내일 가자고 했더니, 딸아이가 이렇게 물었다.

"엄마, 오늘이 내일이야?"

"아니, 오늘은 오늘이야."

"그럼 영화는 언제 보러 갈 거야?"

"내일 가자."

그 이튿날 딸아이는 "엄마, 오늘이 내일이야. 그러니까 영화 보러 가야 해" 하고 나섰다. 이 딸이 결혼해서 낳은 아이가 그만한 나이가 됐을 때다. 내가 "금요일 되면 어디 가자"고 한 적이 있는데, 월요일이 지나 화요일이 돼도 "할머니 오늘이 금요일이야?" 했고 수요일에도 "오늘이 금요일이야?" 하고 물었다. 이런 경험이 반복되면서 아이는 요일 개념을 형성하게 되어, 금요일이 지나면 토요일이 되고 엄마가 해님 있을 때 병원에서 집으로 온다는 이야기를 했다. 일주일 동안의 시간 순환 개념을 서서히 익히게 된 것이었다.

일상생활을 통해서도 아이들과 한 약속은 지키도록 해야 한다. 예기치 않은 일로 늦어져서 제 시간에 들어가지 못할 때는 미리 전화를 걸어 "엄마가 지금 일이 끝나지 않아서 못 간단다. 지금부터 한 시간 뒤에는 갈 수 있을 거야"라고 말해주면 아이는 한 시간이 정확히 얼마나 되는지는 몰라도 경험에 의거해서 알 수 있게 된다.

유치원 다니는 아이들에게 흔히 일어나는 일이 있다. 대부분의 유치원에서는 도시락을 가져가서 먹는 날이 있다. 아이를 지나치게 사랑하는 엄마는 따뜻한 밥을 먹이고 싶어서 "○○야, 엄마가 11시 반에 유치원 갈게. 알았지? 먼저 가" 하는 예가 있다. 아이는 9시쯤 유치원에 도착해서부터 '왜 우리 엄마 안 오지? 다른 아이들은 다 가져왔는데, 나만 도시락 못 먹으면 어떻게 할까?' 하고 근심하기 십상이다. 요즘에야 대부분 유치원에서 급식을 제공해서 아이들이 이런 근심은 하지 않겠지만, 아이들에게 10분은 거의 두 시간 정도나 되는 것으로 느껴진다. 아이들에게는 시간 관념이 없기 때문에 11시 반이 되려면 2시간은 기다려야 하고, 2시간이 지날 때까지 계속 뛰어놀아도 된다는 개념이 없다는 점을 잊지 않도록 하자.

여섯 살이 된 아이도 1년보다 1백 밤이 더 많다고 느낄 정도로 유아기 아이들은 시간·날·달·해에 대한 개념이 없다. 따라서 그때그때 상황에 맞게 아이의 시간 개념을 다루어주면서 교육하는 것이 중요하다.

유치원 다닐 때부터 시작해서 초등학교 1학년에 다니게 되면 시계를 보는 것이 큰 골칫거리여서, 어떻게 가르쳐야 할지 막막할 때가 많다. 시계를 보는 능력이 길러지는 데에도 아이마다 개인차가 있다. 어떤 아이는 쉽게, 어떤 아이는 어렵게 배운다. "뒷집 아이는 벌써 시계를 보는데, 우리 아이는 아직도 못 보다니" 하며 공연한 걱정을 하거나 비교하는 것은 오히려 해롭다.

아이들이 어릴 때 고속버스를 타고 대전에 가던 길이었다. 버스 속 시계가 7시 10분을 가리키고 있었다. 이것을 본 당시 여섯 살의 유미가 갑자기 "엄마, 지금 7시 2시다"라고 크게 소리를 질렀다. 어른에게는 너무나 어처구니없는 말이지만 유미의 입장에서는 큰 발견이었던 것이다.

시계 읽기는 초등학교 2학년이 지나야 제대로 할 수 있기 때문에 유치원 시기부터 무리하게 강요해서 가르치지 않도록 한다.

■ 수 개념 가르치기

어린아이들에게 수 개념을 가르쳐야 한다고 하면 얼핏 '1, 2, 3, 4…100'까지 외워서 세는 것이나, 1+1=2, 2+3=5 하는 식의 더하기 · 빼기 공부를 생각하게 된다. 1, 2, 3, 4 … 100까지 외워서 말하게 하는 것은 단지 숫자 이름을 알게 하는 것뿐이다. 그래서 유아의 수학 학습능력을 연구한 학자들에 따르면 물건 한 개는 하나, 두 개는 둘이라는 기본개념을 몸으로 체득한 뒤 숫자 모양을 가르치고 숫자 이름을 알게 한 다음에야 그것을 외워서 세어보게 해야 한다고 했다. 1이라는 숫자가 물건 한 개를 뜻한다는 것을 이해하지 못하고 덮어놓고 외우기만 한다면, 그 아이는 수학을 잘할 수 없게 된다는 것이다.

아이들에게 수 개념을 가르치는 일 역시 일상생활을 통해서 할 수 있다. "우리 집 식구 수대로 컵 좀 갖다 줄래?" 하고 부탁하면 아이는 한꺼번에 식구 수를 세어서 가져오는 것이 아니라 아빠 앞에 한 개 갖다놓고, 그 다음 엄마 앞에 한 개… 이런 식으로 식구 수대로 한 개씩 가져다 놓게 될 것이다. '다섯 명이니까 다섯 개' 하고 한꺼번에 계산해서 가져오는 것은 그후의 과정이다.

아이들은 여러 종류의 물건들을 다뤄봐야 한다. 색깔대로 나눠보기, 가장 큰 것 골라내기, 큰 것에서 작은 것으로 늘어놓기, 기능대로 분류하기 등을 경험해봐야 한다. 사과도 잘라줄 때 '이거 먹어' 하지만 말고 '자, 우리 사과 2분의 1쪽 먹자' 라며 분수 개념도 자연스럽게 소개한다. 아이들은 물건을 직접 다루어보는 구체적인 경험 속에서 가장 잘 배우기 때문이다.

물건을 직접 다뤄보는 동안 아이들은 논리적인 개념의 기본이 되는 것들을 터득한다. 산수·읽기·쓰기 등의 학습활동이 집을 짓는 것이라고 본다면, 구체적인 경험에 근거한 기본개념은 벽돌 한 장, 시멘트 가루 등의 기본자재와도 같다.

기본자재가 튼튼하지 못하거나 적절하지 못하면 아무리 멋지게 설계해서 지은 집이라도 부서지는 불상사가 일어날 수 있는 것과 똑같다. 눈에 금방 띄지는 않더라도 기본적인 개념을 잘 형성하는 것이 우선이다.

아이에게 수 개념을 가르칠 수 있는 기회는 주위에 널려 있다. 함께 걸어가다 간판을 보며 "저 간판과 이쪽 간판 중 어떤 게 더 클까?" "저 하늘의 뭉게구름 중에서 가장 큰 구름은 어느 거지?" "여기 가게에 있는 과일 중에서 제일 작은 것은 뭐지?" 하고 물어본다. 또 버스를 탔을 때도 "이 버스 안에 있는 사람들 가운데 여자하고 남자 중 누가 더 많으니?" 하는 등 다양한 기회를 활용한다.

이렇듯 일상생활 속에서 개념을 가르치면 아이들은 쉽게 배운다. 공부라는 것은 책상에 앉아 심각하게 하는 것만을 뜻하지는 않는다. 생활 속에서 배우고 그 배운 것을 생활에 다시 적용시켜볼 때 배움은 참다운 빛을 발하게 된다. 용돈을 줄 때도 "여기 500원이 있다. 100원짜리 하나, 둘, 셋, 넷, 다섯 개" 하며 의식적으로 말해주면, 아이는 '100원짜리 다섯 개면 500원이 된다'는 개념을 익힐 수 있다.

적절한 기회를 포착하여 아이의 연령과 발달수준에 알맞은 방법으로 가르친다면, 사실 무엇이든지 다 재미있게 가르칠 수 있고 재미있게 배울 수 있다.

초등학교 입학을 앞두고

유아기가 지나면 곧 초등학교에 들어가게 된다. 유치원 다닐 때는 그렇게도 아기 같던 아이들이 만 6세에 접어들면 어린이 티를 내기 시작하고,

어른들 말도 쉽게 알아듣는다. 이제는 정말 초등학교에 보내도 되겠다는 생각이 자연스레 든다. 씨를 심어 어린 묘목으로 자라면 농부들은 더 크게 성장하여 열매를 잘 맺을 수 있도록 과수원으로 옮겨 심는다. 아이가 유치원에서 초등학교로 가는 것도 바로 그런 것이다. 출생 후 가정에서 어머니나 할머니의 보살핌을 받으며 자라던 아이들이 더 높은 수준의 지식을 배울 수 있도록 초등학교에 다녀야 하는 것이다.

요즈음 엄마들이 선호하는 학원 교육도 초등학교 때부터 시작하는 것이 좋다. 만 6세 이전 아이에게 많은 지식을 가르치는 것이 바람직하지 않은 이유는 첫째, 영유아기에는 돌봐야 하는 아이들이 많아서 한 아이에게 관심을 덜 줄 수밖에 없는 선생님보다는 관찰과 보살핌을 즉각적으로 할 수 있는 어머니가 더 좋기 때문이다. 이런 이유에서 가능하다면 아이가 영유아기를 지나는 동안 어머니 또는 한 사람의 어른이 가정에서 지속적으로 돌보며 교육적인 경험을 줄 필요가 있다.

둘째, 아이들의 뇌는 감수성이 높고 만 5~6세 안에 그 기초가 형성되기 때문이다. 따라서 유아는 집에서 노는 가운데 자기도 모르는 사이에 자발적으로 배우게 해야 한다. 너무 어린 묘목을 옮겨 심으면 약하게 자라지만 적당한 시기에 옮겨 심으면 건강하게 빨리 자란다.

아이를 초등학교에 보내기 전에 부모가 준비해야 할 일은 무엇인가?

첫째, 학교에 가면 선생님, 다른 친구들과 함께 즐겁게 배우게 된다는 기대감을 심어준다. "너 이제 학교 가면 말 안 듣는다고 선생님한테 혼날 거다" 같은 말은 절대 하지 않는다. 학교에 다닐 때 입을 옷과 가방 등을 미리 사놓고 가끔 보여주며 "학교에 가면 입을 옷이야. 엄마는 네가 학교 가는 날이 기다려진단다" 하며 기대감을 표시해준다.

둘째, 위대한 인물들은 학교에서 책도 많이 읽고 공부도 열심히 했다는 것을 알려준다.

셋째, 배우는 일은 꿀보다 더 달콤한 일이라는 것을 이야기해준다. 부모 자신부터 열심히 책을 읽으면서 재미있는 내용을 아이에게 이야기해주면 아이는 학교에 가서 지식을 배우는 것과 책을 읽으면서 재미있는 내용을 찾아내는 것에 관심을 기울이게 된다.

넷째, 초등학교 선생님은 특별한 분이고 많은 것을 아는 분이라는 점을 강조하여 아이가 학교에서 선생님을 존경하게 한다. 어느 선생님이 학부모한테 촌지를 받았다든지 어떤 아이를 더 예뻐한다는 등의 부정적인 말은 아이 앞에서 절대 하지 않도록 한다. 존경하지 않는 선생님으로부터 아이들은 아무것도 배우지 않는다.

다섯째, 부모 자신이 교장선생님이나 담임선생님 앞에서 겸손하게 행동하며 존경심을 나타냄으로써 아이가 선생님을 자연스럽게 존경하도록 한다.

배움의 기쁨을
느끼게 하라

뉴질랜드의 원주민인 마오리족을 가르쳤던 백인교사 애슈턴 워너 여사는, 영어를 깨치지 못하고 결국은 초등학교마저 중퇴해버리는 마오리족 아이들을 위해 뭔가 해야겠다고 생각했다. 워너 여사는 훌륭하게 인쇄된 백인을 위한 초등학교 교과서가 전혀 도움이 되지 않는다는 것도 깨달았다. 그 교과서는 뉴질랜드에 사는 백인 아이들의 생활환경이나 흥미에는 맞았지만 원주민인 마오리족 아이들에게는 낯설기만 했기 때문이다. 백인 아이들은 비행기 · 자동차 · 집 등등을 좋아했고, 마오리족 아이들은 귀신 · 사냥 · 불 등 자연과 관계된 것에 더욱 흥미를 느꼈던 것이다.

워너 여사는 교과서는 제쳐두고 6×15㎝ 크기의 색도화지를 준비해놓았다가, 마오리족 아이들이 교실에 들어올 때 "너는 무엇을 써주면 좋겠니?" 하고 물어본 다음 그 아이가 꼭 쓰고 싶어하는 말만 또박또박 굵은 글씨로 써주었다고 하였다. 처음에 써달라는 글씨가 욕이건 상소리건 상관하지 않고 다 써주었다고 한다. 아이들은 자기에게 흥미있는 글자에서 다른 친구들이 흥미를 느끼는 글자로 점점 흥미를 넓혀갔다. 드디어는 자신들이 원하는 바를 글로 표현할 수 있다는 것을 깨닫고 기뻐하며 학교교육을 다 마치게 되었다. 우리집 셋째 딸도 유치원 다닐 때 이런 방식으로 글을 깨쳤다. 동네에 도둑이 들어서 모두 걱정하던 날, 유진이가 써달라고 한 낱말은 '도둑놈'이었다.

워너 여사의 방법은 문호 톨스토이의 방법을 적용한 것이었다. 몇 년 안 되지만 톨스토이는 농민학교를 설립하고 아이들의 흥미에 맞게 글이나 셈을 가르쳤는데, 큰 효과가 있었다. 지정된 교과서도, 벌도, 엄한 규칙도 없이 교육하는 이른바 자유학교에서 아이들은 글과 셈을 쉽고 재미있게 익혔다고 한다. 그 당시 톨스토이의 학교에 다녔던 어느 농부의 경험담을 들어보자.

몇 시간이 몇 분처럼 흘러갔다. 생활이 항상 즐거워서 우리는 시간이 흐르는 것도 몰랐다. 즐거움과 행복한 마음으로 우리는 많은 것을 배웠다. 우리는 곧 도둑처럼 읽기와 셈하기에 집요하게 매달렸다.

유대인들이 초등학교에 처음 입학한 아이들을 위해 나뭇잎 위에 꿀로 글자를 써놓은 후 벌레가 이를 갉아먹어 구멍이 생기면, 손가락으로 이 글자 모양을 따라 써보게 하며 글자를 깨치게 했다는 것은 누구나 잘 아는 사실이다.

아이들이 글자를 깨치는 것은 자기 나름대로 지식을 거둬들이는 첫걸음이기 때문에 즐겁고 기쁘게 느끼도록 이끌어줘야 한다.

한글을 재미있게, 자신의 이해 정도에 맞게 깨치는 일은 중요하기 때문에 유아기는 길어야 한다. 다시 말하자면 초등학교 입학을 서둘러서 만 5세의 어린아이를 조기입학시키거나 하지는 말아야 한다는 뜻이다.

아이 맞춤형
한글 깨치기

한글을 깨우치는 것은 블랙홀을 지나 상상이 불가능한 신세계로 진입하는 것과 같은 수준의 일이며 또 아주 중요하다. 그러나 더 중요한 것은 한글을 어떤 방식으로 깨우쳤는지 하는 것이다.

세 딸아이와 그 딸들이 낳은 아이들의 한글 가르치기를 직접 하면서 아이마다 배우는 시기와 방법이 다르다는 것을 느꼈다. 큰딸아이는 만 5세가 되어 "엄마, 정지인 이름 어떻게 써?" 하며 이름 쓰기로 시작했다. 둘째는 "엄마, 이리 와봐요. 이게 뭐예요?" 하며 텔레비전 광고 중 '호호 호빵 ○○호빵'의 빵 모양으로 만든 '호'자가 궁금한 것으로 한글에 흥미를 갖기 시작해 텔레비전 광고문을 읽는 것으로 한글을 깨쳤다. 큰손녀는 만 5세가 되도록 한글에 관심을 갖지 않더니 유치원 친구가 그림을 그리고 그 밑에 글자를 쓰는 것이 신기해 글자를 알고 싶어했다. 유치원에 다니는 손자는 각종 공룡과 자동차 이름을 알고 싶어 글자를 물어보기 시작했다.

나는 아이들이 글자를 물어오면 아이를 내 앞쪽에 앉히고 천천히 그 글자를 프린트 글씨로 썼다. 내가 쓰는 글자의 순서를 아이가 볼 수 있도록 유의하였고, 야단을 치거나, "알았어? 몰라?" "왜 쉬운 것도 몰라?" 하는 등의 잔소리는 전혀 하지 않았다. 같은 글자를 백 번 물어와도 잔소리하지 않고 써주었으며 아이를 존중했다. 유치원에 다니는 손자가 "할머니, 이거 뭐야?"라며 헬리콥터 그림을 가리키기에 "헬-리-콥-터"라고 이야기해 주고 다시 옆 페이지의 '굴착기'까지 읽어주려니까 "싫어. 안 하고 싶어"라고 했다. 그래서 나는 "그래? 그럼 네가 궁금해서 배우고 싶을 때 다시 와라"하며 끝냈다. 한 달이나 지난 후에 손자는 단호한 목소리로 "할머니, 글자 배우자" 하며 다가왔다.

우리 아이들처럼 뜸을 오래 들이는 아이들이 있는가 하면 글자 모양이 계속 머리를 뱅글뱅글 돌아 잠이 안 올 정도여서 한글을 빨리 깨우치는 아이도 있다. "○○는 한글을 빨리 깨쳤는데 너희들은 왜 이 모양이니"라며 다그친다면 아이들이 한글은 어떻게 깨치긴 하겠지만 배움에 대한 공포가 생길 것이므로, 기다려주고 기회를 주는 것을 철칙으로 하고 있다.

단, 언제 좋은 기회가 올 것인지에 대해 항상 관찰하고 또 글을 읽어야 할 필요성이 생기도록 일을 꾸미기도 하다가 기회가 올 때 절대 놓치지 않고 도움을 준다. '싹이 올라오는 바로 그 순간'을 놓치지 않기 위해서다. 글자를 자기 혼자 깨쳤다고 생각하는 아이들을 보며 보람을 느낀다.

원고지 천여 장에 가까운 글을 써서 양육에 관한 이야기를 엮어왔다. 이 책을 끝까지 읽으신 독자들 가운데 "이젠 내 아이도 잘 기를 수 있겠어" 하며 자신감을 가진 분도 있을 것이다. 그러나 "이원영 선생이야 전문가니까 그렇게 할 수 있지만, 난 불가능해" 하며 아예 포기하는 분도 있을 것이다.

아이를 키울 때 포기는 금물이다. 실수하면서 노력하고, 또 실수하고 다시 시도하는 동안 우리의 양육방법은 조금씩 변화하고 발전한다. 이렇게 노력하는 부모들을 아이들은 고맙게 생각한다.

유아교육을 전공한 지 45년이 지난 지금에도 완벽한 양육이론을 행할 수 없다는 것을 나는 아주 잘 알고 있다. 후천적인 노력으로 획득한 지식이나 양육이론보다 20여 년 동안 부모형제들과 생활하며 몸에 밴 부모님의 양육방식이 더 강력하게 작용했기 때문이다.

어느 날 둘째가 어긋난 행동을 하는 것을 보고 소리를 빽 지른 적이 있었다. 객관적이고 합리적으로 차분히 이야기해야 한다는 이론은 잘 알고 있지만, 어려서부터 몸에 배어 있던 양육방식이 튀어나온 것이다. 얼른 잘못을 깨닫고 "유나야 미안해. 엄마가 소리를 지르는 게 아닌데" 했더니 "괜찮아요, 엄마. 사람은 누구나 그럴 수 있어요" 하며 도리어 위로를 하는 것이었다. 그런데 충격은 거기에서 끝나지 않았다. "엄마는 외할머니랑 닮은 데가 있어요. 그런데 외할머니는 미안하다고 생각하지 않지만, 엄마는 미안하다고 생각하는 것이 달라요" 하는 것이 아닌가. 9세밖에 안 된 그 아이의 이해심과 관용과 판단이 얼마나 놀랍던지….

자녀를 잘 교육하기 위해 완전한 사람일 필요는 없다. 물론 온전한 인품을 갖는다면 바람직한 일이지만, 꾸준히 노력하는 부모에게 아이들은 애정을 보내며 협력해온다는 사실을 잊어서는 안 될 것이다. 실수를 많이 하지만 노력하며 사는 부모라는 것을 알아주는 그 아이들은, 분명 우리보다 나은 양육방식을 갖고 미래에 자신의 자녀들을 키워갈 것이라고 믿는다.

이 책에 소개된 사례들은 실제로 일어난 일들이다. 물론 이 책을 읽는 젊은 엄마 아빠의 가정에서는 다른 형태로 일어날 것이다. 그러나 이 사례들을 꿰뚫고 있는 양육 이론이나 원칙은 같다.

부디 이 책이 여러분에게 아이 키우기에 대한 자신감을 심어주고 자녀들에게 행복과 즐거움을 가져다 줄 수 있기를 바랄 뿐이다. 자녀들이 자란 뒤 여러분이 "엄마 아빠에게 태어난 것이 행복해요" 하는 말을 듣게 될 것을 소망하며 이 글을 마친다.